7년의 기록,
남자 간호사
데이비드 이야기

Be a Warrior, Not a Worrier

7년의 기록, 남자 간호사 데이비드 이야기

Be a Warrior, Not a Worrier

유현민(데이비드)

인간사랑

프롤로그

안녕하세요? 『7년의 기록, 남자 간호사 데이비드 이야기』의 저자 유현민(데이비드)입니다.

저는 아직도 한국 사회에서는 많이 낯설게 느껴지는 '남자 간호사'입니다. 사람의 생명을 다루고 24시간 돌보며 어쩌면 한 사람의 인생에서 가장 중요할 수도 있는 마지막 순간까지도 함께 하는 사람이 '간호사'입니다. 그리고 저는 이 간호사라는 직업을 참 많이 사랑합니다.

간호사의 일은 쉬운 일이 아닙니다. 높은 업무 강도뿐만 아니라 아직도 간호사를 '아가씨'라고 부르는 사람들이 많으며, 간호사라는 직업에 대한 전반적인 사회인식은 여전히 개선될 여지가 많습니다. 그리고 간호사들은 높은 환자-간호사 비율이나 태움 문화 등 건강하지 않은 근무환경 속에서 일하고 있습니다. 이런 이유들로 간호사의 일의 소중함과 따뜻함 그리고 그 가치에 대해서 생각할 시간이 많이 없을 수도 있습니다. 사회 전반에 걸친 실업문제와 함께 매년 이슈가 되고 있는 간호사 부족 현상에 환자를 위한 마음과 소명 없이 간호사가 되기로 결심하는 경우도 있습니다. 없어도 괜찮습니다. 지금이라도 그런 마음과 열정이 중요하고 필요하다는 것을 깨달을 수 있다면요. 이런 간호사로서의 일의 중요성과 가치에 대해 다시 일깨워주기 위하여 이 책을 쓰게 되었습니다.

이 책에는 남자 간호사로서의 15년 간호사 인생 이야기와 그 속에 진하게 녹여낸 간호사라는 직업에 대한 애정 및 열정 그리고 가치관이 담겨 있습니다. 간호사 인생에서 마주한 많은 소중한 경험들을 공유했습니다. 남자 간호학과 학생으로서의 경험, 의무병으로서의 경험, 한국 중환자실 간호사로서의 경험, 미국 이민자로서의 경험 그리고 미국 간호사로서의 경험 속에는 많은 우여곡절이 있었습니다. 간호계에서 남자 간호사도, 미국이라는 나라에서 이민자도, 이민자 사회에서 아시아인도 소수(Minority)라고 치부되기 쉬운 집단입니다. 소수로서의 삶에 불만을 갖고 불평만 늘어놓는 삶을 살다가 많은 우여곡절과 그 속의 소중한 순간들을 경험하며 '어떻게 살지 결정하는 것은 결국 자신이고, 삶은 마음가짐에 달린 것'이라는 사실을 깨달았습니다.

그 마음가짐의 변화로 소수(Minority)가 진귀한 사람(Rarity)이 되어가는 과정을 그렸습니다. 수적으로 열세이기에 그저 'Minority'라고만 생각하는 사람이 아니라, 스스로를 드물고 귀하다고 생각하기에 본인만이 할 수 있는 일들을 찾으며 'Rarity'로서의 삶을 즐기는 사람.

영어 단어 중에 Warrior와 Worrier라는 발음이 비슷한 두 단어가 있습니다. 이 두 단어의 발음은 '워리어'로 비슷하게 들릴지 몰라도 의미는 많이 다릅니다.

Worrier: 걱정을 많이 하는 사람

Warrior: 전사, fighter

어려서부터 소심하고 걱정만 많던 한 Worrier가 난관들을 경험하지만 뚜렷한 목표, 직업에 대한 애정과 열정 그리고 강한 마음가짐을 가지고 실패를 두려워하지 않고 끊임없이 승리하기 위해 노력하는 Warrior가 되어가는 모습을 이 책을 통해 보실 수 있습니다. 누구나 사람인지라 걱정을 하지 않을 수는 없습니다. 하지만 걱정하는 시간은 줄이고, 실패를 두려워하지 않으며 계속 시도해보는 노력이 한 발 더 앞으로 나가는 데에 꼭 필요합니다.

언제 적이 어떤 식으로 쳐들어올지 걱정만 하는 Worrier가 되기보다 승리를 쟁취하기 위해 목표와 전략을 가지고 항상 이기고자 하는 마음으로 싸울 준비를 하는 Warrior가 되어야 합니다.

이 책은 간호사라는 직업에 대해서 궁금한 미래에 간호사가 꿈인 사람이 읽어도 좋고, 간호사로서의 실제 삶이 궁금한 현재 간호학 공부를 하고 있는 학생 간호사가 읽어도 좋으며, 간호사라는 직업에 대한 가치를 다시 생각해보고픈 이미 일을 하고 있는 간호사가 읽어도 좋습니다. 혹은 '꿈'과 '목표'가 있는 사람이라면 누구나 읽어도 좋습니다. 특히 꿈과 목표는 있지만 그 꿈과 목표를 향한 발걸음을 시작하는 것에 자꾸 주저하고 망설이는 분들이 읽으면 좋겠습니다.

'과연 내가 할 수 있을까?'라는 질문을 한 번이라도 스스로에게 던져 본 적 있는 분이라면 적극 추천합니다. 꼬리에 꼬리를 무는 걱정의 사슬을 끊고 싶은 분과 걱정과 의구심 대신 열정이나 자신감이 필요하신 분에게 권하고 싶습니다.

마지막으로 감사의 말을 전합니다. 책이 나오기까지 응원과 격려를 아끼지 않은 가족과 친구들, 사랑합니다. 간호사로서 훌륭하게 성장할 수 있도록 좋은 롤 모델이 되어주시고 소중한 가르침을 주신 이샛별 선생님, 박숙현 선생님, 이충현 선생님 그리고 오진아 교수님, 존경합니다. 어려운 미국 생활에서 만난 다시는 없을 은인(恩人)인 Viva 할머니와 David도 제게 소중한 분들입니다. 서로의 꿈을 공유하며 서로의 꿈에 대한 노력을 응원하는 블로그 이웃님들, 응원합니다. 그리고 이런 초보 작가에게 출판의 기회를 주신 인간사랑 출판사께 감사드립니다.

블로그 : blog.naver.com/gemini1250

인스타그램 : www.instagram.com/hyunminyudavid

2019년 5월

유현민

차례

Chapter 3
중환자실 간호사(Critical Care Nurse) 이야기 115

Chapter 4
미국 생활(American Life) 이야기 167

Chapter 1

학생 간호사 (Student Nurse) 이야기

당찬 예비 남자 간호사

간호사. 아직도 수적으로 여자가 우세한 직업이라는 사실은 변하지 않았지만 지금은 예전보다 상대적으로 남자 간호사 수가 많이 늘어 간호대학 내에서나 병원 내에서 어렵지 않게 간호학과 남학생이나 남자 간호사를 찾아볼 수 있다. 내가 간호학과를 입학할 당시와는 다르게 말이다.

부산에서 태어나 대학 졸업 후 서울에서 간호사 생활을 시작하기 전까지는 부산에서 줄곧 살아온 부산 토박이다. 초등학교를 다닐 당시는 거의 매년 반장을 하면서 남들 눈에 띄는 것을 좋아했고 어딜 가나 활발하고 잘 웃는 학생이었다. 하지만 중고등학교 학창 시절을 떠올려보면 정말 특별할 것 없는 학창 시절을 보냈다. 학교에서 아침부터 밤까지 대부분의 시간을 보냈기에 다른 추억보다 학교 내에서 친구들과 소소하게 만들었던 추억들이 많다. 그렇게 지금까지도 술 한 잔 들어가면 꺼내곤 하는 추억들을 만들며 시간은 흘렀고 고등학교 3학년이 되어서는 슬슬 미래에 대한 생각을 하지 않을 수 없게 되었다.

미래에 대한 생각을 해야 했지만 수능이란 엄청난 과업에 대한 스트레스로 미래에 대한 고민은 커녕 어떻게든 수능을 잘 치를 수 있도록 공부에 전념해야 했다. 수능이 끝나고 점수가 나온 뒤에야 어느 대학을 가고 어떤 공부를 해야 할지 고민할 여유가 생겼지만 수능이 끝났다는 그 사실 하나가 너무나도 큰 안도감을 가져다주었고 마치 그동안 놀지 못했던 시간을 보상받듯 친구들과 열심히 놀러 다녔다. 친구들이 그러했듯 수능 점수에 맞춰서 지원할 대학에 대해 담임 선생님과 상담할 날이 다가왔고 상담 전날 가족들과 함께 어느 대학을 지원할지 어떤 공부를 해야 좋을지 이야기를 나누었다. 그 말은 즉 그때까지도 스스로에게 '꿈'이라는 것이 '목표'라는 것이 특별히 없었다는 이야기가 된다. 부모님과 그리고 누나들과 한 자리에 모여 그제야 내 미래에 대한 심각한 토론이 오갔다. 부모님은 상대적으로 학비 부담이 덜한 국립대학인 부산대학교를 가길 원했고 학과는 어떤 학과이든 상관없다고 하셨지만 그나마 취업의 기회가 열려있는 공대에 지원하기를 내심 바라고 계셨다. 꿈이나 목표는 없었을지언정 무엇을 잘하는지 못하는지 정도는 알고 있었다. 유난히 수학 성적과 물리 성적이 다른 과목 성적보다 낮았던 터라 공대에 가서 잘 해낼 수 없을 것이라 생각했다. 그 와중에 큰누나가 꺼낸 말이 마음을 흔들었다.

"병원에서 남자 간호사 한 명씩 보이던데 간호학과는 어때? 네가 원래 다른 남자 애들보다는 좀 섬세한 면이 있으니 잘하지 않을까?"

큰누나는 임상병리사였다. 같은 부산 토박이였는데 그 당시 누나는 이미 수도권으로 상경하여 일을 하고 있었다. 누나는 수도권 생활을 너무 힘들어했지만 나는 은연중 누나에 대해 '수도권 사람'이라는 묘한 동경심을 갖고 있었고 그래서 항상 큰누나 말을 잘 따르곤 했다. 누나가 내 잠재적인 강점을 잘 짚어냈다고 생각했다. 그렇게 어릴 때부터 꼼꼼하고 세심한 성격에 남에게 베푸는 것을 좋아하는 성향을 지닌 것을 눈여겨 본 누나의 추천으로 간호학과에 입학을 해야겠다고 마음먹었다.

담임 선생님과 상담 당일, 누나와 했던 이야기를 꺼냈다. 담임 선생님은 말이 끝나자마자 무릎을 탁 치시며 말씀하셨다.

"정말 딱 어울린다. 그럼 학과는 정해졌으니 이제 지원할 학교를 찾아보자."

1년 동안 나를 지켜본 담임 선생님의 확신이 담긴 한 마디였다. 가고 싶은 학과는 정해졌으니 지원할 대학을 정해야했다. 누나의 수도권 생활을 동경했지만 집의 형편이 그리 좋은 편이 아니었기에 서울에 가서 대학생활을 하고 싶다고 말하지 못했다. 넉넉한 편은 아니었지만 부족함 없이 자랐다. 그럼에도 불구하고 어린 나이에 사실 부모님을 원망했었다. 그저 아무것도 모르는 부산 철부지의 막연한 수도권 생활에 대한 동경 때문이었다. 지금 생각해보면 부모님은 세 남매를 위해 정말 열심히 일하셨다는 것을 잘 알기에 그 당시의 내가 철이 없었다고 밖에 말할 수 없다. 최종 결정은 김해에 위치한 인제대학교에 지원하게 되었다. 살고 있던 곳과 가까웠고 인제대학교는 서울과 부산에 다섯 개의 백병원을 보유하고 있었기에 다양한 곳에서 특히 서울에서도 실습을 할 수 있게 될 것이라 으레 짐작하며 지원했다.

간호학과 면접일은 아직도 잊혀지지 않는다. 날씨가 추웠고 걱정이 앞선 탓에 예정된 면접 시간보다 두 시간이나 일찍 도착해서 대기 장소에서 기다렸다. 기다리는 동안 안절부절 못하며 일찍 오긴 해야 했지만 두 시간은 너무 심했다며 후회를 하고 있었다. 차례가 되어 나와 함께 두 명의 예비 후보 학생이 같이 면접장으로 들어갔다. 네 명의 간호학과 교수님께서 면접관으로 앉아계셨고 나는 긴장감에 바들바들 떨고 있었다. 질문은 세 개였는데, 첫 번째 질문은 다행히도 누나와 밤새며 생각해본 예상 질문 중 하나였다.

"왜 간호학과를 지원하셨나요?"

내 차례는 마지막이었다. 답변을 마음속으로 정리하고 싶었지만 옆에 두 친구의 대답에 귀가 기울여지는 것은 어쩔 수 없었다. 그 두 친구의 답변은 신기하게도 비슷했다. 두 번째로 대답한 그 친구는 첫 번째 친구의 답변을 듣고 속으로 '아차!' 하지 않았을까? 아마 지금도 쓰이고 있을 다소 진부한 레퍼토리였다.

"어릴 적 할머니가 뇌졸중으로 쓰러지셔서 병원에 입원하셨는데 그때 간호사들이 할머니를 돌보는 모습을 보며 간호학과에 들어오는 꿈을 꾸었습니다."

나도 이런 답변을 생각하지 않은 것은 아니었다. 얼마나 훌륭한 답변인가? 할머니를 생각하는 마음과 함께 간호사에 대한 존경 두 가지를 함께 담은 좋은 답변이었다. 하지만 편찮지 않은 우리 할머니를 답변을 위해 가상으로라도 편찮게 만들 수는 없었고 또한 뭔가 나만이 할 수 있는 그런 답변을 하고 싶었다. 그래서 당차게 준비한 답변을 했다.

"아직은 한국 간호계에 남자가 많이 없는 것이 사실입니다. 수적으로 열세일지는 몰라도 남자도 간호 분야에서 잘할 수 있음을 증명하고 싶어서 간호학과에 지원하게 되었습니다."

돌이켜보면 참으로 당찬 답변이 아닐 수 없다. 하지만 이 열아홉 살의 당찬 답변, 이것이 사실임을 증명하기 위해 시작한 길고 긴 여정의 시발점이었다.

험난한 간호학과
생활 적응기

2004년 3월, 부푼 꿈을 안고 간호학과에 입학했다. 간호학과를 입학할 당시 90명에 가까운 정원 중에서 나를 포함한 오직 5명만이 남학생이었다.

간호학과 생활. 잘 해내리라는 포부를 안고 시작했지만 공부는 쉽지 않았다. 1학년에는 전공과목을 거의 수강하지 않았기 때문에 큰 스트레스가 없었다. 좌절은 2학년부터 맛보게 되었다. 아직도 내려오는 간호학과 전통 중에 '골학'이라는 것이 있다. 2학년에 수강하게 될 해부학 수업에 앞서 학기 시작 전 겨울방학에 다들 모여서 수 백 개가 넘는 사람 뼈 이름을 영어와 한글로 외우는 것이었다. 충분한 시간을 가지고 천천히 외우는 것이라면 어찌어찌 하겠으나 선배들이 한정된 시간을 부여해 후배들을 테스트하고 경쟁도 부추기는 혹독한 일련의 과정을 포함하고 있었기에 결코 쉽지 않았다. 밤을 새고 혼미해져가는 정신을 붙잡으면서 뼈 모형을 만지작거리며 뼈 이름을 외웠다. 다른 친구들과 경쟁해가면서 뼈 이름을 읊는데 도저히 이것을 왜 하고 있는지, 정말 도움이 되는 것인지 알 수가 없었다.

1학년, 2학년 간호학과 공부에 임했던 내 태도가 '골학' 때의 그것과 같았다. 열정 없이 이유 없이 그저 해야 하기 때문에 하는 공부. 경험을 통해 얻은 사실은 열정과 애정 없이는 쉽게 해낼 수 없는 것이 간호학과 공부였다. 그것을 몰랐고 그렇기에 당찬 포부와 함께 시작했던 간호학과 생활의 첫 시작은 그리 성공적이지 못했다. 게다가 시험기간에 간호학과 학생들이 얼마나 지독하게 공부하는지는 겪어보지 못한 사람은 상상하기 힘들 정도다. 집 혹은 기숙사에 돌아가지 않고 학교에서 밤을 새며 공부하는 여학생들도 많았다. 이런 치열한 경쟁 사이에서 목표 없이 적당히 공부하는 나 같은 사람이 두각을 나타내는 것은 불가능했다. 그 당시 이런 안일한 태도에 심각성을 느끼지 못한 이유도 당찬 포부를 뒷받침할 만한 이 학문에 대한 열정이 없었기 때문이라고 생각한다.

이 당시의 심정을 그대로 보여주는 일화가 있다. 간호학과를 입학한 이후부터 심지어 지금까지도 종종 받는 질문에 대한 이야기다. 예나 지금이나 참 피하고 싶은 질문인데 이상하게도 피해갈 수가 없는 질문이다.

"남자가 무슨 간호학과야? 의대가지 왜 간호학과에 들어갔어?"

간호사 혹은 간호학과 학생들 중에 이 질문을 받아보지 않은 사람은 없을 것이라 생각한다. 아직도 간호사는 여자가 하는 직업이라고 생각하는 사람들이 셀 수 없이 많다. 의사와 간호사가 하는 일은 많이 다르고 간호사만이 할 수 있는 고유의 업무가 있다. 그 업무를 완전히 무시하고 '의사가 간호사보다 좋다.'는 전제를 바탕으로 하는 질문이라 좋아하지 않는다. 좋아하지 않는 것과는 별개로 그 당시 이 질문에 대한 만족스러운 답을 찾을 수 없었다. 간호학에 대한 엄청난 열정이나 애정이 있었다면 반박을 할 수도 있었겠지만 의무감으로 겨우 이어가던 간호학과 생활 속에서 훌륭한 반박을 할 수가 없었다. 그래서 친척들, 친구들에게 이 질문을 받으면 그냥 얼버무리고 말았다. 특히 명절 때마다 친척들이 무슨 공부 하냐고 물을 때 '간호학과 다닌다.'고 하면 그 다음 예외 없이 꼭 이 질문을 받았다. 질문을 받고 얼버무리면서 속으로 생각했던 답변들이 있다.

'내가 의대 갈 수 있었으면 갔겠지.', '적당히 수능 성적 맞춰서 취업이 잘 될 것 같은 곳으로 골랐다.'는 식이었다. 가장 큰 문제는 만족할만한 답을 꺼내지 못하고 대충 얼버무리고 있는 자신에 대한 부끄러움이 전혀 없었다는 것이었다.

그 당시 간호학과 남학생에 대한 학교 내의 전반적인 인식도 동기부여에 큰 도움이 되지 못했다. 간호학과 남학생은 그저 '소수 집단'이었다. 그래서인지는 모르겠으나 남학생들에 대한 기대도 크지 않았다. 성과에 대한 기대는 커녕 종종 '광대'나 '짐꾼'으로만 이용되는 경우도 있었다.

사실 간호학과 남학생이라는 '소수 집단'에 속해 있어서 부적절한 대우만을 받았다고 말할 수는 없다. 뒤에 이야기하겠지만 이득을 받은 부분도 많이 있다. 어쨌든 소수인 남학생에 대한 적절하지 못한 인식 및 대우와 함께 목표나 열정 없이 무기력하게 2년이란 시간을 보냈다. 이 당시의 내가 얼마나 무기력해보였으면 심지어 아버지조차도 '그렇게 살 거면 군대나 다녀와라.'라고 말씀하셨다. 사실 나를 더 무기력하게 만든 것이 대한민국 남자로서 언젠가는 꼭 이행해야 하는 국방의 의무 때문이었는데 그때는 입영통지서가 아무런 열정 없이 살아가는 내 간호학과 생활을 완전히 바꾸리라는 예상은 전혀 하지 못했다.

생애 첫
간호사 스승님

군대 생활이 얼마나 끔찍했는지에 대해 쓴다면 어디서부터 시작해야 할지 모를 만큼 쓸 부분이 많지만 나보다 힘든 군 생활을 한 사람들이 훨씬 더 많을 것이기에 쓰지 않겠다. 물론 '네가 더 힘들다고 해서 내가 힘들지 않은 것은 아니다.'라는 말도 있듯 누구나 그렇겠지만 녹록치 않은 군 생활을 했다. 간호학과 학생이었기 때문에 의무병(Medic)으로 지원이 가능했다. 네이버 어학사전을 통해 찾은 사전적 의미의 의무병은 군대에서 위생과 응급 처치, 간호에 관한 직무를 수행하는 병사로 위생병이나 간호병이라고도 한다. 유사시 의사의 진찰을 받을 수 없는 전장에서 질병이나 부상에 노출된 병사를 간호한다. 의무병은 전투병의 건강 상태를 지속적으로 점검하고 함께 이동하기 위해 담당하는 전투부대와 같은 장소에 배치된다. 의무병으로 군 복무를 지원하기 위해서는 필기시험을 통과해야 했다. 필기시험의 수준은 보통 간호학과 1학년 혹은 2학년에 수강하는 '기본간호학'을 수강했다면 어렵지 않게 통과할 수 있는 정도이다. 기본간호학이라는 이름에서 예상할 수 있듯이 기본적인 환자 간호를 위해 알아야 하는 사항들을 배운다. 예를 들면 활력징후(체온, 맥박, 호흡수, 혈압)에 대한 이론적인 지식과 측정하는 방법을 배우는 것이 기본간호학의 대표적인 부분이다. 시험을 치고 난 뒤 대략 1달 후에 입영통지서를 받았다.

2005년 12월 22일에 2학년 마지막 학기말고사를 마치고 2006년 1월 2일에 징집되었다. 그 말인즉슨 학기를 마치고 열흘 뒤에 정신없이 바로 훈련소 생활을 시작했다는 이야기다. 훈련소 생활을 하는 훈련병들의 최대 관심사는 역시 '훈련병 생활이 끝나면 어느 부대에 배치될까?'이다. 최근에는 남자 간호사에 대한 대체복무제에 대한 뉴스를 종종 볼 수 있지만 그 당시의 의무병으로서는 보통 두 가지 중 하나였다. 국군병원에서 의무병으로 군 복무를 하거나 일반 전투 부대 사단 내의 의무병으로 군 복무를 하게 되었다. 훈련소 생활을 마치고 대전에 위치한 국군 군의학교에서 의무병이 갖추어야 할 필수 지식을 배우고 실습을 마치고 난 뒤 국군 양주병원에 자대 배치를 받았다. 그리고 그곳에서 간호사로서의 여정을 시작하면서 첫 번째 스승님을 만나게 되었다.

국군 양주병원은 경기도 양주에 위치한 대략 500개 병상을 갖춘 국군 병원이다. 의무병으로서 일하게 된 곳의 이름은 402병동이었고 정형외과 병동이었다. 군병원에 입원한 환자들은 군대란 집단의 특성상 젊은 이십대 환자들이 대부분이었고 훈련 혹은 운동 중에 다쳐서 오는 군인들이 많았기 때문에 다른 진료과 환자들보다는 상대적으로 정형외과 환자들이 많았다. 국군 양주병원의 총 7개 병동 중 무려 3개 병동이 정형외과 병동이었다고 한다면 대강 짐작할 수 있으리라 생각한다. 돌이켜보면 흥미롭게도 훈련 중에 다쳐서 오는 환자보다 축구하다가 다쳐서 오는 환자가 더 많았다. 그도 그럴 것이 군대에서는 훈련이 없는 빈 시간마다 축구를 하는 편이니 놀라운 일은 아니었다. 어쨌든 배치 받은 402병동이 비록 간호사로서는 아니지만 내 첫 임상 경험이었다. 간호학과 2년 다니는 동안 대부분 시간을 책상 앞에서 공부했다면 군 복무 2년 동안은 실제 현장에서 환자들을 돌보는 경험을 통한 학습이었다.

"나는 이샛별 대위. 402병동의 선임장교야."

어깨견장에 달린 대위 계급을 나타내는 세 개의 다이아몬드만큼이나 카리스마 넘치는 첫 인사였다. 지금까지도 감사하게 생각하는 첫 스승님. 이샛별 대위님은 그 402정형외과 병동을 책임지는 소위 말하는 가장 고참 간호장교였다. 이를 군병원에서는 선임장교라 불렀다. 의무병은 병사지만 간호장교는 간부다. 병사는 장교의 지시를 받고 그 지시를 수행한다. 의무병으로 근무하게 된 첫 날, 이샛별 대위님은 저 한 마디 하시고는 다시 환자를 돌보러가셨고 뒤를 이어 선임 의무병이 병동을 돌아다니며 이것저것 알려줬다. 나를 가르친 선임 의무병은 기계공학과 출신으로 '간호'와는 전혀 무관한 공부를 하다가 의무병으로 차출이 되었는데 왜 그렇게 된 것인지는 아직까지도 의문으로 남아있다. 402병동은 병상이 70개나 되는 큰 병동이었는데 병동에 입원한 환자들에 대한 첫 인상은 '정말 환자라고 부를 수 있는 병사가 몇 명이나 있을까?' 였을 정도로 생기가 넘치는 병동이었다. 환자가 병동 청소도 직접 하고 간호장교가 환자에게 약을 가져다주는 것이 아니라 투약 시간이 되면 환자가 간호장교 앞에 줄을 서서 약을 받아간다면 상상이 되겠는가? 심지어 환자들이 직접 돌아가며 불침번을 서기도 했다.

군대 내에서 계급 생활은 힘들었지만 의무병으로서의 간접적인 실제 병원 경험은 너무나도 값진 경험이었다. 간호학과를 다니는 2년 동안은 느끼지 못했던 즐거움이었다. 모든 것이 새로웠다. 분명히 책으로는 배웠는데 그 지식이 '실제로 이런 식으로 사용된다.'는 것을 배우는 것은 이전에는 알지 못했던 세렌디피티(Serendipity)였달까? 첫 스승님은 비록 말투가 무섭긴 했으나 내가 간호학과 학생이라는 이유로 매일 환자 간호와 관련된 지식을 하나씩 알려주시곤 했다. 그 대위님께선 내가 환자 간호에 대한 그 분의 가르침을 즐기고 있다는 것을 아셨던 것 같다. 그래서인지 새로이 기르칠 것이 생길 때마다 나를 불러서 알려주셨다. 뒤늦게 알게 된 사실이었지만 같이 일하는 새내기 간호장교가 그 때문에 종종 질투를 하기도 했었다. 나는 병원이 아닌 본부근무대에 속해있었기 때문에 이샛별 대위님이 내 직속상관이 아니었고 새내기 간호장교들은 군병원에 속해있었기 때문에 이샛별 대위님이 직속상관이었다. 그렇기에 새내기 간호장교들이 이샛별 대위님을 더 어려워할 수밖에 없었던 것은 당연한 논리. 그런 이유로 대위님께 질문을 하는 것이 크게 어렵지 않았던 나와 다르게 새내기 간호장교들을 그조차도 어려웠던 것이었다.

질투를 받으며 열심히 환자 간호를 배워나가던 그 당시는 단지 의무감으로 하는 것이 아니라 조금씩 학습에 대해 능동성을 갖춰나가고 있었다. 조금 더 알고 싶고 이것을 알면 환자를 간호하는데 큰 도움이 될 것이라는 생각으로 시키지 않아도 조금씩 공부를 하기 시작했다. 하지만 그렇게 탄탄대로일 것만 같았던 의무병 생활에 일이 터져버렸다.

병동에 응급 환자가 발생했고 이샛별 대위님께선 재빠르게 환자 혈액을 채취해서 내게 채취된 혈액을 가급적 빨리 혈액 검사를 시행하는 진단검사의학과로 보낼 것을 당부했다. 그 당시 나는 군의관(군대 내에서 보건 방역 진료업무를 담당하는 장교로 임관된 의사)의 환자 상처 소독을 보조하고 있었고 그 상황을 마치 이미 간호사로서 일하고 있는 마냥 즐기고 있었다. 이샛별 대위님의 당부를 듣고 채취된 혈액검체통을 군복 주머니에 넣어놓고는 이 상처 소독이 끝나면 진단검사의학과로 가리라 생각하고 있었다. 상처 소독이 끝났고 도와줘서 고맙다는 군의관의 말에 괜히 으스대며 다른 병사들에게 그 이야기를 하느라 주머니 속 혈액검체통은 까맣게 잊어버리고 있었다.

시간이 흘러 상태가 좋지 않은 환자의 혈액 검사 결과가 좀처럼 보고되지 않자 이샛별 대위님은 나를 찾았고 그 분이 급하게 나를 찾는다는 이야기를 듣자마자 군복 주머니 안에 들어있는 혈액검체통이 생각났다. 순간 온갖 생각이 머릿속을 스쳐 지나갔고 가장 절실하게 들었던 생각은 이대로 스승님에게 실망감을 안겨드리는 것이 너무 싫었다는 것이었다.

그래서 그 순간에 할 수 있는 최악의 선택을 했다. 그 선택은 '거짓말'이었다. 부름에 응하여 대위님에게 가기 바로 직전 부랴부랴 혈액검체통을 진단검사의학과에 전달했고 그 분에게는 아까 전에 이미 혈액검체통을 전달했다고 거짓을 보고했다. 그 당시 나는, 시간이 많이 지난 혈액검체통의 혈액은 굳어버려 검사를 시행할 수 없다는 사실을 모르고 있었다. 당연하게도 거짓말을 한지 얼마 지나지 않아 그 분은 거짓을 보고받았다는 사실을 알게 되었고 나를 조용히 빈 병실로 불렀다.

그동안 쌓아온 신뢰와 보여드렸던 열정이 한 번에 무너지는 순간이었다. 그 순간의 나는 실망감을 안겨드리는 것이 두려워 환자와 관련된 중요한 사항을 거짓으로 보고한 최악의 의무병이었다. 스승님은 다시는 나와 일하고 싶지 않다는 말 뒤로

"생명을 다루는 환자 간호에 대해 정직할 수 없다면 너는 간호를 배울 자격이 없다."

라는 말을 남기고 그 자리를 떠나셨다. 엄마가 알면 혼날 것을 알기에 거짓말을 한 어린아이 같은 철없는 행동이었지만 그것이 환자의 생명과 직결된 '간호'와 관련된 사항이었기에 더더욱 용납될 수 없는 것이었다.

그 일이 있은 후 대위님께선 내가 환자 간호와 관련된 업무에 일체 손을 대지 못하도록 명령하셨고 종일 청소나 소독하는 일을 담당했다. 솔직하게 말하면 그 당시는 너무 억울했다. 몇 번이고 부당하다고 생각했다. 거짓말을 했다는 잘못에 대한 뉘우침보다 '왜 들켰을까?'에 대한 이유를 찾으려했다. 하지만 대위님은 그 생각을 읽으셨던 것 같다. 오랜 기간이나 쉽게 화를 풀지 않으셨다. 너무나도 존경했던 대위님의 차가

운 모습이 스스로 정말 이 일에 대해 다시 한 번 깊게 생각하도록 만들었다. 몇 주가 지난 후 병동 회식이 있었고 회식은 그 군 병원 근처 고깃집에서 열렸다. 회식을 위해 병원 밖을 나가기 직전 대위님께서 따로 불렀다.

"정말 오랜만에 먹는 군대 밖 음식일 텐데 불편하게 먹게 하고 싶지 않아서 불렀다."

"무엇을 잘못 했는지 이제 제대로 알고 있으리라 믿는다. 그렇지?"

대위님 말씀이 끝나자마자 눈물을 쏟았다. 그때의 눈물은 엄마에게 혼난 뒤에 억울해서 우는 아이의 모습이 아니라 정말 잘못을 뉘우치고 엄마에게 실망을 안겨드려 진심으로 죄송한 마음에 흘리는 아이의 눈물과 같았다. 주룩주룩 흐르는 눈물에 죄송하다는 말만, 잘못했다는 말만 연신 이어갔다. 그런 모습에 대위님께서도 마음이 약해지신건지 괜찮다며 실수는 누구나 할 수 있는 거라며 그 실수를 다시는 반복하지 않도록 주의한다면 그걸로 됐다며 머리를 쓰다듬어 주셨다.

"내가 네게 이렇게 모질게 했던 이유는 너를 가르치는 동안 훗날 네가 훌륭한 간호사가 될 수 있을 것이란 생각이 들어서였다. 환자를 간호하는 일은 사람의 생명과 연관이 되어있는 일이다. 그렇기에 환자 간호에 있어 '거짓'과 '자만'은 절대 용납되지 않는다. 이번 기회로 그것을 제대로 깨닫기를 원했다. 그리고 이젠 깨달았으리라 믿고 앞으로는 실망시키지 않으리라 믿는다. 자, 이

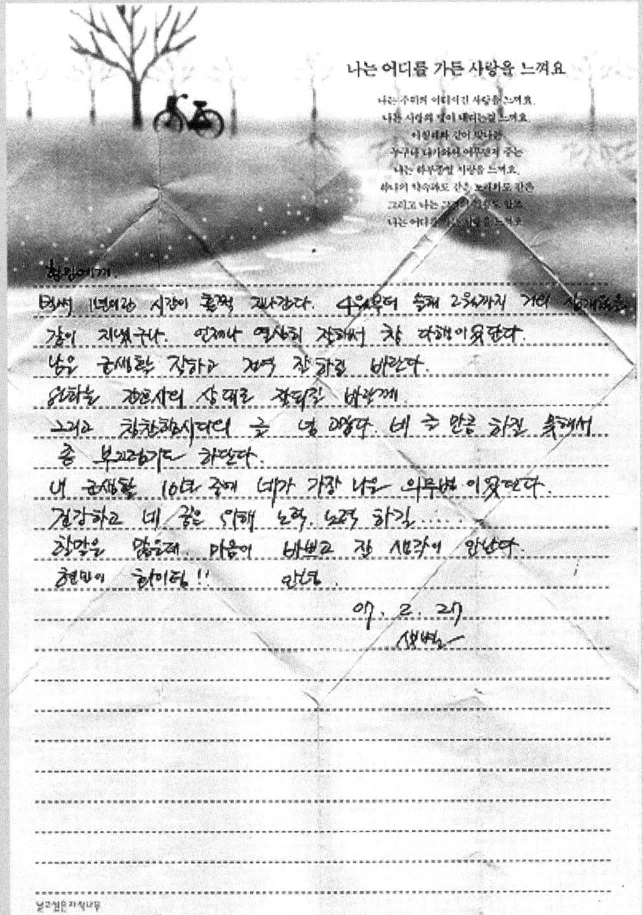

현민에게,

벌써 1년이란 시간이 훌쩍 지나간다. 4월부터 올해 2월까지 거의 10개월을
같이 지냈구나. 언제나 열심히 잘해서 참 다행이었단다.
남은 군생활 잘하고 전역 잘하길 바란다.
원하는 간호사의 상대로 잘되길 바랄게.
그리고 칭찬해주시더니 술 넘 마셨다. 네 술 만큼 하진 못해서
좀 부끄럽기도 하였다.
내 군생활 10년 중에 네가 가장 나은 의무병이었었단다.
건강하고 네 꿈을 위해 노력, 노력 하길......
할말은 많은데.. 마음이 바쁘고 잘 생각이 안난다.
현민이 화이팅!! 안녕.

07. 2. 27

현민에게,

벌써 1년이란 시간이 훌쩍 지나간다. 4월부터 올해 2월까지 거의 10개월이란 시간을 같이 지냈구나. 언제나 열심히 잘해서 참 다행이었단다. 남은 군 생활 잘하고 전역하길 바란다. 원하는 대로 훌륭한 간호사가 되길 바랄게. 내 군 생활 10년 중에 네가 가장 나은 의무병이었단다. 건강하고 네 꿈을 위해 노력 또 노력하길…

제 맛있게 고기 먹으러 가자."

따뜻한 마음을 가진 간호사이자 당당하고 규율에 엄격한 군인의 모습을 둘 다 가진 내가 존경하는 대위님의 모습이었다.

대위님은 너무 아쉽게도 소령 진급을 이루지 못하시고 전역을 하시게 되었다. 시간이 흘러 대위님의 전역 날이 다가왔고 눈시울이 붉어진 대위님께선 내게 편지 한 장을 건네고는 꼭 안아주셨다. 군대에서 본 대위님의 마지막 모습이었다.

이 편지를 읽고 1년 간 참된 간호를 알려주신 감사함에 얼마나 울었는지 모른다. 그 편지는 군대 전역할 때까지 계속 간직했고 전역한 뒤에 사진으로 찍어두어 아직도 보관하고 있다. 힘들고 지칠 때마다 아직도 한 번씩 꺼내어 읽어보는 존경하는 스승님의 따뜻한 편지다. '내 군 생활 10년 중에 네가 가장 나은 의무병이었단다.'라는 구절이 너무 좋아서 몇 번씩이나 반복해서 읽었던 기억이 난다. 존경했던 스승님께 인정을 받은 느낌이 들어서였다.

대위님께서 전역하고 이샛별 대위님의 빈자리를 채울 새로운 선임장교 대위님께서 오셨다. 그 대위님도 너무나도 좋은 분이셨지만 스승님의 빈자리는 지울 수가 없었다. 시간이 흘러 나도 전역할 시기가 다가왔고 전역한 지 얼마 지나지 않아 경상남도 창원에 계시는 스승님을 찾아갔다. 군대 밖에서 뵙는 스승님의 모습은 많이 새로웠다. 그때도 다시 한 번 내 감사함을 전하고 왔다.

간호사는 멀티태스킹 능력이 필요한 직업이다. 정말 많은 일을 동시에 생각하고 수행해야 한다. 그래서 가끔 무언가를 잊어버리는 순간도, 그런 위기를 모면하기 위해 거짓말을 하고 싶은 순간도 있을지 모른다. 나 역시 그랬다. 하지만 그런 순간마다 스승님의 교훈이 계속 생각났다. 그 교훈 덕분에 간호사로서 일하면서 마주친 그런 순간마다 실수를 인정하고 잘못을 반성하고 즉각 다시 올바르게 시행하려고 노력해왔다. 어디에서나 중요하게 여겨지는 직업윤리지만 '정직'은 환자의 생명을 다루는 간호사에게는 반드시 필요한 부분임을 내 생애 첫 간호사 스승님을 통해 배울 수 있었다.

삼학년?
아니, 사망년!

간호학과 3학년. 간호학과를 다니고 있는 사람 또는 간호학과를 졸업한 사람에게 몇 학년 때 가장 힘들었냐고 물으면 대부분 3학년이라고 대답할 것이다. 간호학과의 꽃이라고 불리는 간호학과 3학년. '사망년'이라고도 불리는 3학년. 이수해야 하는 학점이 많아서 힘들기도 하지만 본격적으로 병원 실습이 시작되는 시기로 책상 앞을 벗어나 실제 환자 간호를 처음 접하게 되기에 모두에게 어려운 시기일 수밖에 없다.

2006년 1월 2일 군 복무를 시작하고 2008년 1월 1일에 전역을 했다. 나름 새해 첫 날 전역이라 뜻깊다고 스스로에게 의미를 부여했다. 전역하기 몇 달 전부터 고민이 많아졌다. 특히 미래에 대한 고민 '어떤 마음가짐으로 살아가야하는가?'에 대한 생각을 가장 많이 한 것 같다. 2년간의 값진 경험을 바탕으로 정말로 열심히 살아야겠다고 생각하며 사회로 나왔지만 당장 두 달 뒤에 복학을 해야 하는데 2년 동안 책상 앞 공부와 떨어져 살다왔으니 걱정이 앞서는 것도 사실이었다. 물론 복학생 오빠를 따뜻하게 맞아줄지에 대한 걱정도 당연히 했다.

3학년 첫 학기가 시작되었고 2년이라는 시간이 지나서 복학을 해도 80명이 넘는 정원 중에 나를 포함한 단 네 명만이 남자였다. 입대 전이나 후나 한쪽으로 지나치게 편향된 말도 안 되는 남녀비율은 여전했다. 복학 첫 학기의 학업에 대한 의지는 군 입대 전과는 완전히 달랐다. 무기력했던 나는 없었다. 열정과 의지가 충만했고 무엇이든 해낼 수 있을 것 같았다. 그런 열정을 바탕으로 개학 첫 날부터 매일 수업을 마치고 학교에 남아 공부를 했다. 지독하다고 소문이 나도 상관없었다. '열심히 살기로 마음먹었으니 죽기 살기로 공부해보자. 그럼 좋은 결과가 있을 것이다.'

그렇게 매일매일 수업이 끝나고 학교 도서관에 남아 밤늦게까지 공부를 했고 심지어 주말에도 계속 학교에 나와 학업의 열정을 이어갔다. 그렇게 한 학기 동안 내내 학교-도서관-집의 노선만을 반복했다. 학기가 끝나고 학점을 열람할 순간이 다가왔다. 노력을 많이 했기에 기대에 부풀어 학점을 열었다. 하지만 이내 눈앞에 펼쳐진 학점을 믿고 싶지 않았다. 기대했던 성적보다 훨씬 못 미친 성적이 나왔다. 정말 최선을 다 했다고 생각했고 누구도 그 이상은 할 수 없었을 것이라 믿었다. 기대가 크면 실망도 큰 법이라고 했던가? 실망스러운 학점으로 여름 방학 동안 굉장한 슬럼프를 겪었다.

'아… 나는 죽도록 해도 겨우 이 정도구나.' 이런 생각을 머릿속에서 지울 수가 없었다. 또 다시 무기력했던 2학년 당시로 돌아가고 있는 것 같았다. 사람이 한 번 슬럼프에 빠지면 쉽게 헤어 나올 수가 없다는 것을 그때 절실히 깨달았다. 여름 방학 내내 늦게 까지 만화책 읽다가 컴퓨터 게임하다가 다음 날 또 늦잠자고 정오가 지나서 일어나서 다시 게임을 했다. 내적인 갈등이야 당연히 있었다. 이런 의미 없고 나태한 날들만 보내서는 안 된다는 것을 알고 있었지만 또 마음 한편에는 노력해도 달라지는 것은 없었다는 것을 경험했기에 달리 방법이 없다고 생각하며 허송세월을 보내는 것에 대한 합리화를 스스로에게 부여하고 있었다.

그런 마음가짐으로 시작했던 첫 간호학과 실습. 수년이 지난 지금은 조금 달라졌을지는 몰라도 내가 학생 간호사로서 실습을 나갔을 때는 간호사들이 하는 일을 그저 '관찰'하면서 대부분의 시간을 보냈다. 미국은 이런 간호 실습 교육 부분에서 차이가 많이 난다. 지금 미국에서 일하면서 학생 간호사가 실습을 나와서 내 지도 학생이 되면 일을 가르치고 직접 하도록 하고 그것들을 전부 감독한다. 관찰이 전부였던 나의 학생 간호사 실습 환경과는 너무 다르다. 미국 간호학생들이 하는 시뮬레이션 교육에 참여를 한 적이 있었는데 정말 실전 같은 시나리오가 주어지고 다들 실무 경험이 많은 병원 간호사들이 학교에 와서 건설적인 피드백을 준다.

한국에서 간호학과를 졸업하고 난 뒤 병원에 간호사로서 채용이 된 이후 한국 간호사들이 힘들어 버티지 못하는 이유 중에 하나가 이 충분하지 못한 실습 교육 때문이라고 생각한다. 미국에서 보는 학생 간호사 실습은 졸업 후에 바로 병원에서 일을 하게 되어도 웬만한 것들은 큰 무리 없이 해낼 정도로 학생들을 준비시키는 것이 목표라고 하면 한국에서의 학생 간호사 실습은 약간의 과장을 보태서 학생들에게 병원

환경 혹은 간호사 근무가 어떤지 한 번 구경시켜주는 정도라고 보면 된다. 실습을 나가보면 '이것은 이렇게 하라.'고 알려주는 것보다 너희는 간호사가 아닌 '학생'이기 때문에 이것도 하면 안 되고 저것도 하면 안 되고 '그냥 보기만 하라.'고 하는 경우가 더 많다. 그렇게 학생들에게 직접 간호를 멀리하도록 하는 명분은 '환자 안전'이라고 한다. 하지만 결과적으로 보면 그 때문에 졸업 후에 제대로 할 수 있는 것이 없는 상태로, 준비되지 않은 간호사로 만들어버리니 당장은 아니더라도 '환자 안전'에 해가 될 수 있는 여지를 남겨두는 것은 매한가지다.

학생 간호사로서 처음 실습을 나간 곳은 혈액종양내과 병동이었다. 백혈병 같은 혈액 암을 가진 환자들이 주로 입원해 있었고 가끔 혈액암이 아니더라도 다른 암 환자들 중에 수술과 같은 외과적 치료를 받을 수 없는 환자들이 항암제 치료나 방사선 치료를 받으러 입원하러 오는 곳이기두 했다. 그 병동에 대한 첫인상은 군 병원에서 경험했던 정형외과 병동과는 상이했다. 내가 느낀 그 병동의 전반적인 분위기는 우울했다. 환자들의 표정에서도 간호사들의 표정에서도 웃음이라고는 찾아볼 수 없었다. 그리고 한 간호사가 담당하는 환자는 왜 그리도 많은지 간호사가 근무 시간 동안 담당 환자들의 이름을 전부 외우기란 불가능해보였다.

실습 시작은 병동 이곳저곳을 돌아다니며 병동 간호사 선생님들에게 일일이 인사를 하는 것에서부터 비롯되었다. 한국 간호사 근무 환경 속에 TV나 다른 매체들을 통해 불필요하다 싶을 정도로 과한 위계질서가 형성되어 있음은 이미 적지 않은 사람들이 알고 있으리라 생각한다. 그렇기에 '인사성'은 간호사 혹은 예비 간호사로서 꼭 갖춰야 할 품성 중에 하나다.

인수인계. 물려받고 넘겨줌이라는 의미가 담긴 한자어로서 새로이 입사한 간호사들이 가장 싫어하고 피하고 싶은 단어이다. 출근해서 본인의 업무에 충실하고 마무리되지 않은 일은 다음 날 와서 해결하면 되는 일반 회사원의 일과는 달리 간호사의 일은 내가 돌보던 환자를 다른 간호사가 잘 돌볼 수 있도록 내 근무 동안 일어났었던 일과 앞으로의 계획에 대해 정확하고 상세하게 보고(인계)를 해주어야 한다. 돌봄(Care)의 연속성(Continuity)을 위해서는 굉장히 중요한 개념이다. 하지만 물려받고 넘겨주는 일이다보니 근무하는 동안 한 일들에 대해서 비판 혹은 비난을 받기 쉬운 직업이기도 하다. 생각해보라. 출근해서 열심히 일하고 퇴근하기 직전 직장 상사에게 한 일들을 일일이 보고하고 마무리하지 못한 일 또한 보고해야 하는 상황. 그리고 직장 상사가 다음 근무를 잘 이어나갈 수 있게 만들어놓아야 하는 그 환경. 뒷장에서 학생 간호사로서 간접 경험한 인수인계가 아니라 신규 간호사가 되어 직접 경험한 인수인계, 그 네 글자의 무서움을 다시 서술할 기회가 있겠지만 그 당시는 간접 경험이었음에도 불구하고 인수인계 동안 목을 졸라 오는 듯한 긴장감을 느낄 수 있었다.

실습을 경험하면서 느낀 한 가지 특이했던 점은 워낙에 돌보는 환자 수가 많다보니 병실 번호나 질병 이름 혹은 진단명으로 환자를 지칭하는 경우가 많았다.

"1008호 당뇨 환자는 오늘 CT 검사 다녀왔고, 점심에 혈당이 낮아서 …"

"1007호 폐암 환자는 오늘 항암제 맞았고 경과 지켜보고 내일 퇴원 예정으로…"

그 간호사들은 환자를 병실번호로 혹은 진단명으로 부르는 것이 습관화되어서 인지하지 못하는 건지 아니면 알고도 편의를 위해 그렇게 하는 것인지는 몰라도 실제 병원 환경을 처음 접하는 학생 간호사로서 그 문화가 상당히 이상하다고 느꼈다. 마치 죄수를 번호로 부르는 것과 다르지 않는 그런 느낌마저 들었다. 하지만 실습 나온 일개 학생 간호사로서 그것도 실습 첫 날, 트러블을 만들고 싶지 않아서 혼자만의 생각으로 접어두었다.

대부분의 실습 시간은 이미 언급했듯 '관찰'이 대부분이었다. 그래서 실습 나온 학생 간호사를 유령 취급하는 간호사들도 많았다. '환자 안전'을 명분으로 일을 부여하지도 못하고 그렇다고 학생이라고 이것저것 가르쳐주기에는 본인들의 일이 너무 바빠 그저 없는 사람 취급하는 경우가 많았다. 그래서 이리저리 돌아다니며 간호사의 일을 간접적으로 지켜보거나 심심해하는 환자들과 말동무가 되기도 했다.

Do Not Resuscitate

실습 첫날, 한 환자를 만나서 3학년 첫 학기 실패의 원인과 함께 10년이 지난 지금까지도 답을 내리지 못한 질문을 동시에 마주하게 되었다.

그 환자는 준중환자실이라는 곳에 입원하고 있었다. 일반 병동과 중환자실의 중간의 개념이랄까? 일반 병동에 몇몇 병실을 중환자실처럼 만들어놓았다. 그 환자가 누워있는 침대 뒤에는 커다랗게 DNR이라고 써 붙여져 있었다. 그 당시 DNR이 무엇인지 몰랐다. 산소마스크를 쓰고 있던 그 환자는 간호사가 하려고 하는 모든 것들을 거부하고 가쁜 숨을 골라가며 역정을 내고 있었다.

"곧 죽을 텐데 혈당을 측정해서 뭐해! 혈압을 측정해서 뭐해! 그냥 진통제나 줘!"

간호사는 당황한 기색을 보였으나 애써 설득하려 했다. 하지만 그 환자는 혈당측정기를 든 간호사의 손을 내려치고는 더 심하게 소리를 질렸다. 숨기려고 노력했지만 병실 밖으로 나가는 그 간호사의 눈가에 눈물이 맺혀있음을 확인할 수 있었고 나 역시 처음 접하는 상황에 당황한 것은 마찬가지였다.

'왜 저렇게 화가 나 있는 것일까?' 가장 궁금했던 부분이라 알고 싶었다. 가뜩이나 숨도 가쁜데 저렇게까지 소리를 지르며 다른 사람에게 상처를 주는 이유는 무엇일까? 궁금증을 해결하려 간호사의 허락을 받고 환자의 차트를 열람했다. 그리고 차트를 전달받자마자 보이는, 차트 맨 앞 장에 불필요하다 싶을 만큼 커다랗게 DNR이라는 세 글자가 적혀있었다. 'DNR이 대체 무엇이기에 이렇게 곳곳에 적혀있는 것일까?'

환자는 식도암 말기 환자였다. 이미 다른 장기 곳곳에 전이가 되어 수술이 불가능한 상태로 병원을 방문했고 방사선 치료와 항암제 치료를 받았으나 합병증으로 폐렴이 발생한 상황이었다. 그리고 환자는 절망감에 모든 치료를 거부하는 상황에 이르렀고 환자를 방문하거나 연락이 닿는 가족은 없었다. 그리고 환자의 차트 마지막 장에 붙어있는 'DNR 동의서'에 사인이 되어있는 것을 볼 수 있었다. 실습이 끝나고 집에 도착하자마자 DNR에 대한 정보를 찾기 시작했다.

DNR(Do Not Resuscitate). 병원에서 환자가 응급상황에 이르면, 특히 심장이 정지하면 심폐소생술(CardioPulmonary Resuscitation, CPR)을 시행하게 된다. 최근 들어 이런 심폐소생술 교육이 보편화되면서 많은 사람들이 어렵지 않게 교육을 들을 수 있는데 쉽게 말하면 기능하지 못하는 심장을 대신하여 환자의 가슴 쪽을 지속적으로 압박함으로써 인위적으로 심장의 펌프 기능을 흉내 내어 혈류가 뇌까지 갈 수 있도록 하는 일시적인 응급 처치다. 물론 이 흉부 압박(Chest compression)을 제외하고도 제세동술(Defibrillation)이나 다른 약물치료도 이 심폐소생술에 포함될 수 있다. 이를 시행하여 심장의 기능이 돌아오는 경우도 있지만 통계적으로 그렇지 않은 경우가 훨씬 더 많다고 한다. 그리고 이 처치의 심각한 부작용 중 하나는 가슴을 압박하면서 늑골이 부러지는 경우가 있고 그 부러진 늑골이 다른 장기를 찔러 장기를 손상시킬 수 있다는 것이다. DNR이라는 말은 그런 소생술이 필요한 상황이 왔을 때 심폐소생술을 원하지 않는다는 것을 말한다. 그 당시의 나는 어린 마음에 이 DNR이라는 것은 끝까지 해보지도 않고 환자를 포기하는 말도 안 되는 개념이라고 생각했다.

그리고 그 다음 날, 또 실습을 나갔고 모든 간호사들에게 인사를 끝내자마자 그 환자가 어떻게 되었는지 확인하러갔다. 그 병실에는 그렇게 소리를 질러대던 환자는 없었다. 다만 이상한 소리를 내며 숨을 거칠게 쉬고 있는 말없는 환자가 누워있었다. 태어나 처음 경험해보는 누군가의 임종의 순간이었다. 하지만 그 당시에는 임종의 순간에 느끼는 슬픔보다 왜 죽어가는 환자에게 아무것도 하고 있지 않은지에 대한 의문에 화가 났다. '내가 대체 무엇을 이해하지 못하고 있는 것일까? 어째서 DNR이라는 개념이 허용이 된다는 말인가?'

그렇게 환자는 몇 시간 지나지 않아 숨을 거두었다. 환자가 숨을 거두는 순간에도 아무것도 모르고 멀뚱멀뚱 서 있는 스스로가 너무 무지하게 느껴졌다. 처음 접하는 환자의 죽음에서 오는 슬픔과 분노가 그리고 무지에서 오는 부끄러움이 내게 지금 필요한 것이 무엇인지를 깨닫게 해주었다. 환자 간호를 위해서 '돌보고자 하는 마음'만 필요한 것이 아니라 그를 뒷받침해주는 '지식'도 필요하다는 것을 그 환자의 임종을 지켜보며 알게 되었다.

이후 간호사로서 병원에서 근무하면서 알게 된 DNR은 안락사와는 또 다른 개념이다. 환자가 가진 질병의 진행 상황과 전반적인 상태와 예후를 고려했을 때 심폐소생술을 해야 하는 상황이 와도 그 심폐소생술을 통해 회복을 할 가능성이 현저히 떨어질 때, 환자가 존엄하게 마지막 순간을 맞이할 수 있도록 DNR이라는 의사결정을 고려하게 된다. 물론 이 의사결정을 할 때는 굉장히 신중할 필요가 있다. 환자의 생명을 놓고 하는 의사결정이기에 충분한 시간을 가지고 많은 부분을 다각적으로 고려해야 한다.

몇 달 전, 사망 진단이 내려진 80세 환자가 영안실에서 되살아난 이야기를 뉴스를 통해 본 적이 있다. 단언컨대 절대 흔한 일이 아님을 언급하고 싶다. 병원에서 일하는 동안 이 DNR이 '얼마나 신중하게 의사결정이 내려지느냐?'에 대한 아쉬움은 없었다. 하지만 내가 아쉬웠던 것은 '의사결정이 내려지는 시기'였다. 한국에서 일할 당시 이 DNR에 대한 의사결정은 환자에게 응급상황이 발생한 순간 혹은 발생하기 바로 직전에 고려하는 편이었다. 그래서 이를 이미 의사결정을 할 수 없는 상태가 된 환자 본인보다 환자의 가족과 함께 결정한 순간들이 더 많았다.

하지만 미국에 와서 경험한 것은 환자 스스로가 미리 본인의 마지막을 준비하는 것을 많이 볼 수 있다는 것이다. 생각보다 많은 미국인들이 사전의료지시서(Advance healthcare directive)라고 부르는(혹은 흔하게 living will이라고도 부르는) 서류를 가지고 있다. 이는 본인이 질병이나 다른 원인으로 인해 본인 건강에 대해 더 이상 스스로 의사결정을 내릴 수 없는 상황이 오면 어떤 중재를 원하는지에 대해 적혀있는 법적으로 유효한 서류다. 어떤 치료는 원하고 어떤 치료는 원하지 않는지 상세하게 적혀있다. 마지막 순간에 대해 의사결정을 스스로 할 수 있을 때 미리 결정해놓는 것이다. 병원에서 일하면서 갑작스럽게 죽음을 맞이하는 환자들이, 가족들과 인사도 나누지 못한 채 죽음을 맞이하는 환자들이 적지 않다. 한국에서는 의사결정 능력을 잃어버린 환자에게 어떤 치료들을 얼마나 더 제공해주어야 하는지에 대해 의료진뿐만 아니라 가족들에게도 여전히 큰 과제로 남아있다. 이 사전의료지시서를 알게 되면서 사람의 마지막 순간 그리고 존엄하게 마지막 순간을 맞이하는 것에 대해 다시 한 번 생각해보게 되었다. 최근에 한국에도 연명의료결정법과 사전연명의료의향서가 큰 이슈로 자주 보도되는 것을 보면서 미국의 사전의료지시서와 비슷한 문화를 갖게 될 수도 있을 것 같다는 생각을 많이 했다.

아무것도 몰랐던 실습 당시는 무조건 심폐소생술을 통해 일단 환자를 소생시키고 보는 것이 옳은 것이라 생각했다. 지금도 물론 어느 것이 옳은지에 대해 종종 고민한다. 아마 영원히 답을 내리지 못할 숙제로 남아있을 것이다. 환자, 가족의 동의를 얻어 의사가 DNR을 결정했을 때는 '정말 DNR이 최선의 선택일까?'에 대해 같이 고민하게 되고, 환자나 가족들의 요구로 소생의 가능성 혹은 소생하더라도 일시적인 생명 연장일 뿐 '회복'할 수 있는 가능성은 없어 보임에도 심폐소생술을 시행하고 있는 것을 볼 때면 저렇게 '신체가 망가지는 채로 마지막 순간을 맞이하는 것이 과연 맞는 것인가?'에 대해 고민해보게 된다. 아직도 누군가 내게 어떤 것이 맞는지 물으면 case by case(경우에 따라 다르다.)라고 말한다. 정해진 답이 없다는 말이다. 하지만 지금까지의 경험을 통해 적어도 한 가지 확실하게 말할 수 있는 것은 'DNR이 환자를 포기하는 것은 결코 아니다.'는 것이다.

실습 첫 날부터 한 환자의 임종을 통해 이런 윤리적인 문제와 갈등에 부딪히게 되면서 공부의 필요성을 느끼게 된 나는, 단순히 암기를 통한 공부가 아닌 실제 병원에서의 환자 간호와 관련지어 공부를 해야 할 필요성 또한 느꼈다. 아직도 진리라고 생각하는 깨달음을 얻게 된 것이다.

"The more you know, the more you will see."

아는 만큼 보일 것이다.

아는 만큼 환자와 그 상황을 더 잘 공감할 수 있고 더 좋은 간호를 제공할 수 있을 것이라고 생각하게 되었다. 그리고 다시 한 번 더 자신의 한계를 확인해보고 싶었다. 딱 한 번만 더 도전해보자고 결심했다. 하지만 이번은 어느 누구가 물어도 '정말 이보다 더 노력할 수는 없을 것'이라고 자신 있게 대답할 수 있을 만큼 노력해보자고 다짐했다.

열정의 근원

지금 와서 간호학과 3학년 2학기를 떠올리면 학교 7층 도서관 모습밖에 떠오르지 않는다. 매일 아침 7시에 학교로 향했고 새벽 1시가 되어서야 집에 도착했다. 수업 시간을 제외한 대부분의 시간을 학교 도서관에서 보냈다. 첫 학기 때보다도 더 지독하게 공부했다. 다른 학생들은 그런 내가 미쳤다고 고개를 절레절레 저을 정도였다.

"오빠, 화장실은 가요? 집에는 가요? 의자에서 엉덩이는 떼요?"

이런 식으로 나를 이상하게 보는 것은 학교 학생들만이 아니었다. 엄마도 마찬가지였다.

"아들, 요즘 얼굴보기 힘드노? 간호학과 3학년은 공부를 그렇게까지 해야 하나? 요즘 아들한테는 집이 잠만 자고 나가는 여관이네."

단순한 성적의 문제가 아니었다. 환자를 돌보고자 하는 그 '마음'만으로는 원하는 참된 간호를 할 수 없다는 것을 경험했다. 그 마음을 뒷받침해줄 수 있는 지식이 절실히 필요했다. 그저 남자 간호학생도 잘할 수 있다는 것을 보여주기 위함이 아닌, 막연히 열심히 공부해서 그저 좋은 성적을 획득하기 위함이 아닌, 간호사로서 환자에게 훌륭한 간호를 제공하기 위해서는 따뜻한 마음씨와 함께 많은 지식이 필요함을 실습을 통해 깨달았다. 의무병으로서 또 간호학과 실습 학생으로서의 경험을 토대로 좋은 간호사가 되기 위한 공부란 '경험하는 모든 지식을 환자 간호와 접목시켜 지금 배우는 것이 무슨 이유에서, 어떤 식으로 환자에게 도움이 될 것인가를 계속 생각하며 하는 공부'임을 알게 되었다. 그리고 이전에 했던 노력이 정말로 내 한계였는지, 노력의 끝이었는지 확인하고 싶었다. 실망스러웠던 그 결과가 한계가 아니었음을 믿고 싶었다. 이전과 다르게 뚜렷한 목적을 가지고 최선을 다하였음에도 결과가 좋지 않다면 그 땐 결국 내 한계는 거기까지라고 생각하며 내려놓을 수 있을 것 같았다. 그런 마음가짐으로 하루하루를 살았고 그렇게 3학년 2학기 내내 나는 '의자에서 엉덩이를 떼지 않는 복학생' 혹은 '학교 도서관의 지박령'으로 유명했다. 남들 시선은 중요하지 않았다. 그 시기는 다른 누구와의 경쟁이 아니라 나 자신과의 싸움이었다.

그렇게 정말 도서관에서 공부한 기억 외에는 다른 기억이 없는 스물넷 복학생의 가을이 순식간에 지나갔다. 학기가 끝났고 노력의 결과를 확인할 시간이 다가왔다. 학점을 열람하기 전 날, 얼마나 긴장을 했는지 모른다. 학점 열람 당일, 간밤에 잠을 설쳐 늦잠을 자고 말았다. 학교 남자 동기로부터 전화가 와서 잠이 깼다. 전화를 받자마자 그 친구는 흥분한 목소리로 말했다.

"짜식, 축하한다. 네가 이번 학기 학과 수석이다."

노력은 배신하지 않았다. 미친 사람 취급받으며 노력한 결과 80명이 넘어가는 학생들 중 4.5 만점에 평점 4.47이라는 성적으로 1등을 할 수 있었다. 그리고 학교 내 간호학과가 창설된 이래 처음 남학생이 수석을 한 순간이었다. 소수지만 남자 간호학생도 '광대'나 '짐꾼'으로서의 역할만이 아닌 성과 면에서도 우수할 수 있다는 것을 보여줄 수 있었다. 간호학과 입학 이전부터 그토록 원했던 순간이었다. 오랜 시간 그토록 원했던 순간이었지만 실제 나를 행복하게 만든 이유는 따로 있었다. 단순히 남자 간호학생으로서 좋은 성과를 냈다는 사실보다, 실망스러웠던 결과에 포기하지 않고 다시 한 번 일어나서 도전했고 미래에 좋은 간호사로서 다양한 지식을 바탕으로 훌륭한 간호를 제공하려는 분명한 목적의식을 갖고 최선을 다해 좋은 성과를 냈다는 사실이 나를 더 행복하게 만들었다. 같이 늦잠을 자고 있던 엄마를 깨워 부둥켜안고는 아파트가 떠나가라 소리를 질렀다. 엄마는 그 당시는 뭣도 모르고 그냥 같이 소리를 지르는 척했지만 나중에 학과 수석은 학비 전액이 면제라는 사실을 뒤늦게 알고는 그제야 진심으로 소리를 지르셨다. 이 순간이, 이 당시 느꼈던 환희가 지금까지도 끊임없이 무언가를 열정적으로 도전할 수 있는 하나의 이유이자 근원이다. 그 이후로 '아… 나는 죽도록 해도 이 정도구나.'가 아니라 '하니까 되더라!'로 생각이 바뀌었다. 이런 확신이 생기면서 삶은 조금씩 달라졌다. 그 이후로도 노력에 노력을 거듭하여 4학년 1학기도 4학년 2학기도 학과에서 1등을 하고 졸업할 수 있었다.

이 기쁜 소식과 함께 시작한 두 번째 학기 실습. 이번 학기에는 성인 환자가 아닌 소아 환자를 돌보는 간호를 배우는 실습이었다. 지금도 소아청소년 환자를 돌보는 것은 너무 어렵다.

"아동은 성인의 축소판이 아니다."

아동간호학을 배우면서 가장 처음 접한 말이다. 소아청소년 환자들은 몸집이 작기 때문에 단순히 몸집이 작은 성인 환자처럼 돌보려고 하는 의료인들이 있는데 이는 잘못된 생각이다. 소아청소년기 환자들은 특수한 발달 양상과 시기적 특수성을 함께 고려해야 하는 돌보기 쉽지 않은 환자다. 그리고 가장 힘든 부분 중 하나는 병원 생활을 어려워하는 소아 환자들에 대한 공포감을 줄여주는 것과 아이를 환자로 두고 있는 부모들의 마음을 공감하고 지켜보는 것이다.

아동 환자를 돌볼 때마다 생각나는, 사람 심리와 관련된 두 가지 개념이 있는데 이는 공감(Empathy)과 동정(Sympathy)이다. 정신간호학 책에 따르면 Empathy란 '감정 이입' 혹은 '공감'으로 해석이 될 수 있고, Sympathy는 '동정' 혹은 '연민'으로 해석될 수 있다. 비슷하게 들리지만 엄격하게 구분되어야 하는 개념이다. 아이를 환자로 두고 있는 부모들을 상대할 때면 그들의 절실함과 슬픔에 반응해 나도 모르게 공감이 아닌 동정과 연민을 느끼게 된다. 하지만 동정은 다른 사람의 어려움을 보고 측은함을 느끼는 수동적인 감정으로서 전문직에 종사하는 간호사는 이보다 더 중립적이고 비판단적인 개념인 공감 능력을 갖추어야 한다. 공감은 다른 사람의 입장이 되어 그들이 어떻게 느끼고 생각하는지에 대해 이해하며 그를 통해 환자의 감정과 요구를 적절하고 알맞게 반응하는 것을 의미한다. 동정이 단순한 수동적인 감정에 그치는 것에 비해 공감은 적극적인 참여를 말하며 기꺼이 다른 사람의 경험의 일부가 되어 그들의 내부 경험에 초점을 맞추는 것을 말한다. 간호사로서 그저 환자를 동정하고 불쌍하게 여기는 것에 초점을 맞추는 것이 아니라 환자의 경험에 대해서 공감하는 능력이 더 필요하다.

실습 당시는 이 개념들에 대해 잘 모르고 있었고 그런 이유로 아이가 아플 때마다 울고 어쩔 줄 모르는 부모들을 보며 느끼는 동정과 연민으로 인해 감정적으로 지쳐가는 나를 발견했다. 이렇게 동정과 연민으로 마음이 휘둘리다보니 본질을 잊어버리고 있었다. 나는 미래의 간호사였고 연민의 감정이 아닌 공감을 통한 참된 간호를 제공할 필요가 있었다. 그 고민으로 인해 찾아간 아동간호학을 담당하는 교수님에게서 위의 공감과 동정에 관한 이야기를 들을 수 있었다. 오진아 교수님. 간호사로서의 인생에서 만난 두 번째 스승님이다. 교수님과의 뜻깊은 대화 후, 연민과 동정이 아닌 간호사로서 중립을 유지하고 판단을 미루며 환자의 경험에 대해 공감하려고 노력한다. 물론 쉽지 않다. 아직도 가끔 환자가 아닌 일어나고 있는 그 상황에 너무 몰입해 불필요하게 연민으로 감정을 소모하는 날이 있다. 하지만 간호사로서 갖춰야 하는 중요한 능력인 공감에 대해 배운 날 이후로 이를 강점으로 발전시키고자 노력해왔다. 그 대화를 계기로 교수님과는 지금까지도 계속적으로 간호와 관련된 이야기를 자주 주고받는 사이가 되었고 아직도 찾아뵐 때마다 아무것도 모르는 학생 간호사였던 이 당시의 이야기를 하곤 한다.

부산 남자의
서울 면접

그렇게 혹독했지만 보람도 있었던 간호학과 3학년이 지나가고 취업을 걱정해야 할 4학년 졸업반이 되었다. 간호학과에 몸을 담고 있다면 누구나 Big 4 병원에 대해서 들어봤으리라 생각한다. 세브란스병원, 서울대학교병원, 삼성서울병원, 서울아산병원 이렇게 네 개의 병원을 지칭한다. 왜 Big 4인지에 대해서 정확한 이유는 모르겠다. 가장 큰 규모를 가진 병원들을 지칭하는 것인지 혹은 평균 간호사 연봉이 가장 높은 병원들을 지칭하는 것인지 알 수 없다. 이유는 궁금하지 않았다. 그저 어릴 적부터 서울 생활에 동경이 있던 나는 서울로 상경하고 싶었고 그렇게 학생들 사이에서 유명한 그 병원들에 입사 지원서를 넣기 시작했다.

처음 입사 지원 공고가 난 곳은 서울대학교병원이었다. 사실 병원 입사에 자신만만해하고 있었다. '당연히 나를 합격시켜주겠지?'라는 망상에 빠져 있었다. 학과 수석 이후에 생긴 근거 없는 자신감이 이런 망상을 만들어냈다. 내 발목을 잡은 것은 다름 아닌 영어였다. 그 당시 입사 지원서를 제출할 때 대부분의 대형 병원에서 토익(TOEIC)이나 토플

(TOEFL)같은 공식영어 시험 성적을 요구했다. 그 당시 토익 성적은 보잘 것 없는 525점. 다른 지원자들에 비해서 형편없는 성적임을 알았기에 부랴부랴 매주 토익 시험을 쳐가며 지원 직전 전에 685점이라는 크게 다를 것 없는 성적을 만들어 지원을 했다. 토익 만점자가 수두룩한 지금과 비교하면 좋은 점수가 아님을 알 수 있다. 하지만 밑도 끝도 없는 자만심으로 지원서를 내고는 발표일만 기다리고 있었다.

결과는 불합격. 자만심으로 가득했던 나를 단번에 좌절의 구렁텅이로 빠뜨린 세 글자였다. 지금 생각해보면 그리 놀랄 일은 아닌데 그 당시 엄청난 충격이었다. 열심히 공부해서 학과 수석을 하긴 했으나 이전 1학년, 2학년 성적은 그저 그랬고 영어 점수 또한 다른 지원자들에 비해서 낮은 편이었다. 남학생 최초 간호학과 수석이라는 타이틀은 내게 꼭 필요했던 '성공'이었고, 이 서울대학교병원 입사 불합격은 그 당시 꼭 필요했던 '실패'기 아니었나 싶다.

또 심각한 슬럼프에 빠질 수도 있었지만 쉴 새 없이 돌아가는 수업스케줄, 실습 스케줄, 그리고 계속 쏟아지는 채용 공고들이 실망감에 젖어있을 시간을 허용하지 않았다. 삼성서울병원과 서울아산병원은 거의 비슷한 시기에 공고가 났다. 이번에는 좀 더 심혈을 기울여 입사 지원서를 작성하리라 마음먹고 한 줄 한 줄 신중히 적어 내려갔다.

이 글을 쓰는 지금, 그 당시 삼성서울병원 입사 지원서를 열어서 보고 있다. '존경 인물과 그 이유'란에 '링컨'이라고 답이 적혀있다. 그 이유는 '인종차별 없이 평등하게 보려했던 그의 생각이 진심으로 느껴졌다.'라고 적혀있다. 지금도 이 생각에는 크게 변함이 없다. 미국에 살면서 '인종차별은 이제 더 이상 존재하지 않는다.'라는 말은 100% 진실이 아님을 몸소 경험하고 있지만 링컨 대통령 덕분에 그래도 그나마 지금의 모습이 있지 않나 싶다.

그리고 '지원한 직무를 잘 수행할 수 있는 이유'란에 적힌 답변이 눈에 띈다. '과거를 반성하고 현실에 충실하며 미래를 계획할 줄 압니다. 또한 활발하고 책임감이 있으며 스스로 남들에게 인정받기 위해 끊임없이 노력합니다. 주어진 환경에 수동적이기 보다 모든 일에 능동적으로 임하려고 노력합니다. 또한 긍정적이고 잘 웃는 편이라 환자나 보호자 분께 친절하고 따뜻하게 대할 수 있고 책임감이 강하여 주어진 업무를 잘 수행할 자신이 있습니다.'

지금 다시 이 입사 지원서를 작성하라고 해도 똑같이 쓸 것 같은 문구들이다. 학교생활에 대해 기술하는 부분에서도 눈에 띄는 문장이 있다. '지식에 부족함이 없는 간호사가 되기 위해 열심히 공부하였습니다.' 이 문장 역시 지금까지도 이행해오고 있는 간호사로서의 마음가짐이다. 9년 전의 입사 지원서를 꺼내서 읽어보면 괜히 쑥스러울 것 같았는데 읽고 나니 그때의 열정을 다시 느껴볼 수 있어서 좋았다. 입사 지원서에 담긴 이런 열정을 삼성서울병원도 느꼈는지 지원서를 낸지 며칠이 지나지 않아 면접을 볼 수 있는 기회를 부여했다. 그 후 부산 남자의 삼성서울병원 면접 준비가 시작되었다.

면접과 관련하여 가장 걱정되었던 것? 누군가 이 질문을 받는다면 많은 사람들이 아래와 같은 걱정을 말할 것이다. '면접에서 무슨 질문을 받게 될까?', '면접에는 어떻게 입고 가야 할까?', '질문에 대한 답이

생각나지 않았을 때는 어떻게 대처할까?'

하지만 내게 가장 큰 걱정은 우습게 들릴지도 모르지만 다름 아닌 '사투리'였다. 이미 언급했듯 큰누나는 수도권으로 상경한 상태였고 수도권 생활을 굉장히 힘들어했다. 그 이유 중에 하나는 누나가(누나의 표현을 빌리자면) '서울깍쟁이'를 상사로 만나서 매일같이 누나의 사투리를 흉내 내며 희화화시키기 때문이었다. 매일 집에 전화해서 엄마에게 울면서 하소연하는 것을 봐왔기 때문일까? 레퍼토리는 항상 똑같았다.

"엄마, 그 여자가 자꾸 사투리 갖고 놀린다. 일하기 싫어죽겠다. 그냥 부산으로 돌아가면 안 되나?"

엄마는 누나가 수도권에 직장을 얻은 것을 자랑스러워했기에 달래기 바빴다.

"고마 쫌만 더 버티라. 우째 얻은 직장인데 다시 내려올라카노?"

어린 마음에 '서울 사람들은 전부 부산 사투리를 우습게 생각한다.'라는 성급한 일반화를 내리게 되었고 면접과 관련된 다른 요소들보다 사투리가 가장 걱정이 되었다. 나름 누나에게 전화를 걸어 서울말은 어떻게 해야 흉내 낼 수 있는 것이냐며 물어도 보고 노하우도 전수받았지만 그게 하루 이틀 만에 고쳐질 만한 것이 아니었고 그래서 더욱 속상해했던 것이 기억난다.

면접 당일. 새로 산 검은 정장을 차려입고 매형에게 멋진 넥타이도 빌려서 매고 병원으로 출발했는데 하필 그날 비가 주룩주룩 내렸다. 면접을 위해 부산에서 올라와 잠깐 누나 집에서 머물렀는데 누나 집은 경기도 부천이었고 삼성서울병원까지는 2시간 거리였다. 부산 촌놈이 그 복잡한 수도권 지하철에서 헤매는 것은 '안 봐도 비디오'아닌가? 면접 전날 누나와 매형으로부터 그렇게 수도권 지하철에 대한 집중 교육을 받았음에도 불구하고 열심히 헤맸고 그러다 보니 병원에 도착했을 때 정장은 이미 비에 흠뻑 젖어있었다. 도착하자마자 면접 전 날 엄마가 했던 말을 듣고 우황청심환을 삼켰다. 한 개를 다 먹으면 졸릴 수도 있다는 누나 말을 듣고 반개만 먹고 면접 장소로 향했다.

면접은 두 번에 거쳐 진행되었다. 간호 관리자 면접 그리고 병원장 및 간호본부장 면접이었다. 병원도 일반 회사처럼 부서(병동)들이 있고 몇몇 부서들이 묶여 팀으로 만들어진다. 부서(병동)장은 병원마다 다르지만 한자인 머리 수(首)를 사용하여 '수간호사(Head nurse)'로 불리기도 하고 혹은 '부서장(Unit manager)' 또는 '파트장(Nurse manager)'으로 불리기도 한다. 그리고 팀을 이끄는 팀장(Director)이 그 부서장들의 상사가 된다. 간호부장, 간호본부장 혹은 간호부원장(Chief Nursing Officer, CNO)이 간호부의 우두머리다. 아직까지는 간호사가 병원장이나 최고 경영자(Chief Executive Officer, CEO)인 한국 병원은 없다. 미국에서는 간호사 출신 병원장이나 최고 경영자가 흔하지는 않지만 몇몇 있다. 한국도 간호사 출신 병원장이나 최고 경영자가 나오는 날을 기대해본다. 어쨌든 부서 혹은 팀의 간호 행정을 담당하는 파트장이나 팀장을 총칭하여 간호 관리자라고 한다. 첫 번째 면접은 이 간호 관리자들과의 면접이었다. 면접 분위기는 굉장히 진지했고 무거웠다. 5명의 지원자들이 동시에 들어갔고 질문에 대해 오른쪽부터 왼쪽으로 혹은 왼쪽부터 오른쪽으로 대답하였고 나는 다행히 5명 지원자들 중 중앙에 앉아서 옆에 두 명의 지원자들이 답하는 동안 어떤 답변을 할지 잠시나마 생각할 시간을 가질 수 있었다. 그 면접에서 가장 기억나는 질문은 다음과 같았다.

"학교 다니면서 공부 말고 했던 활동 중 의미 있었다고 생각하는 것은 어떤 것들이 있나요?"

첫 번째 질문부터 예상 질문이 아니었다. 하지만 질문을 듣자마자 답변이 생각났다.

"부산에 위치한 한 정신보건센터에서 정신질환을 앓고 있는 아이들을 상대로 미술치료와 음악치료를 돕는 봉사활동을 하고 있습니다. 대학 생활 동안 통기타 동아리에서 활동하고 있고 그것을 의미 있게 사용하고 싶었기에 정신보건센터 봉사활동을 통해 음악치료를 제공하는 것을 선택했습니다."

면접은 그리 길지 않았다. 두세 가지 질문을 받고 바로 다음 면접 장소로 이동했다. 두 번째 면접의 분위기는 첫 번째 면접보다 몇 배는 더 무거웠다. 병원장, 간호본부장, 병원행정팀장 등 면접 아니고서는 만날 일이 없을 것 같은 병원 내 고위 간부들과의 면접이었다. 면접관들 중

눈가 혹은 입가에 미소를 띤 사람은 단 한 명도 없었다. 면접을 볼 지원자들이 많아서였는지 자리에 앉자마자 바로 첫 번째 질문이 시작되었다.

"살면서 가장 힘들었던 순간이 언제였나요?"

다행히 예상 질문 리스트에 있었다.

"군대 이등병 생활이었습니다. 계급이 철저하게 구분된 생활을 경험한 것이 그때가 처음이었고 그렇기에 적응하는 것이 쉽지 않았습니다. 하지만 그때의 값진 경험이 있었기에 앞으로 이어질 사회생활을 잘 해낼 수 있다고 확신합니다."

대답이 끝나고 다른 지원자들의 답이 끝나자마자 바로 다음 질문으로 이어졌다.

"병원에서 학생 간호사로서 실습하면서 이것만은 고쳤으면 좋겠다고 생각했던 병원 문화나 환경이 있었나요?"

이어진 질문은 예상 질문이 아니었을 뿐더러 가장 대답하기 어렵다고 생각한 질문이었다. 하지만 지금 생각해보면 면접 동안 받은 질문들 중 가장 잘 대답했고 간호에 대한 내 가치관을 가장 잘 드러낸 답변이

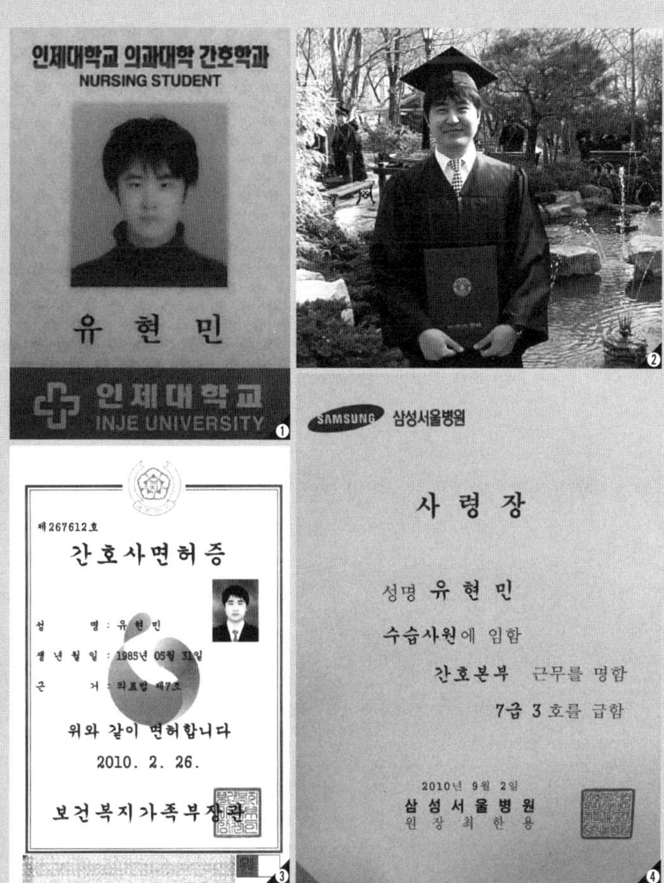

인제대학교 의과대학 간호학과
NURSING STUDENT
유 현 민
인 제 대 학 교
INJE UNIVERSITY

제267612호
간호사면허증
성 명 : 유 현 민
생 년 월 일 : 1985년 05월 31일
근 거 : 의료법 제7조
위와 같이 면허합니다
2010. 2. 26.
보건복지가족부장관

SAMSUNG 삼성서울병원
사 령 장
성명 유 현 민
수습사원에 임함
간호본부 근무를 명함
7급 3 호를 급함
2010년 9월 2일
삼 성 서 울 병 원
원 장 최 한 용

❶ 당시 간호학과 실습 명찰 ❷ 인제대학교 간호학과 졸업 사진
❸ 간호사 면허증 ❹ 삼성서울병원 간호사 생활 시작

기도 했다.

"병원 실습을 하면서 간호사나 의사들이 환자를 습관적으로 환자 병실 번호나 질병 이름으로 지칭하는 것을 자주 봤습니다. 예를 들어 유현민 환자가 아니라 1002호 위암 환자로 부르는 경우를 말합니다. 환자가 그 질병을 앓고 있는 것은 사실이나 진단명은 절대 그 환자를 정의할 수 없다고 생각합니다. 오래된 습관으로 의사나 간호사들은 그것이 잘못되었음을 인식하지 못하고 있는 것 같았습니다. 의료인으로서 환자를 '질환'이 아니라 '사람'으로, 하나의 '인격체'로 대해야 한다고 생각하기에 그런 노력의 첫 걸음으로 이런 습관을 고치고 환자를 어떤 순간에서도 '이름'으로 불러야 한다고 생각합니다."

지금도 이 답변에 대한 내 견해는 전혀 변함이 없다. 질병을 치료해야 함에 초점이 맞춰져, 환자를 '하나의 인격체'가 아닌 '치료해야 하는 질병체'로 인식하는 경우가 있다. 같은 진단명을 가지고 있다고 해도 환자마다 호소하는 증상이나 나타나는 징후가 다르고, 그렇기에 '질병'을 치료한다고 생각하기보다 개개인의 '환자'를 치료한다고 생각하는 것이 옳다. 질병은 어디까지나 질병일 뿐 환자는 한 '사람'으로서 존중받아야 하며 질병명이 그 환자를 정의할 수 없음을 강조하고 싶다. 가끔 일이 너무 바쁠 때 의사나 다른 간호사와의 의사소통 중 환자를 이름 대신 쉽게 병실번호나 진단명으로 지칭하고 싶은 유혹이 드는 때가 있다. 하지만 변화를 위해선 나 자신부터 바뀌어야 한다고 믿기에 예나 지금이나 항상 환자를 이름으로 부르려고 노력한다.

이 답변을 마지막으로 부산 남자의 살 떨리는 삼성서울병원 면접이 끝났다. 걱정과는 달리 서울 사람들은 '표준어'보다는 '질문에 대한 답변'이 더 중요하다고 생각했는지 면접 후 얼마 지나지 않아 합격 통보를 받을 수 있었다. 부모님은 좋은 병원에 취직했다며 나보다 더 기뻐하셨고 그런 부모님을 보면서 병원을 열심히 다녀야겠다고 생각했다. 그렇게 더 이상 '학생 간호사'로서가 아닌 진짜 '간호사'로서 동경하던 서울 생활이 시작되었다.

Chapter 2

신입 간호사 (New Graduate Nurse) 이야기

A Blessing in Disguise

간호사로 일하기 위해서는 간호사 국가고시를 합격해야 한다. 입사가 결정이 되었지만 국가고시를 통과하지 못하면 입사는 무효처리가 될 수 있기 때문에 열심히 준비했다. 미국의 간호사 국가고시(NCLEX-RN)는 상시로 볼 수 있는 반면 한국의 간호사 국가고시는 일 년에 단 한 번 추운 1월에 시행된다. 매해 합격률이 90%가 넘어가는 시험이지만 그렇다고 쉽지는 않다. 쉬운 시험은 아니지만 공부하면 또 합격 못할 시험도 아니다. 당당히 국가고시를 합격하고 졸업식을 치르고 나니 입사 날이 다가와 있었다.

삼성서울병원. 위에서 언급했듯 많은 학생 간호사들이 꿈꾸는 대형 병원들 중 하나이다. 직장이 서울로 정해졌을 때 부모님께선 어려운 결정을 하셨다. 가족 모두가 서울로 상경하기로 결정한 것이다. 부산에서 직장을 다니고 있던 작은누나는 서울로 올라가는 것을 반대했고 혼자 부산에서 머물기로 결정했다.

한국 병원의 간호사 배치는 미국과 굉장히 다르다. 한국은 병원 단위에서 1년에 한 번 대대적으로 신입 간호사들을 채용한 뒤 대규모의 간호사를 몇 개의 그룹으로 나누어 월별 혹은 분기별로 교육시켜 인력이 필요한 부서로 투입시킨다. 이런 시스템 때문에 가장 나중에 배치되는 간호사 그룹의 경우에는 1년이나 기다렸다가 부서에 배치되는 경우가 생긴다. 이를 간호사들 사이에서는 '웨이팅(Waiting)'이라고 부른다. 길고 긴 웨이팅 기간을 여행으로 보내는 사람도 있고 아르바이트를 하는 사람도 있다. 나 또한 6개월이라는 웨이팅 기간을 가졌고 그동안 마냥 놀기 싫어 연구 간호사로서 잠깐 일한 적이 있다. 대규모로 채용한 간호사들에 대한 부서 배치 순서를 어떤 식으로 정하는지에 대해서는 여전히 의문으로 남아있다. 각 병원마다 기준이 있지 않을까 싶다.

병원에서 간호사로서 일할 수 있는 부서는 매우 다양하다. 일반 병동, 중환자실, 수술실, 회복실, 응급실, 외래, 정신과, 분만실 등이 있다. 불행하게도 병원에 입사 이후 어떤 부서로 배치될지에 대해서 간호사는 투입 직전까지도 알 수 없다. 간호사의 희망사항이나 선호도보다 병원 내 부서의 인력 필요도에 따라 배치가 되는 편이다. 쉽게 말하면 빈자리가 생기는 곳에 신입 간호사를 투입시키는 것이다. 물론 병원에서 갓 입사한 간호사들에게 어떤 부서에서 일하고 싶은지 1차부터 3차 지망까지 적도록 했으나 나를 비롯한 대부분의 입사 동기들이 본인의 지망과는 크게 관련 없는 곳에서 일하게 되었다.

미국 병원은 채용과정부터 많이 다르다. 미국은 병원 단위로 간호사 채용을 실시하는 것이 아니라 부서 단위에서 간호사를 채용한다. 그렇기에 간호사 채용에 있어서 부서장(수간호사, 미국의 경우 Nurse manager)

의 자율성과 권한이 높다. 간호사는 본인의 이력서를 직접 병원의 웹사이트를 통해서 일하고 싶은 부서에 넣는다. 본인이 일하고 싶은 부서를 선택할 수 있는 기회 뿐 아니라 인터뷰를 통해 근무를 하기 전에 미래의 직장 상사를 직접 만나게 된다. 일하게 될 부서에 배치되고 난 뒤에야 비로소 직장 상사를 만날 수 있게 되는 한국의 경우와는 다름을 알 수 있다. 역으로 미국 병원의 부서장 또한 채용 전에 간호사를 면접을 통해 만날 기회를 얻게 되고 이는 병원에서 간호사를 임의로 지정해 부서로 보내는 까닭에 부서장으로서 미리 어떤 간호사가 올지 모르는 한국 현실과는 대조됨을 알 수 있다. 뒤에서 미국에서의 간호사 채용 과정에 대해서 또 다루게 되겠지만 일하게 될 부서 선택에 대한 간호사가 가지는 '자율성(Autonomy)'과 '간호사의 만족도(Nurse satisfaction)'에 대해 한 번쯤 생각하게 하고 싶어서 언급해보았다.

입사가 결정이 되고 본격적으로 병원 생활을 하기 전에 입문교육에 참여했다. 경기도 용인에 위치한 시설이었는데 삼성 그룹에 속하는 계열사 신입 직원들이 입문교육을 받게 되는 곳이었다. 여기까지 언급했다면 예상할 수 있듯이 입문교육은 '삼성'이라는 그룹에 대해서 배우게 되고 소속감을 주고 애사심을 고취시키는 교육이라고 말할 수 있겠다. 무려 2주 가까이 되는 시간동안 입사동기들과 합숙교육을 받았다.

입문교육이 직장생활이 어떤 것인지에 대해 살짝 맛보는 교육이었다면 이어진 4주간의 직무교육에서는 간호사로 일하면서 꼭 알아야하는 부분을 다뤘다. 예를 들어 약물을 투여하는 법 혹은 수혈에 관련한 주의사항 등. 엄격한 분위기 속에 한 달간 직무교육을 받았고 교육이 끝난 뒤에는 어려운 시험을 통과해야만 직무교육을 수료할 수 있고 이후 정해진 부서에서 일을 할 수 있는 자격이 생긴다. 부서 배치는 모든 예비 간호사들의 최대 관심사라 할 수 있다. 최대 관심사지만 위에서 언급했듯 철저한 기밀사항이라 배치받기 직전까지도 좀처럼 공개되지 않는다. 일반 회사도 그렇겠지만 병원 내에도 일이 힘들기로 소문난 부서와 상대적으로 일이 덜 힘들다고 소문난 부서가 나뉘어져 있다. 그 당시 입사동기들은 이미 부서에서 일을 시작한 다른 간호사들의 이야기를 들어왔던 터라 어떤 특정 부서에서만큼은 일하지 않았으면 좋겠다고 그 부서에서 일하느니 차라리 퇴사를 하겠다는 둥 틈만 나면 과장 섞인 말들을 내뱉곤 했다.

"우리 부서는 초과 근무도 잦고 입원도 많고 퇴원도 많고 수술도 많고…"

그도 그럴 것이 먼저 일을 시작한 신입 간호사들에게 그들이 일하는 부서에 관해 물어보면 대답의 99%는 단점, 1%는 장점이었다. 단점을 알려달라고 콕 짚어 질문한 것도 아닌데 말이다. 새로운 직장에서 일을 배우는 것이 쉽지 않기 때문이라고 생각했다.

개인적으로 정신과에 배정받고 싶었고 실제 희망하는 부서에도 정신과를 1지망으로 써냈다. 학생 간호사로서 실습을 할 때 정신과 실습이 가장 흥미로웠고 그 실습지의 수간호사 선생님께서 환자와 이야기 나누는 것을 좋아하는 모습을 보며,

"유현민 선생님은 나중에 정신과에 가시면 참 잘하실 것 같아요."

라고 한 말씀이 기억났기 때문이다. 그 당시 귀가 좀 얇기도 했었고 사실 정신과 실습을 하면서 들었던 '마음을 치유한다.'라는 말이 너무 멋지게 들렸기 때문이었다. 그리고 정말 운이 좋게도 그 당시 정신과에서 인력이 필요하다는 소문을 들어서 이건 운명이라고 생각했다. 그래서 직무교육을 받는 4주 내내 계속 기대를 하고 있었다.

한 달 간의 직무교육이 끝나고 발령 부서 정보가 담긴 봉투를 전달받았다. 삼성서울병원 암 병원 외과중환자실. 2008년에 단일 건물 암센터로는 국내 최대라는 타이틀과 함께 개원을 했고 입사가 2010년임을 감안하면 그 당시 완공된 지 2년 남짓 지난 번쩍번쩍한 새 건물이었다. 그 암 병원 내의 외과중환자실로 부서발령이 났다. 그런 멋진 사실을 가진 부서였지만 그 당시 내겐 어차피 '중환자실'이었다. 솔직하게 정신과로 발령받기를 많이 기대했기에 굉장히 실망스러웠다. 그리고 중환자실은 많은 간호사들이 피하고 싶은 부서였다. 학생 간호사로서 중환자실에서 실습할 당시에 '이런 곳에서 일하게 되면 뒤도 돌아보지 말고 바로 그만둬야겠다.'라고 생각했었다. 실습한 그 중환자실만의 문제가 아니라 중환자실을 처음 접하는 학생 간호사들은 자주 '중환자실'이라는 공간이 가져다주는 그 차가움과 공포감을 경험하게 되고 이는 학생 간호사로서 감당하기는 쉽지 않은 것이었다. 실제로 많은 기계들과 환자에게 부착된 수많은 선들을 보면서도 압도당하게 된다. 실망스럽고 복잡한 심정으로 티는 내지 못하고 속으로 좌절하고 있는 동안 같이 교육받았던 입사 동기 간호사가 내게 걸어오더니 말했다.

"오빠, 우리 같은 부서에서 일하게 됐네?"

그 당시 외과중환자실의 인력이 많이 부족했던 탓인지 흔하지 않게 두 명의 신입 간호사가 같은 부서로 배치를 받았다. 뒤늦게 알게 된 사실이지만 여기에는 장단점이 있다. 장점은 동기가 있음으로 해서 신규 간호사가 두 명이 되기에 선배 간호사들의 관심의 집중도가 분산이 된다. 하지만 두 명이 동시에 일을 배우기 때문에 비교가 될 수밖에 없었던 것도 사실. 남자라고 다 좋아해주진 않았지만 남자 간호사라고 덜 혼낸 선배 간호사들도 있었기에 시간이 지나고 나서 같이 일을 배운 그 친구가 서운함을 토로한 적도 있었다.

13개 병상으로 구성된, 누가 봐도 새로 지어진 건물이라고 생각될만한 아주 깨끗한 중환자실. 이것이 그 부서에 대한 첫인상이었다. 25명 정도의 간호사가 근무하는 부서였고 그 부서에 남자라곤 나 하나였다. 이전에 근무하던 남자 간호사들이 있었는데 얼마 버티지 못하고 퇴사를 했다는 이야기를 근무 첫 날 들었다면 그때 머릿속으로 어떤 생각이 들었을지 굳이 언급하지 않아도 되리라 생각한다. 선배 간호사들이 했던 이전 남자 간호사들의 퇴사 이야기는 그냥 꺼낸 이야기라고 생각하기엔 다소 고의적으로 느껴졌고, 일부러 겁주려고 꺼낸 이야기라면 꽤 성공적이었다고 할 수 있겠다.

중환자실에 배치 받은 것에 많이 실망하고 속상해했다. 하지만 생각을 달리 했다. 이렇게 실망하기만 한다고 달라질 것은 없다. 이 자리에서 최선을 다하다 보면 다른 좋은 기회가 올 수도 있을 것이고 또 중환자실이라는 공간이 잘 맞는지 아닌지는 조금 더 경험해보고 생각해도 늦지 않을 것이다.

이때의 생각이 맞았음을 9년이 지난 지금 알게 되었다. 9년이 지난 지금도 나는 중환자실에서 일하고 있고 9년 동안 다양한 부서에서 일을 하러 오라는 제의를 받았지만 그때마다 결국은 중환자실에 남기로 결정을 했다. 지금은 중환자실을 떠나는 것을 상상할 수 없을 정도로 중환자실이란 공간에 대한 애정과 열정이 남다르다. 처음 중환자실로 배정을 받고 실망하고 적당히 일하다가 떠날 생각을 했던 사람이 이런 말을 하게 될 줄 그 당시에는 몰랐던 것이다. 이런 것 보면 사람 일은 또 상황은 참 어떻게 될지 모르는 것 같다. 그래서 시간이 지나 학생들에게 강연을 할 때마다 경험을 토대로 이런 이야기를 해준다. 이 일이 본인에게 잘 맞는지 아닌지, 그 부서가 본인에게 맞는지 아닌지 너무 섣불리 결정하지는 말라고. 그 자리에서 머물며 애정과 열정을 가지고 최선을 다해보고 결정해도 늦지 않다고.

결론적으로 이 당시 중환자실로의 배치는 'A blessing in disguise'(전화위복)이었다고 감히 말할 수 있겠다.

"내 이름은 박숙현. 암 병원 외과중환자실의 파트장이란다."

어째서인지 이샛별 대위님과의 첫 만남이 오버랩되는 순간이었다. 달랐던 점이라면 군인으로서의 당당함이 빠지고 인자함이 조금 더 추가된, 그 중환자실을 이끄는 수간호사의 첫 인사였다. 간호의 길을 걸어오면서 만나게 된 세 번째 스승님과의 첫 대면이기도 했다.

나는 신규 간호사입니다

신입 간호사 생활? 조금의 과장도 보태지 않고 군대 이등병 생활과 비슷했다. 입사 전까지는 간호사의 위계질서가 이렇게 엄격한지 전혀 몰랐다. 지금 다시 생각해봐도 왜 그렇게 엄격해야하는지 그 이유를 알 수가 없다. 군대에서는 이병, 일병, 상병, 병장 이렇게 계급을 나눈다면 병원에서는 07, 08, 09, 10… 이렇게 입사년도가 계급이 된다. 군대에서 1월 군번에 누군가가 사고를 치면 같은 1월 군번을 함께 혼내곤 했었는데 병원에서도 한 신입 간호사가 사고를 치면 같은 입사 동기들을 혼내는 경우도 있었다.

군대에서 이등병 생활이 힘들었던 이유 중에 하나가 이미 유대가 탄탄하게 형성되어있는 그룹에 '뉴페이스'로 들어가기 때문에 겪게 되는 고립감 때문이었다. 나만 모르는 추억을 떠올리며 웃고 나만 모르는 사람을 언급하며 웃고 떠들 때마다 사람인지라 소외감을 느끼지 않을 수 없었다. 몸은 소속되어 있지만 정신은 소속되어 있지 않은 것 같은 이런 느낌은 이등병으로서만이 아닌 신입 간호사 시절에도 느낄 수 있었다.

하지만 그 고립감이 유난히 더 심했던 이유는 혼자 남자였기 때문이다. 그렇게 형성된 소외감을 줄여주는 행위 중에 하나가 업무 외적인 부분을 공유하며 그 무리와 가까워지는 것인데 남자의 흥미와 여자의 흥미의 교집합이 안타깝게도 항상 크지는 않다는 점이 그 소외감을 줄이는 것을 방해했다.

프리셉터(Preceptor). 신규 간호사에게 업무를 가르쳐주기 위해 지정된 선배 간호사를 지칭한다. 그 신규 간호사는 프리셉티(Preceptee)라고 불리곤 했다. 내 프리셉터는 그 당시 부서에서 세 번째로 경력이 많은 간호사였다. 이충현 선생님. 간호사 인생에서 마주한 네 번째 스승님이다. 앞으로 몇 명이나 나올지 걱정이 될까봐 하는 말이지만 스승님에 대한 언급은 이 분이 마지막이다. 물론 이 이후로도 수없이 많은 훌륭한 간호사들을 만나왔고 또 계속 마주치고 있지만 간호사로서 잘 성장할 수 있도록 큰 영향을 주신, 간호사로서 가치관을 잘 형성하도록 도와준 분들을 꼽을 때 이 네 분을 언급하곤 한다.

이충현 선생님은 이 네 분들 중 흔히 말하는 '포스'나 '카리스마'로서는 단연 으뜸이었다. 아직도 뵐 때마다 언급하지만 그 당시 엄청 무서워했었다. 하지만 그 카리스마는 자연스레 리더로서의 자질로 이어졌다. 중환자실에 응급상황이 발생하면 응급상황에 대한 중재도 뛰어났지만 모든 의료진이 너무 응급 환자에게만 집중하지 않도록 입원해있는 다른 중환자들도 적절하게 케어를 받을 수 있도록 업무를 분담하는 일에도 탁월한 분이었다. 또한 간호사로서 일하면서 한국에서는 '세밀하다' 그리고 미국에서는 Meticulous(꼼꼼한, 세심한)라는 표현을 많이 들어왔는데 그런 성격을 갖추도록 만들어주신 분이다. 그만큼 환자를 간호함에 있어 그 분의 꼼꼼함은 둘째가라면 서러울 정도였다. 하지만 그 때문에 신규 간호사로서의 교육은 순탄치 않았던 것도 있다. 그렇게 꼼꼼하게 일하는 간호사로서 중환자실에 대해서 중환자 간호에 대해 무지하고 서툴기 짝이 없는 모습으로 환자를 돌보고 있는 신규 간호사를 지켜보는 것이 얼마나 힘드셨을까? 본인이 했으면 5분 만에 끝날 일을 초보가 하니 20분이 넘게 걸릴 수밖에 없었다. 하지만 답답한 마음에 본인이 신규 간호사의 일을 가로채기보다는 비록 느리지만 신규 간호사가 일을 마칠 수 있도록 인내를 가지고 기다려주셨다. 느릿느릿하게 손을 부들부들 떨면서 일을 하고 있는 내내 뒤에서 말없이 항상 심각한 표정을 짓고 계시긴 했지만 느린 것에 대해서는 크게 혼낸 적은 없었다. 나중에 시간이 지나고 신규 간호사를 가르치는 입장이 되면서 느낀 것이지만 이 '기다림'과 '인내심'을 갖는 것이 정말 쉽지 않다는 것을 알게 되었다. 가르치면서 기다리지 못하고 손이 먼저 나가는 적도 많았다. 가르치는 사람으로서 배우는 사람에 대한 '기다림과 인내심'은 경시되기 쉬운 부분이지만, 배우는 사람으로서 그 '기다림과 인내심'은 정말 꼭 필요한, 배움의 질(Quality)에 큰 영향을 미칠 수 있는 부분임을 뒤늦게 알게 되었다.

선생님은 '요령'이라는 단어를 싫어하셨고 '원칙'이라는 단어를 아주 좋아하시는 분이었다. 그래서인지는 몰라도 트레이닝 기간 내내 존댓말을 사용하셨다.

"경험이 쌓이다보면 요령이라는 것이 생겨서 일을 빨리 할 수는 있지만 그런 요령이 항상 좋은 결과를 낳는 것만은 아니에요. 그렇기에 10년이라는 시간 동안 간호사를 해왔지만 아직도 원칙을 찾아가면서 일을 합니다."

이 때문에 가르치는 매일매일

"빨리 대충하는 것보다 느리더라도 정확하게 해야 합니다. 손이 느린 것은 시간이 지나면 나아집니다. 하지만 일을 대충하는 습관은 경력 간호사가 되면 고치기 쉽지 않습니다. 처음 배울 때 정확하게 배우고 정확하게 수행하도록 하세요. 느리게 배우는 것에는 지적하지 않겠습니다. 하지만 원칙을 지키지 않고 일하는 일은 없도록 하세요."

라고 자주 언급하셨다.

이와 관련된 에피소드가 있다. 신규 간호사로서 일하고 있던 곳은 외과중환자실. 외과적 치료, 즉 수술이나 시술을 받은 환자들이 오는 곳이다. 수술을 받은 환자들이 일반 병실로 돌아가지 않고 중환자실로 오는 이유는 대표적으로 두 가지가 있다. 하나는 수술은 계획대로 잘 되었지만 과거 병력(예를 들어 심장질환, 호흡기계 질환)이 많아 수술 후 합병증의 리스크가 큰 경우. 다른 하나는 수술 중에 출혈 과다 등의 다른 문제가 있었을 경우 중환자실로 와서 집중 관찰을 받는 경우다.

대부분의 경우 수술을 받은 이후 환자의 상태를 파악하기 위해 혈액

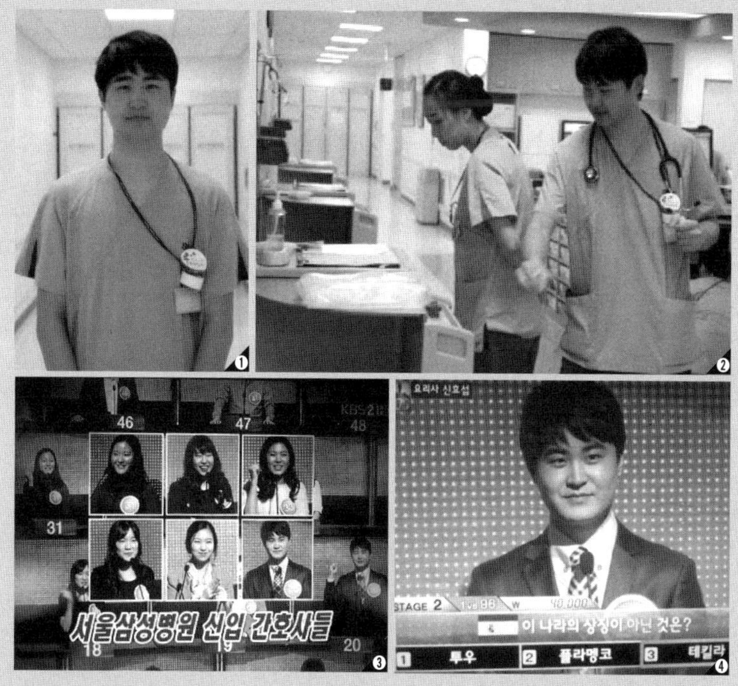

❶ 삼성서울병원 신규 간호사 ❷ 열일하는 중환자실 신규 간호사
❸ 신규 간호사의 1:100 출연 ❹ 영예로운 공영방송 프로그램 원샷

검사를 시행하고 채취한 검체는 검사실로 보내게 된다. 이때 환자들의 검체가 섞이지 않게 검체통에 환자 정보가 담긴 바코드를 부착해서 보내고 검사실은 그 바코드를 통해 해당 환자의 어떤 검체인지를 알게 된다. 여기까지는 배운 대로 이행했다. 하지만 간과한 점이 있었다. 혈액검사는 수술 후 당일 검사뿐 아니라 수술 다음 날 오전에도 이행하여 결과비교를 통해 환자의 상태를 체크하곤 했다. 종종 의사들이 수술 직후 혈액 검사 처방을 내는 동시에 그 다음 날 오전 혈액 검사 처방을 같이 내는 경우가 있었다. 그 프로세스를 제대로 모르고 있던 나는 수술 직후의 혈액 검체에 날짜를 확인하지도 않고 익일 오전 혈액 검사 바코드를 붙여서 검사실로 보냈다.

검사실에서는 검체에 붙어있는 바코드를 스캔해서 검사를 진행했고 그 진행 과정 중에 이상함을 감지한 검사실 직원이 중환자실로 전화를 했다. 좋지 않은 일은 한꺼번에 몰려온다고 했던가? 그 전화를 프리셉터 선생님이 받았다. 얼굴이 잔뜩 상기된 상태로 내게 다가왔고 교육을 받은 2달이라는 기간 동안 처음이자 마지막으로 크게 혼을 내셨다.

"제가 선생님에게 많은 것을 바라지 않고 느려도 괜찮으니 원칙을 꼭 지켜서 일하라는 단 한 가지만을 준수하도록 당부했는데 그도 지키지 못하는 겁니까?"

선생님은 프리셉터 교육 동안은 단 한 번도 말을 놓은 적이 없었다. 그것이 선생님을 더 무서워하도록 만들긴 했지만 그 또한 원칙을 중요시 여기는 선생님의 성격이 드러나는 부분 중에 하나였다. 그 순간 이샛별 대위님의 꾸지람이 오버랩되면서 바로 변명 없이 잘못을 인정해야겠다는 생각이 가장 먼저 들었다.

"죄송합니다. 제 부주의로 인해서 발생한 일입니다. 다시는 이런 일이 일어나지 않도록 이 일을 교훈삼아 더 주의해서 일하도록 하겠습니다."

그 이후로도 꾸지람은 계속 되었지만 상기되었던 선생님의 얼굴은 조금씩 나아지는 것을 볼 수 있었다. 환자의 생명과 관련된 일을 하고 있기 때문에 더 꼼꼼하게 더 세밀하게 일해야만 한다는 것이 그날 선생님의 가르침이었다. 올바르지 못한 검사 수행으로 잘못된 검사 결과가 보고되면 그로 인해 환자에게 적절하지 않은 처방이 날 수 있고 그것은 오히려 환자를 해칠 수 있는 계기가 될 수 있다. 이는 의료인으로서 무해성의 원칙(Nonmaleficence)에 위반되는 행위를 하게 되는 것이다. 의료인은 환자에게 '해'가 되는 행위를 해서는 안 된다. 환자에게 가해지는 위험과 고통을 최소화하기 위해서는 원칙(Principle)과 근거(Evidence)를 바탕으로 업무를 수행해야 한다는 것을 그날 선생님을 통해 배울 수 있었다. 학생 간호사 때 간호 윤리라는 과목을 통해 배웠던 내용이었지만 실제 환자 간호 속에서 마주한 아주 소중한 경험이었다. 혈액 검체와 관련된 에피소드가 많다 보니 이제는 검체들을 볼 때마다 바코드를 보고 또 보고 하는 습관이 생겼다.

인수인계:
비판과 비난

신규 간호사로서 근무하면서 가장 피하고 싶은 순간은 인수인계 시간이다. 앞서 이야기했지만 인수인계는 '물려받고 넘겨줌'이라는 의미가 담긴 한자어다. 교대 근무로 일을 하는 간호사의 업무 특성상 돌보던 환자에 대한 정보를 다음 근무에 일을 하러 오는 간호사에게 신속 정확하게 인계를 해주어야 한다. 정확은 이해되지만 신속은 이해가 되지 않을 수도 있다. 인수인계 시간은 환자에 대한 정보, 환자가 이전 근무에 받았던 중재, 환자가 이후 받을 치료 계획들을 인계하고 인수받는 시간이다. 가급적 환자와 물리적으로 많이 떨어지지 않은 곳에서 이루어지도록 하지만 어쩔 수 없이 환자 곁보다는 환자 정보를 볼 수 있는 컴퓨터가 있는 곳에서 이루어진다. 인수인계가 너무 길어지면 환자 곁에 없는 시간도 길어지는 것과 마찬가지기에 사고가 일어날 수 있는 위험도 커지게 된다. 그렇기에 정확한 정보를 주기도 해야 하지만 불필요한 정보를 최대한 제거하여 길지 않은 시간 내에 효율적으로 인수인계를 하는 것도 중요하다.

이런 스킬은 신규 간호사가 보유하기 거의 불가능하다고 보면 된다. 의사의 처방을 이행하기도 바쁜 와중에 왜 환자가 병원에 또 중환자실로 오게 되었는지 보유하고 있는 중요한 병력, 환자가 입원해서 받은 중요한 중재와 치료, 환자의 앞으로 치료 계획, 환자 간호에 있어서 특히 주의해야 하는 부분을 정리하기란 여간 어려운 일이 아니다. 그러다보니 이 인수인계 시간에 혼이 많이 날 수밖에 없다.

"OOO님은 왜 오늘 CT 검사 받으셨어?"

"OOO님은 왜 중환자실로 오셨어?"

일이 너무 바쁘면 담당 환자에게 CT 같은 검사 처방이 나도 이유도 모르고 당장 CT실로 환자를 이동시켜야 하니까 준비하기에 바쁘고 CT를 받고 오면 환자를 정리하기에 바빠 CT가 왜 처방 났는지 연유도 모른 채 일하곤 했다. 일반적으로 CT는 환자에게 아무런 문제없는 상태에서 정기적으로 받는 검사가 아니기에 선배 간호사들은 그 이유를 알고 싶었던 것이다. 그 검사를 받은 이유와 검사 결과에 따라 환자의 추후 치료 계획이 결정되는 것이기도 했다. 지금 생각해보면 간호사로서 알아야 하는 중요한 부분이라고 생각하지만 이는 공부를 통한 학습보다는 경험을 통해 얻는 능력에 가깝기에 새로 일을 시작한 신규 간호사로서는 갖추기 힘든 부분이다.

모르면 혼이 난다. 대답을 못하면 혼이 난다. 비판을 하는 선배 간호사가 있는가 하면 비난을 하는 선배 간호사도 있다. 생각 외로 '비난'과

'비판'이 같다고 생각하는 사람들이 많다는 것을 그때 절실하게 깨달았다.

비판: 옳고 그름을 판단하여 밝히거나 잘못된 점을 지적함.

비난: 남의 잘못이나 결점을 책잡아서 나쁘게 말함.

어떤 선배 간호사는 신규 간호사가 한 마디 말하면 말을 끊고 혼내고, 또 한 마디 말하면 또 말을 끊고 혼을 냈다. 그렇게 인수인계 시간 30분 내내 혼을 내는 사람도 있었다. 이런 비난 섞인 꾸지람을 간호사들 사이에서는 '태움'이라고 부른다. 사실 꾸지람이라고 부르기에는 강도가 심한 경우도 많다. 한국에서 일할 당시만 해도 간호사들 사이에서만 사용되던 용어였는데 그동안 이 '태움'과 관련된 많은 안타까운 뉴스들이 보도되면서 이제는 검색 엔진에 '태움'이 '간호사'의 연관어로 나오고 검색하면 엄청난 수의 검색 결과가 나오기에 이르렀다. 최근 TV나 다른 매체를 통해 이 '태움'이 수면 위로 떠올라서 대책을 마련하는 곳도 있을 테고 혹은 다른 대책 없이 여전히 간호사들 사이에서의 문화나 관습처럼 이어지고 있는 곳도 있을 것이다. 누군가 '이제는 간호사들 사이의 태움은 없어진 것이냐?'라고 묻는다면 자신 있게 '그렇다!'라고 말할 수 있을 날이 오기를 간절히 바란다.

이름은 공개할 수 없지만 인수인계 시간 동안 재가 될 때까지 태운 선생님이 내게도 있었다. 솔직히 말하면 간호사 사회뿐만 아니라 어디에서 사회생활을 하던 이런 사람은 꼭 있다. 인터넷에 직장 생활에 대해 검색하다 보면 쉽게 마주치는 표현이 있는데 바로 '또라이 질량보존의 법칙'이다. 책에서 이런 비어를 사용하고 싶지는 않았는데 이보다 더 적절한 표현을 찾기가 어려워서 그대로 인용한다. 고등학교 화학 시간에 배운 라부아지에의 위대한 '질량보존의 법칙'이 이런 식으로 패러디되어 사용되는 것이 슬프긴 하지만 정말 공감되는 법칙임에는 틀림없다. 어디를 가나 나를 괴롭히는 사람은 있다. 왜 피할 수 없는 것일까? 그 이유를 아는 사람에게 또 이 법칙을 깰 수 있는 방법을 아는 사람에게 노벨상이라도 주고 싶은 심정이다. 그 선배 간호사는 항상 감정 섞인 비난을 주 무기로 사용했다. 잘못에 대한 지적에 끝나지 않고 반복되는 비난으로 자존감을 바닥까지 떨어뜨리곤 했다.

"선생님, 어떤 부분이 잘못된 지 아시겠어요? 모르는 게 자랑이에요? 학교 다닐 때 공부는 했어요? 간호사가 하고 싶긴 해요? 제가 보기엔 선생님 같은 사람이 간호사하면 안될 것 같은데? 해결하지 못한 부분 혼자 찾아서 다 끝난 다음에 저한테 일일이 다 보고하고 집에 가세요. 그 이전엔 집에 갈 생각마세요."

순화한 것이 이 정도라면 믿을까? 인정하고 싶지 않지만 이것이 현실이었다. 심지어 그 잘못을 온 병원에 알리고 다니는 사람도 있다. 인수인계 동안 지적 혹은 비난받았던 잘못이 다음 날 출근하면 이미 모든 간호사가 그 일을 알고 있고 스토리는 잔뜩 부풀려지고 부풀려진 상태라 바로 잡기도 힘든 정도인 경우도 많았다.

"왜 그랬어. 좀 더 주의하지 그랬어. 이제 일 좀 익숙해질 때도 됐잖아?"

다음 날 출근하고 마주치는 간호사마다 이 말을 듣게 되면 이미 바닥까지 떨어진 자존감은 땅 속을 뚫고 마그마가 존재하는 곳까지 떨어지는 듯했다. 신규 간호사 시절을 버티지 못하고 사직한 입사 동기 간호사가 한 말은 아직까지도 기억한다.

"오빠, 나는 간호사 일이 너무 좋아. 환자를 돌보는 일이 좋아. 하지만 왜 현실은 내가 이 일을 너무 싫어하도록 만드는 걸까? 같은 간호사로서 같은 동료로서 이 일을 더 좋아하게끔 만들어줘야 하는 거 아니야? '왜 일을 이 따위로 해?'가 아니라 '다음에는 조금 더 주의해서 잘하도록 하자!'라고 말해줬다면 조금 더 버틸 수 있었을까? 하지만 현실은 그렇지 않고 또 그리 될 수 없음을 뼈저리게 경험했기에 그만두기로 결정했어."

환자들을 돌보는 것을 참 좋아하던 아이였음에도 근무 환경을 견디지 못하고 본인이 좋아하고 원했던 일을 그만두면서 한 말이었다. 간호사들 중에 '태움'을 당연시 여기면서 내세우는 대표적인 명분이 있다. '간호사는 사람의 생명과 관련된 일을 하기 때문에 잘못을 하면 제대로 혼나야 하고 그렇게 혼이 나야 일을 제대로 한다.'

과연 제대로 혼난다는 의미가 무엇일까? 정확하게 정의를 내릴 수는 없지만 이것이 사람의 자존감을 깎아내리면서 비난하는 것은 아니라고 분명히 말할 수는 있다. 그 비난이 건설적인 피드백이라고 생각하지도 않고 그런 비난이 오히려 어떤 사람에게는 충격으로 다가와 때로는 공포감을 심어줘서 일을 더 그르치게 만들 수도 있음을 인지해야 한다.

Independence Day

프리셉터 기간이 끝나고 감독하는 사람 없이 혼자서 일을 해야 하는 시간이 다가왔다. 간호사들 사이에서 이를 '독립'이라고 부른다. 미국이 자유와 독립을 쟁취한 날을 기념하며 정한, 미국인들은 하루 종일 폭죽을 터뜨리며 기념하는 독립기념일(Independence day)과는 다르게 간호사들 사이에서 '독립하는 날'은 그저 무섭기만 하고 오지 않았으면 하는 날이다. 혼자 독립해서 일을 해야 하는데 말처럼 쉽지 않다. 관찰로 실습을 하며 졸업하고 중환자를 돌본 경험 일절 없이 고작 두 달 정도 수습기간을 거쳐 생사를 오가는 중환자를 혼자 돌본다는 것이 신규 간호사로서는 너무 무서운 일일 수밖에 없었다. 그저 모든 것이 무섭고 환자 상태가 나빠지면 안절부절 못하고 조급해했다. 무릇 나만 그런 것은 아니었지만 환자의 상태가 조금이라도 악화되는 상황에 유난히 조바심이 심했던 터라 선배 간호사들이 내 성(姓) '유'를 이용해 '유바심'이란 별명을 붙이고 자주 그렇게 부르곤 했다.

독립 전에는 무엇을 하든 프리셉터 선생님께서 도움을 주었고 인수인계 시간에도 프리셉터 선생님께서 언제든 든든한 방어막이 되어주었기 때문에 프리셉터 선생님 외에 다른 선생님들에게 혼날 일은 거의 드물었었다. 하지만 독립을 하게 되면서 보호해주던 방패가 사라짐과 동시에 무서운 화살들이 여기저기서 날아오기 시작했다. 나라는 사람이 싫어서가 아니라 내 서툰 일을 지적하는 목적이었겠지만 그게 자꾸 반복되니 '사실은 나라는 사람이 싫어서 자꾸 혼내는 것은 아닐까?'라는 생각이 들지 않을 수 없었다. 상처가 한 번 나면 회복할 시간을 줘야 그 상처가 아물 텐데 회복할 시간 없이 자꾸 다른 상처가 생기고 그러다보니 곪아가는 느낌이었다. 상처들이 곪아 염증이 되고 그러면서 무기력해지고 기가 죽고 병원에 출근하기 싫어지기까지 시작했다. 이 힘든 상황을 어떻게 대처해야 할지 고민하던 찰나에 부서의 파트장님과의 면담 시간이 다가왔다. 병원에 따라 호칭이 조금씩 틀린데 앞서 언급했듯 그 부서를 이끄는 간호사의 리더를 수간호사 혹은 파트장이라고 부른다. 면담을 한 이유는 독립을 한 이후에 어떻게 지내고 있는지를 확인하기 위해서였다.

"그래, 독립하고 어떻게 지내고 있니?"

사실 이 질문을 듣고 머릿속에 있는 생각들을 전부 말하고 싶었지만 절대 그렇게 할 수 없었다. 어느 직장이나 소문이나 루머라는 것을 피할 수 없는 것은 매한가지겠지만 간호사 집단은 유독 생성된 소문이나 루머가 삽시간에 퍼져나가는 것처럼 느껴졌다. 면담에서 말한 이야기가 다른 곳에 새어나가지 말란 법이 없었기에 하고 싶은 말은 정말 많았지만 조심스러울 수밖에 없었다. 그렇지만 잘 지내고 있지 않은데 그저 잘 지내고 있는 척 하기도 싫었다.

"전반적으로는 잘 지내고 있습니다. 하지만 일이 생각했던 것만큼 빠르게 늘지 않아 속상하고 혼이 자주 나서 자아성찰을 반복하고 있는 중입니다. 파트장님은 신규간호사 때 어떻게 극복하셨는지 여쭈어도 되나요?"

그때 파트장님의 표정을 통해 예상치 못한 질문을 받은 것을 알 수 있었다. 하지만 침착하게 대답을 해주셨다.

"오늘부터 일하면서 일하다가 시간이 나면 다른 간호사 선생님들이 어떻게 일하는지도 한 번 지켜봐. 각 간호사마다 고유한 장점과 단점을 가지고 있어. 환자-간호사 관계를 아주 좋게 빠르게 형성하는 장점을 가진 간호사가 있는 반면 응급상황 대처 능력이 아주 뛰어난 장점을 가진 간호사도 있지. 모든 부분에서 뛰어난 한 명의 간호사를 찾기란 쉽지 않을 거야. 하지만 다양한 장점을 지닌 여러 명의 간호사들을 찾는 것은 쉽지. 내 전략은 그 간호사마다 가진 장점을 발견하고 그 장점들을 어떻게 발휘하는지를 본받아서 내 것으로 만드는 것이야. 쉽지 않겠지만 단점은 무시하도록 노력해봐. 그러다보면 머지않아 한층 성장한 네 모습을 발견하게 될 거야."

그 면담 이후 어려웠지만 파트장님의 조언을 이행해보려 노력했다.

일을 하면서 다른 간호사 선생님들이 어떻게 일하는지 지켜봤다. 그랬더니 간호사마다의 장점 혹은 강점 등이 보이기 시작했다. 정말 어떤 간호사는 응급상황 대처 능력이 좋아서 응급상황이 발생해도 크게 당황하지 않고 차분함을 유지하는 장점을 가지고 있었고, 어떤 간호사는 다양한 일을 동시에 해야 할 때 우선순위를 정하는 능력이 탁월해서 일의 효율이 뛰어났다. 또한 어떤 간호사는 환자와 라포(Rapport)를 형성하는 능력이 다른 누구보다도 뛰어났다. 사람 사이에서 마음이 통하고, 공감과 긍정적인 감정교류가 있을 때 좋은 라포가 형성되었다고 말한다. 이는 간호사-환자 관계에 굉장히 중요한 요소 중 하나인데 부서의 한 간호사는 처음 만나는 환자와 이 라포를 아주 쉽게 형성하는 것이 큰 장점이었다. 어떻게 해야 응급상황에 차분함을 유지할 수 있고 어떻게 해야 일의 우선순위를 바람직하게 설정할 수 있으며 어떻게 해야 환자와의 라포를 잘 형성할 수 있는지를 알기 위해 그들을 옆에서 조용히 지켜보았다. 그리고 궁금한 점이 생기면 계속 꼬치꼬치 물었다.

간호사들의 장점을 발견하면서 그들에 대한 존경심도 생겼다. 그저 무섭기만 했던 선배 간호사였는데 장점을 발견하고 나니 '나도 어서 저렇게 되었으면 좋겠다.'는 생각도 들었다. 물론 그런 존경심과는 별개로 계속 혼나면서 지내기는 했지만 차근차근 일을 배우고 잘 버텨가고 있었다. 그러던 중에 일이 하나 터져버렸다.

Burnout versus Compassion Fatigue

앞서도 말했지만 중환자실이라는 곳은 갓 졸업한 간호사들이 일하기 쉽지 않은 곳이다. 중환자실에는 말 그대로 상태가 중증인 사람들이 입원하는 곳이다. 정말 생사를 오가는 환자들이 많이 입원해있다. 중환자는 좀 더 세심하고 집중적인 간호가 필요하기에 병원마다 다르긴 하지만 보통 간호사 1명당 2명에서 4명 정도의 환자를 돌보게 된다. 중환자실이 아닌 일반 병실에서는 한 명의 간호사가 평균 12명에서 20명 정도의 환자를 돌보는 것에 비하면 수가 확연히 적긴 하지만 경험상 1명당 담당하는 중환자가 2명 이상이 되면 극심한 업무 강도로 돌봄의 질이 떨어지는 느낌을 받았다. 그만큼 환자의 상태가 빠르게 변하고 급격히 나빠지기도 하고 그렇기에 응급상황도 비일비재한 곳이라 경력이 없는 사람이 일하기 쉽지 않고 그 중압감과 긴장감에 압도되기도 쉽다.

이런 이유로 미국에서는 중환자실에 갓 졸업한 신규 간호사들을 채용하지 않는다. 높은 업무 강도와 중압감에 버티지 못하고 사직을 하는 경우가 많고 버틸 수 있을 만큼 교육을 시키자니 트레이닝 비용이 많이 들기 때문이다. 그래서 미국 중환자실에서는 중환자 간호의 경험이 있는 타 병원 경력 간호사를 채용하는 편이다. 병원 내 환자의 중증도가 상대적으로 낮은 일반 병실에서 어느 정도 경력을 쌓은 간호사들이 중환자실 근무를 지원하기도 한다. 미국에 처음에 왔을 때는 왜 간호사들이 이 힘든 중환자실에 '지원'을 해서 부서이동을 원하는지 이해가 되지 않았는데 미국 동료들과 일하면서 느낀 점은 중환자실 간호사들의 '중환자 간호'에 대한 자부심이 대단하고 계속적으로 본인의 발전을 위해 노력하는 것을 쉽게 볼 수 있다는 것이었다. 그리고 중환자실 경력을 갖는 것이 이후 더 발전된 커리어를 가지기 위해서 도움이 되는 요소라는 것도 알게 되었다. 실제 미국에서 특정 간호 대학원을 가기 위해서는 중환자실 경력이 필수이기도 하다.

미국은 부서 내에서 채용 권한이 있어 간호사 수가 부족할 때마다 채용을 하는 상시채용제도를 바탕으로 한다면 한국은 1년에 한 번 많은 간호사를 동시에 채용을 하고 간호사가 필요할 때마다 미리 채용했던 간호사를 투입시키는 식이다. 이런 정기채용제도 때문에 앞서 언급했던 '웨이팅(Waiting)'이라는 것이 발생하게 된다. 결론은 미국은 중환자실에서 일하고 싶은 간호사들이 중환자실로 지원하고 인력이 필요할 때마다 그들 중에서 인력을 채용한다고 하면, 한국은 1년에 한 번 갓 졸업한 간호사들을 잔뜩 채용한 뒤에 수요가 발생하면 그때 곳곳에 배치를 하며 그런 이유로 항상 중환자실에서 일하고 싶은 간호 사만 중환자실로 배정받는 것은 아니다. 어느 정도 간호사로서의 경력이 있는 사람 중에서도 중환자실에서 일하고 싶은 간호사를 중환자실로 채용하는 미국과 중환자실에서 일하고 싶은 열정도 경험도 없는 신규 간호사를 중환자실에 배치하는 한국. 간호의 질과 간호사의 직무스트레스는 물론 환자에게 미치는 영향에 대해서 얼마나 차이가 있을지 생각해봐야 할 부분이라고 생각한다.

같은 부서에서 신입 간호사 생활을 시작한 동기의 이야기다. 프리셉터 선생님께 일을 배울 당시, 하루는 우연치 않게 같은 날 근무를 하게 되었다. 일을 하던 도중 동기의 담당 환자의 상태가 급격하게 나빠졌다. 모든 의료진들이 최선을 다해 치료에 전념했으나 그 환자는 안타깝게도 돌아가셨다. 문제는 환자의 죽음 혹은 임종의 순간을 받아들이는 동기의 모습이었다. 동기는 울고 또 울었다. 환자분이 마지막 순간을 편하게 보내실 수 있도록 돕는 그 순간에도 계속 울었다. 보다 못한 동기의 프리셉터 선생님은 환자 앞에서 계속 울고 있는 동기를 끌어내고 간호사실에 들어가 있도록 지시한 뒤 울음이 그치면 나오라고 일렀다. 뒤늦게 안 사실이지만 동기는 본인 앞에서 누군가 임종의 순간을 맞이하는 것을 그 전에는 한 번도 본 적이 없었다. 내가 어찌 동기가 느꼈을 감정을 전부 이해하겠냐만 아마 슬픔과 당황스러움 그리고 두려움 등 무수한 감정들이 뒤섞여 어떻게 반응해야 할지 몰라 그게 눈물로 표출되지 않았을까 조심스레 짐작했다.

중환자실은 부서 특성상 환자의 임종 순간을 자주 마주칠 수밖에 없는 곳이다. 병원 내에서 가장 아픈 환자들이 입원해있는 곳이고 호전되는 환자들이 있는 반면 그렇지 못하고 생을 마감하는 환자들도 있다. 동기는 첫 임종 이후로도 환자들의 임종을 받아들이는 것을 유난히 힘들어했다. 결과적으로 미래에 동기가 사직을 결정하는 이유가 되었다. 어느 중환자실에나 장기 입원 환자들이 있다. 급성기는 지났지만 일반 병실로 이동하기에는 여전히 많은 케어가 필요한 환자들이 중환자실에서 오랜 기간 머물게 되는데 이 환자들을 장기 입원 환자라고 한다. 동기는 한 장기 환자를 오랜 기간 돌보았는데 그 환자분은 아주 천천히 상태가 악화되면서 결국 생을 마감하셨다. 하필 그 환자분의 임종을 담당한 간호사가 동기였다. 그때도 그 큰 눈동자에서 닭똥 같은 눈물이 뚝뚝 떨어졌던 것을 아직도 기억난다. 그 일이 있고 난 뒤 동기는 사직을 결정했다. 지금 생각해보면 동기는 그 당시 공감피로(Compassion fatigue)라는 것을 경험하고 있었던 것이다.

가끔 번아웃(Burnout)과 공감피로를 혼용하는 경우가 있어 언급하고 넘어가고자 한다. 번아웃은 근무 환경에서의 스트레스로부터 만들어지는 것이다. 간혹, 다른 동료들과 근무지에서 지속적으로 마찰을 경험한다면 그때부터 번아웃이 형성되기 시작하는 것이다. 반면에 공감피로는 다른 사람들을 돕는 일에서 생기는 신체적 그리고 감정적 부담으로부터 형성되는 것이다. 예를 들면, 공감피로를 겪는 간호사들은 그런 감정적 부담 때문에 환자들에게 바람직한 공감능력(Empathy)을 형성하지 못하게 되고 환자의 회복에 대한 기대를 잃거나 본인의 돌봄이 과연 환자의 회복에 기여를 하는 것이 맞는 것인지에 대한 회의를 느끼게 된다.

쉽게 말하면 번아웃은 어디에서 일을 하느냐(Where you work)에 관련이 되어있기 때문에 근무지를 바꾸면 간혹 해결될 수도 있다. 하지만 이 공감피로는 무슨 일을 하느냐(The work you do)에 관련이 있기 때문에 단순히 근무지를 이동한다고 해서 나아질 수 있는 것이 아니다. 동기는 중환자를 돌보는 일에 대한 신체적 그리고 감정적 부담이 다른 간호사들보다 심했던 것이고 환자의 임종이 본인이 환자를 제대로 돌보지 못해서 일어난 것은 아닐까 하는 죄책감으로 다가오면서 공감피로가 생긴 것은 아닐까 생각된다. 그 이후로도 중환자를 돌봄에 있어서 부담은 가중되고 본인이 하는 일이 얼마나 환자의 회복에 공헌을 하는지에 대한 회의도 들었을 것이다. 같은 시기에 나와 같이 중환자실에서 일을 시작한 친구라 가깝게 지냈는데 일을 그만두면서 그 친구가 했던 말이 아직도 기억난다.

"오빠, 나는 중환자실 간호사가 체질이 아닌가봐."

그 당시에는 동기가 간호사 일을 그만두는 것에 대해 안타까웠고 슬펐고 조금만 더 버티면 잘 해낼 수 있을 것이라 설득도 해보았다. 결국 사직을 선택한 동기를 그 당시에는 제대로 이해하지 못했지만 번아웃과 공감피로를 배우고 난 뒤에 동기의 마지막 말이 이해가 되고 옳은 결정을 한 것이라고 생각했다. 게다가 동기는 중환자 간호와 임종으로 인한 공감피로에 선배 간호사들의 태움으로 인한 번아웃까지 경험했을 것을 감안하면 혼자서 얼마나 힘들었을까 안타까운 마음이 든다. 하지만 지금은 본인이 하고 싶은 일을 하면서 행복하게 잘 살고 있는 것 같으니 다행이다.

중환자실에서 일한지 수년이 지났지만 아직도 환자의 임종을 지켜보는 것은 쉽지 않고 오랫동안 환자-간호사 관계를 형성해왔던 환자의 임종 때는 아직도 많은 눈물을 흘린다. 환자분을 떠나보낼 때 깨끗하게 몸을 닦아드리는 과정이 임종 후 간호에 포함되어 있다. 그리고 하얗고 깨끗한 시트를 환자분의 몸 위에 살포시 덮는다. 그때마다 내면에서 휘몰아치는 복잡한 감정의 소용돌이도 같이 그 속에 덮여졌으면 하는 바람과 함께 환자의 몸을 시트로 살포시 덮는다. 몇 년이 지나도 눈물을 흘리는 모습을 보며 동료 간호사가 해준 이야기가 있다.

"한두 번이 아닌데도 참 익숙해지지 않지? 왜 네가 그 환자분을 떠나보내는 간호사여야만 하는지… 그런 생각조차도 겪어봐서 다 이해해. 하지만 환자분이 꼭 네 손에서 떠나길 원했다고 생각해. 환자분이 네가 꼭 마지막 가는 길을 지켜주길 원했다고 생각하자."

경력이 많다고 해서 공감피로를 경험할 확률이 적은 것은 결코 아니다. 하지만 경력 간호사들이 상대적으로 신규 간호사에 비해 중환자 간호에 대한 신체적 혹은 정신적 부담이 적은 것은 분명하다. 새로운 근무환경과 새로운 동료 혹은 선배 간호사들에 대한 두려움과 걱정으로 번아웃을 경험할 확률이 높고 또한 공감피로에 상대적으로 더 취약할 수밖에 없는 신규 간호사를 중환자실에 바로 배치하는 것은 꼭 한 번 생각해봐야 할 문제라고 생각한다. 많은 이유들이 있겠지만 이 또한 '많은 미국 병원들이 왜 신규 간호사를 중환자실로 바로 채용하지 않는가?'에 대한 이유 중 하나일 것이다.

간호사 인생의 전환점

간호사로 일한 기간 동안 가장 중요했던, 인생의 전환점이 되었던 경험을 꼽으라는 질문을 받으면 항상 지금부터 써내려갈 이 순간을 꼽는다.

이 순간을 이야기하기 위해서는 간호사의 교대 근무에 대해 언급할 필요가 있다. 환자들은 낮에도 밤에도 24시간 내내 간호가 필요하다. 그렇기에 간호사라는 직업은 교대 근무를 하며 낮에도 저녁에도 그리고 밤에도 일을 한다. 한국은 아직 3교대 근무를 시행하는 병원이 많은 반면 미국은 2교대 근무를 시행하는 병원이 대부분이다. 3교대라고 하면 데이 근무(Day: 오전 7시~오후 3시), 이브닝 근무(Evening: 오후 3시~오후 11시), 나이트 근무(Night: 오후 11시~오전 7시)로 나뉜다. 근무 시간은 병원마다 조금씩 차이는 있지만 이렇게 8시간씩 나누는 근무를 3교대 근무라고 한다. 물론 근무와 근무 사이에 인수인계 시간이 필요하기에 적은 시간보다 더 일찍 출근하고 더 늦게 퇴근하게 된다. 한국에서도 조금씩 확대되고 있고 대부분의 미국 병원에서 시행하고 있는 2교대는 데이 근무(Day: 오전 7시~오후 7시) 그리고 나이트 근무(Night: 오후 7시~오전 7시)로 나뉜다. 이렇게 오전과 오후 7시를 기준으로 12시간씩 나누는 근무를 2교대 근무라고 한다.

3교대 근무의 장점이라고 하면 8시간만 근무를 하면 된다는 것 밖에 없는데 그조차도 정해진 출근시간보다 일찍 출근해야 하는 현실에 바쁜 날은 정해진 퇴근시간보다 더 늦게 퇴근하게 되어 8시간 근무임에도 불구하고 10시간 혹은 12시간 병원에 있는 날이 부지기수다. 바빠서 점심도 먹지 못하고 열심히 일을 해도 일은 밀리고 다음 교대근무자가 출근해서도 미처 끝내지 못한 일들을 마무리하다 보면 예정 퇴근 시간보다 훨씬 늦게 퇴근하는 날이 더 많다. 이 단점 같은 장점을 뒤로 하고 3교대 근무의 실제 단점은 8시간 근무이기에 보통 1주일에 5일은 근무를 하게 된다는 것, 병원에 자주 나와야 한다는 것이다. 간호사들은 한 달 동안 시차적응을 몇 번씩이나 하게 된다. 교대 근무 특성상 일주일에 며칠은 낮에 일하고 며칠은 밤에 일하기에 낮과 밤이 수시로 바뀌어 다른 직업처럼 1주일에 5일을 근무한다고 해도 낮 근무만 5일 하는 것보다 훨씬 많은 피로감을 느낀다.

2교대의 장점이라고 하면 당연히 1주일에 근무일수가 고작 3일이라는 것이다. 3일 일하고 4일 쉰다는 달콤한 장점이 있는 반면에 하루에 12시간, 인수인계 시간까지 포함하면 대략 13시간이라는 긴 시간을 일해야 한다는 단점이 있다. 이미 미국 간호학계에서는 이 8시간 근무제와 12시간 근무제에 대한 비교 연구가 많이 이뤄지고 있다. 많은 논문들이 12시간 근무제의 단점으로 근무한지 8시간이 지나고 나면 일의 효율성이 떨어짐을 지적하고 있다. 하지만 그에 반해 12시간 근무제에 대한 간호사의 만족도는 8시간에 비해 굉장히 높은 편이다. 일주일에 병원에 출근해야하는 일수가 적은 것이 큰 영향을 미친 것으로 보인다. 실제 두 근무제를 모두 경험한 나로서도 12시간, 2교대 근무제를 선호한다. 물론 하루 12시간 근무가 피곤하긴 하나 일주일에 4일이라는 긴 휴식 시간을 가지고 다시 출근하면 스트레스로부터 몸도 마음도 많이 회복한 뒤라 다시 또 활력이 생긴다. 한국 병원에서도 2교대 근무제를 도입하고 있는데 문제는 임산부에 대한 노동 정책이 미국과 다르다는 것이다. 뒤에서 언급하겠지만 미국에서는 임산부도 밤 근무를 하며 특별하게 근무 시간에 제한이 없는 편이다. 그래서 똑같이 하루에 13시간씩 일을 한다. 이런 이유로 2교대가 훨씬 원활히 진행될 수 있다.

교대 근무와 관련된 서론을 접고 본론에 들어가면, 삼성서울병원에는 '중환자 간호과정'이라는 중환자실 간호사들을 위한 교육 프로그램이 있다. 이는 중환자실에 일하는 신규 간호사들에게 시행되는 교육으로 중환자를 간호하기 위해 기본적으로 알아야하는 이론들을 다룬다. 이 과정을 위해 주어진 책은 굉장히 두꺼웠고 과정은 대략 3주라는 긴 시간 동안 계속되었다. 이 교육은 오전에 시행되기 때문에 이 과정을 듣는 그 달은 계속적으로 이브닝 근무를 해야 한다. 그래서 3주 동안 오전에 4시간 수업을 듣고 오후 2시경에 중환자실로 출근하여 근무를 하고 오후 11시 경에 집에 와서 자고 일어나서 다시 오전 교육을 들으러 출근해야 했다. 비록 근무와 수업을 병행해야 했기에 몸은 조금 피곤할 수 있었지만, 각 분야의 전문가들이 와서 중환자를 간호함에 있어 꼭 필요한 부분들을 강연해준다는 것은 정말 값진 기회였다. 근거와 지식이 갖춰질수록 환자에게 질적으로 더 높은 간호를 제공할 수 있다는 생각은 간호학과 학생이었을 때와 변함이 없었다. 전문가들에게 배워 지식을 나의 것으로 만들어 환자들을 간호할 때마다 떠올리고 또 적용하고 싶었다. 이 과정이 매력적인 또 하나의 이유는 1등 수료자에 대한 보상 때문이었다. 그것은 미국 중환자 간호협회(American Association of Critical-care Nurses, AACN)에서 주관하는 미국 최대 중환자 간호학회에 참여하기 위한 모든 경비를 병원에서 지급해주는 것이었다. 학회비용, 숙박비용 그리고 항공비용까지 모두 포함하는 그야말로 엄청난 보상이었다.

분명한 목적이 있었고 의지 역시 확고했다. 또한 훌륭한 보상은 이러한 의지와 열정에 촉매제처럼 작용했다. 하지만 50명 정도나 되는 쟁쟁한 중환자실 간호사들 사이에서 1등을 하기는 절대 쉬워 보이지 않았다. 여기서 세운 전략은 '미리 공부하기'였다. 준비된 사람에게 기회가 온다고 하지 않는가? 당시 일하던 부서에는 신규 간호사 인원이 너무 많아서 모든 신규 간호사들이 한꺼번에 이 과정을 들을 수는 없었다. 그렇기에 상대적으로 다른 동기 간호사들보다 늦게 입사한 나는 순서가 다음 해로 밀려나 동기 간호사들보다 1년 늦게 이 과정을 듣게 되었다. 하지만 돌아보면 이것이 정말 큰 행운이었다. 이미 한 해 전에 과정을 수료한 동기 간호사에게 부탁하여 책을 물려받았고 과정 시작하기 1달 전부터 그 책으로 공부하기 시작했다. 그 친구는 이 과정을 정말 아쉽게 2등으로 수료했다.

책을 받고 공부를 시작했지만 익숙하지 않은 내용의 공부를 혼자 해내기가 쉬울 리 없었다. 강의를 듣고 하는 것이 아니라 혼자서 공부하며 모르는 부분을 다른 책을 이용하여 더 찾아보고 이해해야했기에 시간이 많이 걸렸다. 그렇게 1달 동안 매일을 근무 전 혹은 근무 후 병원 내 도서관에 가서 공부를 했다. 가끔 공부하다가 '이렇게까지 했는데 1등을 못하면 어떡하지?'하는 생각이 들기도 했다. 그럴 때마다 욕심은 나지만 단순히 1등을 위한 공부라고 생각하지 말고 지금 하고 있는 공부가 결국은 내가 제공하는 간호의 질과 직결되며, 돌보는 중환자들에게 더 나은 간호를 제공하기 위해 최선을 다하자는 생각으로 다시금 마음을 바로 잡았다. 마음에는 온기와 열정이 가득하고 머리에는 지식이 가득한 중환자실 간호사가 되고 싶었다. 그래서 중요한 부분만을 집중적으로 찾아서 공부하는 방법보다는 이왕 하는 김에 제대로 습득하고 넘어가자는 생각으로 그다지 중요해보이지 않는 부분까지도 대충 넘어가지 않고 꼼꼼하게 살펴보고 넘어갔다.

한 달이라는 길고도 힘든 준비시간이 지나고 드디어 중환자 간호과정이 시작되었다. 과정 자체는 정말 훌륭했다. 병원에서 각 분야의 전문가들이 강의를 하러왔고 중환자 간호에 있어 정말 필요한 내용들을 배웠다. 과정을 들으면서 계속 들었던 생각은 '이것이 바로 예습의 힘이구나!'였다.

이전부터 복습의 위대함은 일찌감치 알고 있었다. 배운 내용을 배운 그 당일 다시 한 번 복습하는 것은 그 내용을 장기간 기억하는 데에 큰 도움이 된다는 것을 책에서 본 적이 있다. 예습에 대해서는 큰 감흥이 없었다. 하지만 이 당시만큼은 예습이 얼마나 대단한 효과를 나타나

❶ 간호 스승님들과 함께 ❷ 신규 간호사의 약을 조제하는 모습
❸ 최우수상 수상 모습 ❹ 중환자 간호과정 최우수상

는지 몸소 느낄 수 있었다. 오전에는 수업을 듣고 오후에는 근무를 하는 힘든 생활을 반복적으로 하는 것에 지치긴 했지만 미리 많은 부분을 공부하고 왔기에 강의를 듣는 그 자리에서 바로바로 암기를 할 수 있었다. 매일 엄청난 양의 콘텐츠를 다뤘고 최종 시험을 위해 따로 공부할 기간을 많이 주지 않았던 프로그램이었기에 미리 공부하고 과정을 들은 것이 큰 도움이 되었다.

최종 시험이 다가왔고 긴장이 되었지만 최선을 다해 공부했다. 기대가 크면 실망도 큰 법이라지만 그걸 안다고 해서 이미 하고 있는 기대를 저버리는 것은 쉽지 않다. 시험을 치르고 며칠 간 초조하게 결과를 기다렸지만 수 일이 지나도 결과를 공지하지 않았고 다시 바빠진 일상에 결과에 대한 기대와 초조함은 점차 희미해져갔다.

그렇게 시간이 지나고 나이트 근무를 끝내고 따뜻한 전기장판에 몸을 의지하여 잠을 청하려던 오전에 파트장님으로부터 전화가 왔다. 사실 부서에서 전화가 오면 열에 아홉은 좋지 않은 소식인 경우가 많았다. 일을 빠뜨리고 퇴근을 했거나 부서에 물건이 없어졌는데 그 행방을 아는지 등을 묻는 전화가 많았다. 그래서 울리는 전화를 긴장하면서 받았고, 길고 긴 밤 근무로 지친 몸에 퇴근 후 부서에서 온 전화로 긴장하여 조심스럽게 낸 내 목소리와는 상반되게 파트장님의 목소리는 한층 고조되어 있었다.

"축하해 현민아, 네가 이번에 중환자 간호과정 1등으로 수료했다는 소식을 방금 들었다. 너무 뿌듯하고 다시 한 번 축하한다."

날아갈듯이 기뻤다. 행복했다. 다시 한 번, 분명한 목적의식과 그 목적을 위한 뜨거운 노력과 열정의 중요성을 깨닫게 되었다. 그리고 이어질 보상에 굉장히 설렜다. 받은 보상이, 미국 중환자 간호학회 참석이 내 삶을 완전히 바꾸리라는 것을 그 땐 몰랐지만, 불가능해 보였던 일을 걱정하기보다 철저한 준비를 통해 결국 이루어냈다는 성취감에 몸은 엄청 피곤했지만 잠이 오질 않았다. 나만큼 기뻐하는 파트장님의 목소리를 통해 비록 혼자였지만 남자 간호사도 포기하지 않고 부서에 적응을 잘할 수 있고 또한 이런 성과를 낼 수 있다는 것을 증명해보였고 그에 대해 인정을 받은 것 같아서 뿌듯했다.

Tip
신규 간호사들에게 해주고 싶은 말

신규 간호사 생활 챕터를 마무리하기에 앞서 앞으로 간호사가 될 학생 간호사들이나 현재 신규 간호사인 분들에게 전해주고 싶은 말을 하며 2장을 마무리할까 한다. 지금 운영하는 블로그를 통해 정말 많은 간호사들이 말한다. 한국에서 신규 간호사로 일하고 있는데 힘든 점이 너무 많다고. 그리고 어떻게 이겨내야 할지, 한국 간호사 조직에서 살아남기 위한 팁들이 있는지 묻는다. 그때마다 어떻게 답을 해줘야 할까 고민을 하다가 그동안 너무 형식적인 답만 한 것 같아서 신규 간호사 생활을 천천히 돌이켜보고 어떤 말을 해주면 좋을까를 곰곰이 생각해봤다. 솔직히 이 질문에 대한 정답은 없다. 하지만 겪었던 경험을 바탕으로 도움이 될 만한 팁들을 적어보려 한다.

개인적으로 한국 간호사의 전반적인 근무환경과 복지, 그리고 사회적 인식이 점차 나아지기 위해서는 또 간호사가 이에 대한 목소리를 내기 위해서는 최대한 많은 간호사들이 병원에 남아야 한다고 생각한다.

미국이 아주 좋은 예다. 미국의 간호사 근무환경이 좋고 복지가 좋기 때문에 간호사들이 병원에 많이 남는다고 생각하는 사람들이 많은데 미국도 터무니없는 간호사:환자 비율, 간호사-간호사 혹은 간호사-의사간의 심한 불화 등 지금 한국에서 일어나고 있는 안타까운 부분들을 전부 겪어왔다. 하지만 미국의 간호사들은 병원을 떠나지 않았고 간호사라는 직업의 중요성, 간호사의 가치 있는 업무와 역할을 내세우며 끊임없이 목소리를 내왔기 때문에 지금 누리고 있는 부분들을 쟁취할 수 있었다.

그렇기 때문에 간호사들이 많이 병원에 남았으면 좋겠다. 한국에는 간호사 면허를 가진 사람은 많지만 병원에 남으려 하는 사람이 많지 않기 때문에 많은 병원들이 인력 문제에 계속 부딪힌다. 본질적인 부분이 해결되기 위해서는 병원에서 열심히 일하는 간호사들이 많아지고 한국 병원 자체도 간호사들의 애로사항에 귀를 기울여주고 좀 더 병원에 오래 머물고 싶게끔 근무환경의 개선에 노력하고 전문직으로서의 성장과 발전의 기회를 주는 것이 중요하다고 생각한다. 물론 간호사도 권리만을 주장할 것이 아니라 전문직에 걸맞은 환자 간호를 제공하기 위해 꾸준한 노력이 필요할 것이다. 그런 부분이 간호사를 바라보는 사회인식 개선에도 도움이 되리라 생각한다.

혹 나중에 다른 일을 하고 싶다 하더라도 간호사 면허를 가진 이상 꼭 병원에서의 값진 임상 경험을 갖기를 권한다. 간호학에 대한 공부를 더 한다고 하더라도 임상 경험이 있는 사람이 없는 사람보다 연구주제를 좀 더 잘 이끌어낼 수밖에 없는 것은 누구도 부인할 수 없을 것이다.

간호사라는 직업에 대한 애정도 열정도 참 크다. 다른 간호사들도 간호사라는 직업을 사랑했으면 좋겠다. 그렇기 때문에 몇 명이라도 신규 간호사들이 이 글을 보면서 힘을 얻고 조금이라도 더 오래 간호사로서 일해보고 싶다는 생각이 든다면 굉장히 만족스러울 것 같다.

1. 인사의 중요성

인간관계에 형성의 가장 첫 번째 단계는 인사에서부터 시작된다고 생각한다. 개인적으로 경험한 인간관계에서의 선호되는 특성은 한국과 미국은 약간 다르다. 한국은 공손함(Politeness)을 선호하고 미국은 친근함(Friendliness)을 좋아한다. 인사가 별 것 아닌 것 같지만 이 별 것 아닌 것 같은 인사가 좋은 인상을 남기는 데에는 아주 중요한 역할을 한다. 한국에서 일할 때 출근을 하면 가장 먼저 하는 일이 모든 간호사들을 찾아다니며 일일이 '안녕하세요?' 인사를 하는 것이었다. 이때 가급적 얼굴을 보고 인사를 하려고 노력하길 바란다. 그리고 반응이 없으면 한 번 더 '안녕하세요?' 하고 인사를 해본다. 얼굴을 보지 않은 채 뒤에서 인사를 하고 말아버리면 당사자는 인사를 받았는지 모르는 경우도 있다. 얼굴을 보고 인사를 하려고 하고, 반응까지 확인하면 더욱 좋다.

인사를 하러 돌아다니다가 다른 선배 간호사와 마주쳤는데 인사를 했는지 안했는지 긴가민가하다면 무조건 또 인사한다. 인사 두 번 받는 것을 싫어하는 사람은 없다. 그냥 웃으면서 '왜 또 인사해?' 이런 식의 반응일 것이다. 여전히 한국 사람들은 공손함(Politeness)을 중요시 여기고 '인사를 잘 한다=공손함'이라고 생각하는 사람이 정말 많다. 이런 인사 습관이 군대를 다녀온 뒤 중요하다고 생각했고 그래서 전역 직후 간호학과 3학년 실습을 나갔을 때 실습 병동 수간호사 선생님들이 실습을 마치고 피드백을 줄 때

"유현민 선생님은 인사를 참 잘한다고 다른 간호사들이 많이 칭찬하더라고요."

라는 말을 자주 들었다. 그만큼 인사는 좋은 인간관계 형성에 중요하다. 시큰둥하게 인사 받는 사람에 대해 상처받지 않길 바란다. 그건 선생님 잘못이 아니라 인사 받는 간호사의 문제다.

미국에 와서도 항상 출근하면 중환자실 이곳저곳을 돌아다니면서 모든 사람들에게 'Good morning!(좋은 아침이에요!)'이라고 인사하고 나닌다. 지금 일하는 미국 중환자실이 규모가 너무 커서 가끔 한 명 정도는 인사를 빠뜨리는 경우도 있는데 그때마다 간호사들이 찾아와서 '오늘 네 Good morning을 듣지 않으니까 어색하다. 일을 시작할 수가 없다.'라고 농담을 하기도 한다. 어떤 간호사들은 'Good morning'이라고 인사하면

"Mr. Good morning is here! I am already feeling better."

미스터 굿모닝이 왔다! 기분이 좋아지는 것만 같다.

라고도 한다. 인사는 미국에서도 중요하지만 인사를 친근함을 보이는 목적으로 중요하게 여긴다.

2. 이름 외우기 & 이름으로 불러주기

일을 시작하면 동료들의 이름을 외우는 노력이 중요하다. 개인적으로 아주 중요하게 여기는 부분 중에 하나다. 지금 일하는 미국 병원에 취업해서도 부서원 게시판에 붙어있는 사진을 보면서 이름을 외우고 새로 마주친 동료들 볼 때마다 이름을 불러주며 인사를 했다. 처음 일할 때 Erica와 Julie가 너무 비슷하게 생겨서 자꾸 틀렸는데 그때마다 그 간호사들은 상처를 받기 보다는 'Thank you for trying!(시도해줘서 고맙다!)'라고 표현했다.

사람들은 이름으로 불리길 원한다. 미국에서 일하면서 동료 간호사들이 같이 일하는 호흡치료사들을 그냥 'Respiratory'라고 부르는 경우가 많았다. 호흡치료사들은 한 부서에서 일하는 것이 아니라 병원 전체 부서를 돌아다니며 일하기 때문에 자주 마주치지 않아 동료 간호사들은 그들의 이름을 모르는 경우가 많았다. 하지만 이름을 중요하게 여기기에 또 열심히 호흡치료사들의 이름을 외웠고 호흡치료사들을 만났을 때마다 'Respiratory'가 아니라 이름으로 불러줬는데

"You're the only one who does not call me just RESPIRATORY. I am so thankful for that."

나를 Respiratory가 아니라 이름으로 불러준 것은 네가 유일해. 그 점에 대해 정말 감사해.

라고 말하면서 엄청 감동을 받았다. 일을 시작하면 이렇게 열심히 이름을 외우고 이름으로 부르는 것이 좋다. 그냥 선생님보다는 '유현민 선생님' 하고 이름을 붙여서 부른다면 당장에 다른 점이 눈에 보이지 않는다 하더라도 언젠가 분명 그에 대한 효과가 나타날 것이다. 사람들은 자신들의 '이름'을 아낀다.

앞서도 언급했지만 어떠한 상황에도 환자의 병실 번호나 중환자실 침상 번호가 아니라 이름을 기억해서 이름으로 부르려고 노력해야 한다. 환자가 없는 곳이라도, 환자에게 들리지 않는 곳이라도 환자를 '인간'으로서 존중하려고 노력해야 한다. 우리는 간호사이기에…

3. Know Your Limitation!('모른다고 말하는 것', '질문하는 것', '도움 청하는 것'을 두려워하지 않기)

유명한 자기개발서를 보면 '자신의 한계에 도전하라!'는 문구를 자주 볼 수 있다. 하지만 이 책에서는 볼 수 없을 것이다. 간호사는 자신의 한계에 도전하는 것보다 자신의 한계를 잘 알고 인정하는 것이 더 중요하다. 병원에서는 '환자의 건강과 안녕'이라는 목표를 위해 다양한 직업군이 협력한다.

"Teamwork makes the dream work!"

팀워크는 꿈같은 결과물을 만든다.

혼자 할 수 있는 것과 혼자 할 수 없는 것에 대해 아는 것은 어느 분야의 일에서나 중요하지만 간호사는 사람의 생명을 다루는 직업이기에 이 부분이 정말 중요하다. 모른다고 말하는 것을 무서워하지 말고 모르면 확인하고 알아도 다시 한 번 확인해도 괜찮다. 다른 선배 간호사들도 신입 간호사가 학교에서 모든 것을 다 배우고 왔다고 생각하지 않는다. 물론 '왜 이것도 몰라?'라고 말하는 선배 간호사도 있을지도 모른다. 너무 상처받지 않길 바란다. 이 또한 선생님 잘못이 아니라 그 간호사의 문제이니까.

어느 선배 간호사에게 물어도 '잘 모르는데 혼자 하다가 사고치는 간호사보다 모를 때마다 모른다고 말하고 묻는 간호사들이 훨씬 낫다.'라고 말할 것이다. 경험이나 경력이 전부는 아니지만 그렇다고 그것들이 중요하지 않은 것은 절대 아니다. 똑똑하기 때문이 아니라 혹은 공부를 많이 하기 때문이 아니라 오랫동안 간호사로서 그 시설에서 일해 왔기 때문에 알고 있는 부분도 반드시 있다. 확실하지 않은 것에 대해 계속 질문을 하는 것은 결국은 환자를 위한 길이고 간호사로서 가지면 아주 좋은 습관이다.

4. Be an active learner(열성적으로 배우기) 그리고 Be humble(겸손하기)!

아는 만큼 보인다는 말은 간호사로서 일하면서 정말 진리라고 생각한다. 중환자실 간호사로서 중환자 간호가 재밌어지기 시작한 것이 앞서 언급한 중환자 간호과정을 배우기 시작한 시점이다. 수행하고 있는 간호에 대한 원리와 왜 이걸 해야 하는지에 대한 근거들을 배우고 일이 점점 재밌어졌다. 아무것도 모르고 하는 일보다 왜 하는지에 대한 근거를 알고 하는 일이 경험상 훨씬 재밌다.

배우는 것은 열정적으로 하되 아는 지식을 공유할 때 그 정보를 모르고 있는 남을 깎아내리는 태도는 버려야 한다. 영어로 Mr. Know-it-all이라는 표현이 있다. 전부 안다고 생각하는, 아는 척을 많이 하는 사람을 지칭한다. 본인이 다른 누구보다도 낫다고 생삭하는 사람으로 해석될 수도 있는 부정적인 표현이다.

"David thinks his poop doesn't stink."

데이비드는 본인의 대변은 냄새가 나지 않는다고 생각한다.

이 표현 또한 Mr. Know-it-all 의미와 비슷하다. 자기가 남들보다 뛰어나다고 생각하는 사람을 묘사할 때 쓰는 표현이다. 한국이나 미국이나 이런 사람을 좋아하지 않는 것은 똑같은 것 같다.

간호사로서 계속적으로 공부하고 배워나가는 것은 중요하다. 그 과정을 통해 하고 있는 일에 더 흥미가 생겼고 간호사라는 직업에 대한 애정이 더 커졌다. 간호사가 하는 일은 쉽지 않은 일이기 때문에 이 일에 대한 애정이 없으면 계속 이어나가기 어렵다. 경험을 통해 때론 본인이 지금 하고 있는 일을 왜 해야 하는지에 대한 근거를 알고 하면 일에 대한 애정이 더 생기기도 한다는 것을 공유하고 싶었다.

5. 시간이 지나면 조금씩 나아진다는 것을 인지하기

끝이 보이지 않을 때 더 지치고 포기하고 싶어지고, 끝을 알고 시작하면 조금 더 버틸 힘이 생긴다. 마지막으로 하고 싶은 말은 이 힘든 신규 간호사 생활이 영원하지는 않다는 것이다. 새로운 조직에 새내기로서 들어간다는 것이 쉽지 않다. 그래서 남자들이 군대 이등병 생활을 힘들어한다. 잘 알지 못하는 사람들 사이에서 일도 서툴고 매일 혼나고 다른 간호사들은 이미 서로 친해 보이는데 그 사이에 낄 틈을 찾을 수가 없고 외톨이같이 느껴질지도 모른다.

하지만 시간이 조금씩 지날수록 다른 간호사들에 대해 조금 더 알게 되고 어떤 성향의 사람인지도 알게 될 것이다. 시간이 지날수록 일이 손에 익숙해지면서 실수도 적어지고 지적을 받는 날도 줄어든다. 그리고 다른 간호사들과의 관계가 조금씩 가까워지면서 예전에는 엄청 크게 지적받았던 것도 지적받는 정도가 좀 덜해지기도 한다. 너무 현실적인 예인데 군대 이등병 생활도 밑에 다른 이등병들이 들어오면서 아주 조금 편해진다. 관심의 방향이 그들에게 넘어가기 때문이다. 간호사 생활도 마찬가지였다. 1년이 지나고 다른 신입 간호사들이 들어오면서 선배 간호사들의 관심이 그 쪽으로 많이 쏠렸다. 그렇다고 노력 없이 그저 1년만 버티면 자동적으로 모든 것이 좋아진다는 말은 아니다. 환자를 돌보는 간호사라는 직업만 첫 1년이 힘든 것이 아니고 그 신입 간호사로서의 생활이 영원하지는 않다는 것이다. 끝은 있다.

일이 힘들고 반복되는 지적 때문에 속상할 수도 있다. 그 때문에 간호사로서의 일이 얼마나 중요한 일인지에 대해 생각할 시간이 없을지도 모른다. 그래서 이 책을 읽고 있는 동안 그 중요함을 상기시켜주고 싶다. 환자의 생명과 관계된 간호사들의 일은 정말 가치 있고 소중한 일이다. 어쩌면 한 사람의 일생에서 가장 중요한 시간을 함께 하는 일이다. 그렇기 때문에 본인이 간호사라는 사실에 대해 조금 더 자랑스럽게 생각했으면 좋겠고 이 일에 대한 애정을 가졌으면 좋겠다. 이런 자부심과 마음가짐이 그 힘든 시기를 이겨내는 데에 조금은 도움이 될 것이라 생각한다. 선생님들보다 조금은 선배 간호사인 내가 그랬던 것처럼.

Chapter 3

중환자실 간호사 (Critical Care Nurse) 이야기

Form, Feeling, Fact and Future

1년의 신규 간호사 생활이 끝나고 과연 일이 편해졌을까? 답은 Yes or No. 그래도 1년 일했다고 손이 빨라지고 업무의 흐름에 익숙해지며 다른 간호사들과의 사이가 좋아지면서 상대적으로 업무를 임하는데 있어 효율성이 좋아진 것은 사실. 하지만 1년이 지나도 환자의 상태가 급격하게 나빠지는 응급상황에 대한 부담은 쉽게 이겨낼 수 없었다. 1년이 지나도 환자의 임종 순간에 눈물이 나는 것은 여전했다.

중환자실이라는 공간. 중환자실에 대한 첫 인상은 '차갑고 무서운 공간'이었다. 온갖 낯선 장비들과 그 시끄럽게 울리는 알람들, 그리고 소독약 냄새가 약간 섞인 것 같은 그 특유의 병원 냄새와 살짝 차가운 공기. 이것은 무릇 나만 느낀 중환자실에 대한 첫 인상이 아니라 중환자실이라는 공간이 익숙하지 않은 환자와 가족들이 가지는 중환자실에 대한 느낌이기도 할 것이다. 비록 학교 다니는 동안 중환자실에서 학생 간호사로서 실습을 하기는 했으나 기간이 짧았고 실습의 대부분이 '관찰'에 불과했다. 사실 중환자실 간호사로서 일하면서 중환자실이라는 공간에 익숙해지는 것 자체로도 제법 오랜 시간이 걸렸다. 그 차갑고 무섭게 느껴질 수 있는 공간을 조금이라도 따뜻하게 느껴지도록 하기 위한 노력이었는지 내가 일했던 중환자실의 벽면과 천장은 분홍색이었다.

중환자실이라는 '공간'에 익숙해지는 것도 제법 오랜 시간이 걸렸지만 가장 익숙해지기 힘든 부분은 언제 응급상황이 생길지 모르는 그 특유의 '긴장감(Tension)'과 환자의 임종 순간이었다. 중환자실에서 일하는 것이 어려운 이유 중에 하나가 이 '긴장감' 때문이다. 이미 많이 아픈 환자들이지만 언제든 상태가 더 악화될 수 있고 또한 급격하게 악화되는 경우도 많다. 그런 급격한 악화가 때로는 심폐소생술을 필요로 하는 응급상황을 발생시키고 중환자실 내에서는 실제로 이와 같은 일들이 비일비재하게 일어난다. 이런 상황은 중환자실에서 오랫동안 일한 사람들도 감당하기 쉽지만은 않다. 그 형언할 수 없는 중압감을 이제 막 일을 시작한 간호사들이 제대로 감당할 수 없는 것은 불 보듯 훤한 일. 이 글을 쓰는 시점에는 9년차 중환자실 간호사이지만 이 '긴장감'과 응급상황 시에 마구 솟아오르는 아드레날린을 억제하며 '평정심'을 유지하는 것은 여전히 어렵다.

간호사로서 일하는 스타일은 어땠을까? 앞서 언급한 2주간의 삼성 입문교육에서 4F Brain color 진단이라는 테스트를 받았다. 개인의 두뇌 활용에 대한 선호스타일을 진단하여 조직 내에서 다방면으로 사용할 수 있는 일종의 성격 혹은 성향 테스트였다. 진단 결과는 본인이 4F 중에 어느 쪽으로 치우치는지 알려준다. 이 4F는 Fact(목표추구형), Form(안정지향형), Future(변화추구형), Feeling(관계지향형)으로 나뉜다. 진단 결과는 Form으로 극단적으로 치우치고 그 다음 Feeling과 Fact가 중간 정도로 비슷하게 나왔고 Future로의 분포가 가장 적었다. 살면서 어떤 상황에 놓여도 균형(Balance)을 중요시하는 성격을 반영한 제법 정확한 결과라고 생각했다. 단기와 장기 목표를 정하는 것을 좋아하고 정해진 프로토콜이나 정책을 따르며 그 목표를 이루기 위해 노력하는 면, 인간관계를 항상 중요시하는 점 그리고 '변화'에 취약한 점까지 잘 꼬집은 결과였다.

간호사로서 일하는 모습은 이 4F 결과와 거의 일치했다. 항상 목표를 정하고 기간을 정했다. 그리고 프로토콜이나 정책을 찾아보며 일하는 것을 좋아했다. 왜 일을 해야 하는지에 대한 근거 없이 무언가를 습득하는 것을 잘하지 못하기에 업무를 배울 때 왜 이렇게 해야 하는지 그에 대한 근거를 자주 물어봤고 배운 모든 것을 개인 노트에 빠짐없이 기입했다. 근무를 마치고 집에 가면 침대에 바로 기절할 수 있을 만큼 피곤했어도 그 노트에 손으로 기입한 내용들을 전부 컴퓨터 문서로 작성하고 잤다. 그렇게 1년 넘게 매일 반복하여 파일을 완성했고 그것을 인쇄한 뒤 항상 주머니에 넣어 다니며 잘 기억나지 않는 부분을 그때그때 찾아보고 해결했다.

"너는 언제까지 그 노트 보면서 일할거야?"

다른 선배 간호사들은 일을 배운지 1년이 지나도 그 노트를 들고 다니는 것을 보며 항상 저 질문을 던지곤 했다. 물론 일에 익숙해지면서 노트를 찾아보며 일을 하는 횟수는 줄어들었지만 주머니에 그 노트가 있다는 사실은 항상 나를 안심시켰다. 그렇게 만들어진 노트는 내 성(姓)을 따서 '유군 노트'라는 이름으로 후배들에게 전해졌고 후배들도 그 노트를 인쇄하여 들고 다니며 마치 바이블 마냥 참고하면서 일했고 그 모습을 지켜보며 괜히 선배로서 뿌듯했다. 알아보니 최근까지도 그 노트가 그 부서에 존재한다고 하니 공들여서 만든 보람이 있었던 것 같다.

부모님 말씀을 빌리면 어릴 때부터 섬세함이나 꼼꼼함은 남달랐다고 한다. 그런 성격에 더 꼼꼼한 간호사 스승님까지 만나서 치밀하게 일하는 업무 성향을 가지게 된 것 같다. 또 정리 정돈된 깔끔한 환경에서 일하는 것을 좋아한다. 같이 일하기 피곤한 스타일의 간호사일 것 같다고? 필자도 그렇게 생각한다. 근무 시작 후 가장 먼저 하는 일이 환자와 그 주변 환경을 정리하고 닦는 일이었다. 아프고 면역력이 떨어진 환자들 주변은 항상 깨끗해야 한다고 생각한 것이 가장 큰 이유였다. 일하던 중환자실에서는 연말마다 어떤 점이 유난히 뛰어나거나 돋보이는 간호사에게 상에 이름을 붙여 상을 주곤 했는데 항상 '정리의 달인' 상은 내가 받곤 했다.

이와 관련된 일화가 있는데 중환자실에는 환자가 스스로 기도 유지를 못하여 인공호흡관을 가지고 있는 경우가 많고 그 인공호흡관을 통해 인공호흡기 치료를 제공한다. 인공호흡관을 가지고 있다가 제거한 환자들에게 물으면 인공호흡관을 가진 채 숨을 쉬는 것은 '빨대를 물고 숨을 쉬는 느낌'이 들어 굉장히 불편하고 공포감까지 든다고 말한다. 그 때문에 인공호흡기 치료를 받는 환자들에게 그런 불편감이 들지 않게 진정제를 투여하는 경우가 많다. 진정제를 투여 받는 중환자실 환자들은 진정제 영향으로 스스로 움직이지 못하는 경우가 많고 움직이지 않는 채로 침상 안정이 지속되다 보면 욕창에 취약하게 된다. 그리하여 중환자실 간호사는 이런 욕창을 예방하기 위하여 환자의 자세를 2시간마다 변경시켜준다.

이상하게 들릴지도 모르지만 간호사로 처음 일했을 때 환자가 침상에 반듯하게 누워있을 때 일의 효율이 증진되었다. 중환자실에서 일해본 혹은 일하고 있는 간호사가 이 글을 읽고 있다면 키득키득 웃고 있을 것이다. 그 말은 중환자실에서 일하는 간호사들 중에 반듯하게 누워있는 환자에 집착하는 간호사는 꼭 있다는 뜻이다. 그렇게 하는 이유 중에 하나는 한국 병원 중환자실은 부서 특성상 아주 제한된 시간을 가족 혹은 지인 면회 시간으로 허용하는데 그때 가족들이 단정하게 누워있는 환자의 모습을 보길 원해서였다.

하지만 시간이 지나 간호사가 반듯하게 눕힌 체위가 꼭 환자에게 편한 자세만은 아닌 것을 깨달았다. 한국에서도 사용되고 있는 용어인데 미국에서 먼저 사용된 PICS(Post Intensive Care Syndrome)라는 용어가 있다. 한국말로는 '중환자 치료 후 증후군'으로 번역되어 사용된다. 이는 일종의 PTSD(Post Traumatic Stress Disorder, 외상 후 스트레스 장애)처럼 중환자실에서 받은 치료가 환자에게 트라우마로 남아 중환자실을 벗어나도 신체적 그리고 정신적으로 영향을 미치는 증후군을 뜻한다. 삼성에서 일할 당시에 이 PICS에 관심이 많았던 터라 중환자실에서 장기간 입원했다가 일반 병실로 이동한 환자들을 직접 찾아가 중환자실에 입원한 기억들을 주제로 대화를 나누며 인터뷰를 한 적이 있었다. 중환자실에서 받은 치료가 환자의 회복에는 불가피한 부분이었기에 당연히 그 회복을 위한 과정처럼 기억될 줄 알았는데 그 인터뷰들을 통해 내 생각이 잘못되었음을 깨달았다. 환자들에게는 중환자실에서 받은 기억들이 하나의 흉터(Scar)처럼 남아있었으리라고는 생각하지 못했던 것이다.

또한 인터뷰를 할 때마다 환자들이 했던 말들 중에 기억이 남았던 말이 있었다.

"중환자실 치료를 받은 뒤부터 어깨가 너무 결리고 불편해."

그 말을 듣고 '아차!' 싶었던 것이 '그동안 환자가 의식이 없을 때 제공했던 자세가 보기에는 반듯하고 단정해보였어도 환자들이 누워있기에는 편한 자세가 아니었구나.' 하는 깨달음이었다. 그 일이 있은 후 어떻게 체위를 변경해야 환자가 나중에 후유증이 남지 않고 편할 수 있는지 책과 인터넷을 열심히 뒤진 기억이 난다. 이처럼 중환자실에 머물렀던 기억이 후유증처럼 남은 환자들이 제법 많다.

미국은 물론 한국에서도 이런 PICS를 예방 혹은 해결하기 위해 많은 노력을 하고 있다. 대표적인 것이 중환자실 다이어리(ICU diary)인데 환자가 의식 없이 중환자실에서 치료를 받는 동안 면회를 온 가족이나 친구 혹은 의료를 제공하는 의사나 간호사들이 매일 그 환자를 위한 일기를 작성하고 환자가 의식을 되찾은 뒤 상태가 호전되어 중환자실에서 퇴실한 후 그 일기를 보게 하는 것이다. 미국에서 일하면서 이 중환자실 다이어리를 매일 작성하고 있고 실제 중환자실에서 오랫동안 의식 없이 치료를 받다가 상태가 호전되어 일반 병실로 옮겨 간 환자에게 이 일기를 전달하며 오랜 대화를 한 적이 있다. 환자들에게 중환자실에 입원해있던 기억은 조각난 것처럼 군데군데 기억이 끊긴 느낌이라고 했다. 그 일기를 읽으면서 그 조각들을 붙여나가는 느낌이었고 기억하지 못하는 오랜 기간 동안에도 환자를 사랑하는 사람들이 이렇게 본인을 위해서 일기를 남겨준 것에 감사하며 눈물을 쏟아낸 것이 가슴을 후벼 팠다. 그 뒤로 중환자실에 입원한 환자들을 위해 더 열심히 중환자실 다이어리를 작성하고 있다.

Form! 주어진 업무에 형식과 절차에 따라 꼼꼼하고 치밀하게 일하는 간호사였고 Feeling! 선후배 그리고 동료 간호사들과의 관계를 소중히 생각하고 환자나 가족들과 소통하기를 좋아하는 간호사였다. Fact! 실제 그 사람의 입장이 되어보지 않고서는 충분하게 그 상황을 이해할 수 없다는 '역지사지'도 알고 있는 간호사였다. Future! 비록 4F 진단에서 '변화'에 취약하다는 결과가 나왔으나 환자를 위해서 이번만큼은 변화를 주어 조금 더 환자의 입장을 이해하고자 환자 체험에 참여해보았다.

환자 체험

간호학과에 재학 당시 교양 수업을 선택해서 들을 일이 있었는데 그 당시 무슨 이유에서인지는 기억이 나질 않지만 경영학에 관심이 있었고 그래서 '경영학개론'을 교양 과목으로 수강했다. 그때 내부고객 관리와 외부고객 관리에 대해 배웠고 어느 하나가 아닌 둘 다 중요하다는 것 또한 알게 되었다. 내부고객은 회사 내의 고객, 업무상 연관되어 있는 사람들, 외부고객은 그 회사 외부의 고객 즉 우리가 흔히 일컫는 '고객'을 말한다. 간호사로서의 내부고객은 함께 일하는 동료, 외부고객은 환자나 환자의 가족이었다. 비록 '개론'만을 수강했지만 이 내부와 외부고객관리의 중요성에 큰 인상을 받았고 돌이켜보면 삼성에서 간호사로 일하는 동안 이 내부고객과 외부고객 모두의 만족을 위해 노력했던 것 같다. 외부고객 만족을 위해 한 일 중에 대표적인 것이 환자 체험에 동참하는 것이었다.

환자 체험은 말 그대로 실제 환자의 입장이 되어보는 것이었다. 환자의 입장과 환자가 겪는 상황을 몸소 체험하여 충분히 이해하고 간호사들에게 환자를 돌봄에 있어 필요한 공감능력(Empathy)을 심어주기 위한 목적이었다. 그 당시 나이가 27살이었다. 사실 그 당시 27년을 살면서 많이 아파서 병원에 오래 입원한 적이 단 한 번도 없었다. 그런 27세 건강한 남자 간호사에게 생사를 오가는 중환자에 대한 공감능력을 갖기란 쉽지 않았다. 그래서 이 '환자 체험'이 더욱 의미 있었다.

'중환자실에서 환자가 되어본다.'는 것을 이해하기 위해서 이 두 가지는 꼭 알아야 한다. 하나가 '억제대(Restraints)'이고 다른 하나가 '중환자실 면회'이다. 억제대에 대한 이야기를 시작하면 정말 끝이 없을 정도로 하고 싶은 말이 많다. 신체보호대라고도 부르지만 아직 억제대라는 용어에 익숙한 사람들이 많기에 억제대로 지칭하겠다. 억제대는 환자의 안전을 위해 특수한 상황에 환자의 손과 발 때로는 상체를 침대에 묶을 때 사용하는 장비를 말한다. 대부분은 천으로 되어있지만 좀 더 견고한 재질로 되어있는 것도 있다. 장갑형으로 되어있는 것도 있고 끈 형태로 만들어진 것도 있다. 정신과 병동에서는 환자가 자해 혹은 타해의 위험을 보이는 경우 의사의 처방에 따라 이 억제대를 적용하지만 중환자실에서는 환자가 치료를 방해하여 부정적인 결과를 초래할 경우를 대비하여 의사의 처방에 따라 적용한다.

예를 들어 환자가 스스로 기도를 유지하지 못하여 인공호흡관을 가지고 있는데 의식이 분명하지 않은 경우 환자가 그 인공호흡관이 불편하여 그 관 없이 숨을 쉴 수 없는 상황임에도 빼버리는 경우가 있다. 이렇게 환자가 준비되지 않은 상태로 예정 없이 관을 뺀 이 상황은 자가발관(Self-extubation) 혹은 계획되지 않은 발관(Unplanned extubation)이라고 불리며 이는 응급상황이다. 대부분의 경우 다시 그 인공호흡관을 다시 넣어야 한다. 다시 넣는 것은 쉽게 이루어지는 시술이 아닐뿐더러 경우에 따라 다시 관을 삽입하는 동안 더 응급한 상황이 발생할 수 있다. 그렇기 때문에 보통 이 인공호흡관을 제거하는 결정은 정말 신중에 신중을 기하여 내려진다. 이런 예기치 않은 상황을 방지하기 위해 중환자실에서는 인공호흡관을 가진 환자들에게 억제대를 적용한다. 환자가 인공호흡관을 가지고 있지 않다고 하더라도 억제대를 적용하는 경우가 있다.

중환자실에 입원해 있으면서 특별한 신경학적 문제없이 갑작스레 지남력(Orientation)이 떨어지는 경우가 있다. 즉, 환자가 갑작스레 시간, 장소, 사람 그리고 상황에 대해 혼란을 겪어 본인이 어디에 있는지 왜 이곳에 있는지에 대해 알지 못하는 경우가 발생한다. 이를 의학용어로 섬망(Delirium)이라고 한다. 의료직에 종사하지 않는 사람들이 보기에는 섬망을 겪는 환자들의 증상이 치매와 비슷해 보일 수 있는데 쉽게 차이점을 설명하자면 섬망은 급작스럽게 발생하지만 대부분이 일시적이라면 치매는 진행성으로 발생하며 대부분이 돌이킬 수 없는 만성 질환이다. 섬망을 일으키는 원인은 아주 다양하다. 섬망으로 인한 환자들이 보이는 증상들도 개개인마다 정도의 차이가 있다. 섬망을 겪는 많은 환자들은 본인이 왜 중환자실에 있는지 모르는 경우가 많고 상황에 대해 올바르게 인지하지 못하는 경우가 많아 소리를 지르거나 의료진을 자신을 해치려는 사람으로 인지하고 공격하기도 한다. 때론 충동적으로 침대에서 내려가려 하거나 치료를 위해 가지고 있는 소변줄이나 약물이 투여되는 정맥관을 빼버리는 경우도 많다. 이로 인해 치료가 지연되거나 예정된 치료를 받지 못하여 경과가 나빠지는 경우를 대비하여 이런 상황에도 환자가 인공호흡관을 가지고 있지 않더라도 억제대를 적용한다.

처음 중환자실 간호사로 배정되어 환자에게 이 억제대를 적용할 당시 엄청 큰 윤리적인 딜레마를 겪었다. '과연 지금 내가 환자의 손발을 묶고 있는 행위가 환자의 인권을 침해하는 일은 아닐까?' 억제대를 적용하는 명분은 이해했다. 하지만 그럼에도 억제대를 적용할 때마다 '환자의 안전'과 '환자의 인권' 사이에서 끊임없이 고통 받았다. 이 딜레마가 나를 잡아먹는 기분이 들어 신규 간호사들이 모여 어떻게 생활하고 있는지 간호 관리자들과 공유하는 자리에서 이 딜레마에 대해 언급했다.

> "환자의 안전을 위해 억제대를 적용한다는 것을 머릿속으로는 이해하는데 환자가 손발이 묶여 고통스러워하는 모습을 볼 때마다 죄를 짓는 기분이 듭니다. 앞으로도 계속 억제대를 사용하게 될 텐데 그때마다 이런 죄짓는 기분이 들면 어떻게 하나 걱정이 큽니다."

그때 그 자리에 있던 모든 간호사들과 간호 관리자들이 크게 공감을 했던 것을 기억한다. 아직도 이 딜레마는 여전하다. 물론 중환자실 간호사로 일하면서 이 억제대 사용을 최소화하고 싶은 마음에 인공호흡관을 가지고 있는 환자에게 충분하게 설명하고 잘 이해했다는 듯 반응하는 환자를 보며 의사에게 말하여 억제대를 풀어줬다가 그런 내 마음도 모르고 환자가 인공호흡관을 빼버려 다시 인공호흡관을 넣어야 하는 상황이 발생하기도 했다. 그 후로는 억제대를 열심히 적용하는 편이지만 하루는 사지가 묶여 있는 환자를 보며 너무 안타까워하며 눈물을 흘리는 환자의 가족과 한 시간이 넘게 대화를 나누면서 다시 마음이 약해진 적도 있었다. 환자의 안전이 우선이라는 명목으로 지금도 간호사로서 억제대는 의사의 처방에 따라 적용하고 있지만 '오용과 남용이 있지는 않는가?'하는 의문은 계속 남아있다.

중환자실 면회. 병원마다 환자를 방문할 수 있는 시간인 이 면회에 대한 정책은 다르다. 한국 병원은 면회에 대해서 미국보다 훨씬 엄격한 편이다. 그 중에서도 중환자실에 입원해있는 환자들을 위한 면회는 더 제한적이다. 면역이 떨어져있는 환자들을 보호하기 위해서 혹은 감염의 전파를 막기 위해서라는 명분으로 보통 하루에 30분씩 두 번 정도 면회가 이루어진다. 간호사로 근무하면서 이 제한된 면회에 대해서도 딜레마가 있었다. 어쩌면 중환자에게 가장 필요한 것이 가족들의 지지나 응원이 아닐까 하는 생각 때문이었다. 간호사들이 제공하는 정서적인 지지도 물론 환자들에게 힘이 되겠지만 가족들로부터의 지지만큼은 아닐 것이란 생각을 많이 했다. 이 제한된 면회에 대한 명분 또한 머릿속으로는 이해했지만 마음속에는 '가족들의 지지와 사랑이 가장 많이 필요한 시기에 30분씩 오전 한 번 오후 한 번은 너무 적지 않나?'하는 의문도 남아있었다.

미국 병원에는 면회에 대한 제한이 거의 없다. 대부분의 미국 병원은

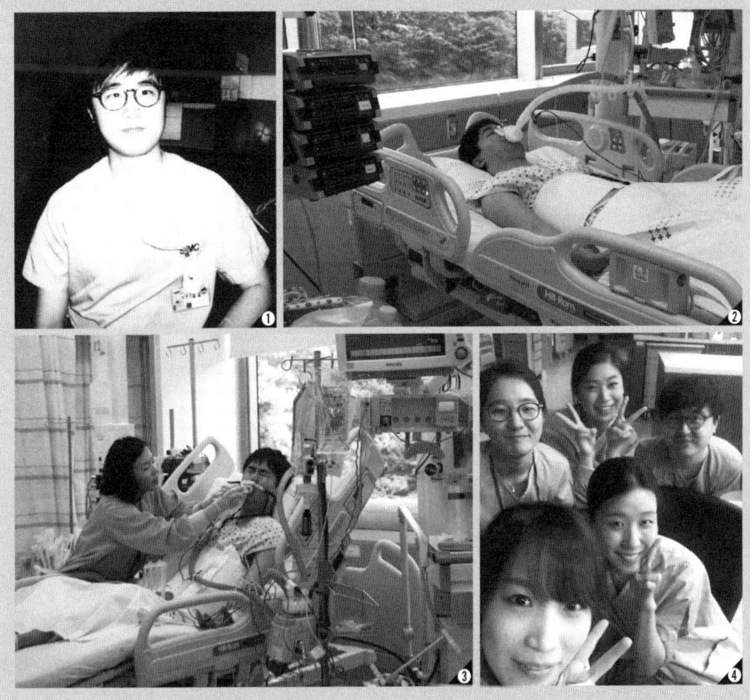

❶ 3년차 중환자실 간호사 시절 ❷ 인공호흡기 간접 체험
❸ 중환자실 환자 체험 ❹ 한국에서의 마지막 나이트 근무 날

24시간 면회를 허용하는 자율면회를 실시하는 편이다. 중환자실 또한 자율면회에 예외는 아니다. 사실 이런 미국의 자율면회 시행과 그에 대한 이점들을 고려하여 내가 그 당시 일했던 중환자실에서 국내 최초로 중환자실 자율면회를 실시했었다. 정착시키기까지 크고 작은 어려움들이 많았지만 많은 의료진들의 노력 끝에 성공적으로 확립을 시킬 수 있었고 자율면회에 대한 환자와 가족들의 큰 호응과 만족도로 오랫동안 시행되었다. 하지만 안타깝게 메르스 사건 이후로 이전의 제한된 면회 체제로 돌아갔다.

본격적으로 환자 체험에 앞서 환자복으로 갈아입고 맥박과 혈압 등을 모니터하기 위한 각종 장비들을 몸에 부착했다. 침대에 누워 온갖 장비들을 몸에 걸치고 나니 가뜩이나 몸을 움직이기 불편했는데 양손에 억제대까지 착용한 후에는 전혀 움직일 수가 없었다. 간접적으로 인공호흡기 치료를 체험하는 동안에는 입으로 소리조차 낼 수 없었기에 소리도 낼 수 없고 손도 움직일 수 없는 상황에 공포감이 몰려왔다. 게다가 실제 환자들이 처한 상황처럼 주위에 돌아다니는 사람들이 전부 낯선 사람이라고 상상하니 더 무섭고 외로워졌다. 몸도 움직일 수 없고 외로움에 공포감까지 드는 상황인데 지금 나처럼 몸이 건강한 사람이 아니라 몸이 아프고 불편한 환자들이 이 침대에 누워서 내가 경험하고 있는 모든 것들을 경험한다고 생각하니 얼마나 더 불편하고 고통스러운 일일지 상상이 가질 않았다. 아주 절실하게 느꼈던 부분은 가려울 때 긁을 수 없다는 고통이 그리 심한지 몰랐다. 그 이후로는 억제대를 하고 있는 환자에게 가려운 곳이 있는지 꼭 여쭤보는 습관이 생겼고 대신 긁어주기도 한다.

물론 이 환자 체험을 통해서 환자들이 경험하는 모든 감정들과 생각들, 그리고 불편들을 100% 모두 깨닫고 이해했다고 말할 수는 없다. 하지만 중요한 것은 이를 통해 실제 어떤 간호를 행할 때, 머릿속에서 그 간호 행위를 받는 환자의 입장이 되어보고 어떻게 시행해야 환자가 조금이라도 덜 불편할까에 대해 생각해본 뒤 간호를 수행하게 되었다는 것이다. 이 역지사지, 처지를 바꾸어서 생각을 해보는 것은 간호사만 가져야 하는 덕목은 아니지만 간호사이기에 꼭 가져야하는 덕목이라고 생각한다. 건강한 사람이 아픈 사람의 입장을 그렇게 아파보지 않고 이해하기란 쉽지 않은 것 같다. 이렇게 환자 체험을 해보지 않더라도 간호를 수행하기 전에 그 간호를 제공받는 입장이 되어보고 그 행위가 어떻게 행해져야 덜 불편할 수 있을지 생각을 해보는 것은 좋은 공감능력(Empathy)을 가진 간호사가 되기 위한 좋은 출발점이 될 수 있다.

Daily Goals Worksheet

환자 체험을 할 때 중환자실에 누워있으면서 느낀 것이 하나 더 있었는데 누군가 상황이 어떻게 돌아가는지 설명을 해주지 않으면 더 무섭고 불안하며 치료에 참여하려는 의지가 생기지 않는다는 것이었다. 환자의 회복을 위해 힘쓰는 의료팀은 참 많은 직업군으로 구성되어있다. 의사, 간호사, 간호조무사, 약사, 물리치료사, 영양사 등등. 이를 한국에서는 다학제 팀, 미국에서는 Multidisciplinary team으로 불린다. 이 환자 체험을 통해서 이 다학제 팀 구성에 대해 의문을 가졌었다.

'치료를 결정하고 수행을 하는 것은 의료인일지는 몰라도 환자나 가족이 이 제공된 치료에 적극적으로 참여하지 않는다면 의미가 없지 않나? 그렇게 치료에 협조하고 적극적인 참여를 유도하기 위해서라면 결정된 치료를 통보하는 것이 아니라 치료를 결정할 때 환자와 가족이 같이 참여해야 하는 것이 더 좋지 않을까?'

그렇다. 실제 환자의 치료계획을 결정하는 다학제 팀에 '환자' 그리고 '가족'이 포함되어야 한다는 생각이 들었다. 만약 상황이 여의치 않아

치료계획을 결정하는데 환자와 가족이 참여하지 못한다면 적어도 결정된 그 치료계획에 대한 '공유'가 적절히 이루어져야 한다고 생각했다. 비록 그 당시 영어를 잘하진 못했지만 중환자실에 일하면서 미국 중환자 간호 저널을 보며 최근 중환자 간호의 경향이 어떤지 알아보곤 했다. 지식 범위를 넓히기 위해서는 관련 저널을 읽는 것이 최고의 방법이란 생각을 항상 했기 때문이다. 이런 고민을 하고 있던 때 아주 적절하게 《미국 중환자 간호 저널(American Journal of Critical Care, AJCC)》에서 2008년에 소개된 Daily Goals Worksheet라는 것을 보게 되었다.

영어를 잘하지 못했기에 아주 천천히 그 글을 읽고 한 문장 한 문장씩 해석하면서 점점 그 글에 매료되었다. 푹 빠져 읽고 난 다음 든 생각이 이것을 꼭 도입하고 싶다는 생각이었다. 쉽게 설명하면 이 Daily Goals Worksheet는 환자가 누워있는 곳에서 쉽게 볼 수 있는 위치에 그날의 치료계획과 환자의 그날의 목표를 이것저것 구체적으로 적어두는 화이트보드였다. 별 것 아니라고 생각할지 몰라도 한국 병원에 방문해본 적 있는 사람이라면 알겠지만 환자가 입원해있는 공간에 치료계획을 공유할 수 있는 이런 화이트보드가 있는 병원은 없다. 물론 한국 병원 특성상 2인실 혹은 6인실처럼 2명 이상의 환자가 한 공간에 같이 입원해있다면 이런 개인적인 정보가 공유될 수 없는 점도 작용했을 것이다.

그 글을 통해 알게 된 Daily Goals Worksheet의 목적이 의사들이 회진을 하고 결정한 치료계획을 의사들만 알고 끝나는 것이 아니라 회진 후 이 Worksheet에 치료계획을 남겨 의사, 간호사, 환자, 가족들이 모두 함께 공유하는 것이라는 사실에 큰 매력을 느꼈다. 특히 중환자실에서 사용되는 Worksheet에는 단순히 큰 계획들만 기록되는 것이 아니라 식이, 재활, 그날의 검사, 통증관리, 수면조절 등등 환자의 회복과 관련된 구체적인 계획들을 공유할 수 있도록 되어있었다.

도입을 위한 목적은 너무 좋았다. 하지만 도입을 하게 되면 그렇지 않아도 많은 업무량에 힘들어하는 의사들에게도 간호사들에게도 또 하나의 업무를 부여하게 되는 것이었다. 그럼에도 이 Worksheet가 가진 많은 장점들을 알려주고 싶었다. 그래서 오랜 기간 이 Worksheet와 관련된 논문을 포함한 근거 있는 자료들 모아 의료진들을 설득할 준비를 했다. 사실 이를 도입하고 싶었던 이유가 환자와 그 가족을 위한 치료계획 공유 이외에도 하나 더 있었다. 그것은 '간호사'에게도 이런 치료계획 공유가 더 활발히 이루어지길 바랐기 때문이었다.

중환자실 간호사는 중환자실 내 환자들이 집중적인 케어가 필요하기에 보통 두 명 혹은 세 명 정도의 환자를 돌보게 된다. 하루는 수술실에서 막 수술을 마치고 중환자실로 나온 환자를 정신없이 바쁘게 돌보다가 나를 찾는 전화가 왔다는 소리에 전화를 받았는데 내 다른 환자를 CT실로 내려 보내달라는 전화였다. 수술실에서 막 나온 환자를 돌보느라 다른 환자에게 CT 처방이 난 것을 모르고 있었고 그 누구도 환자가 곧 CT 검사를 받을 것이라는 이야기를 해주지 않았다. 당연히 그 환자분이 왜 CT 검사를 받는지를 설명해준 사람도 없었다. 물론 CT라는 검사가 동의서가 필요한 검사이기에 환자의 가족에게 전화를 해서 동의는 받았을 것이다. 하지만 실제 처방을 수행하는 간호사로서 그 처방이 왜 이행되어야 하는지 알고 이행하는 것과 모르고 하는 것에는 큰 차이가 있다.

이 책을 읽으면서 '왜 그걸 간호사에게 꼭 알려줘야 하지?'라고 생각하는 사람이 있을지도 모른다. 미국에 와서 '처방'이라는 것을 낼 수 있는 권한이 주어지고 처방을 내기 시작하면서 알게 된 사실인데 의료인으로서 처방을 내고 난 뒤 그 처방이 실제 이루어졌는지 확인을 하지 않는 사람들이 제법 많다. 확인하지 않는 이유가 처방을 이행하는 간호사를 절대적으로 신뢰하기 때문이 아니라 처방이 이행되는지 확인하는 일은 본인의 업무가 아니라고 생각하기 때문이었다. 환자를 치료하고 돌보는 일이 의료인의 업무라면 본인이 낸 처방이 제대로 이행되어 환자가 적절한 치료와 중재를 받았는지 확인하고 그 처방 이후 환자 상태의 변화를 확인하는 것 또한 의료인의 업무라고 할 수 있다. 실제 처방을 수행하는 사람은 간호사이고 그렇기에 처방에 대한 간호사와의 의사소통도 매우 중요하다고 생각한다. 간호사로서 그 처방이 왜 이행되어야 하는지 얼마나 빨리 이행되어야 하는지 알면 그에 따라 업무의 우선순위를 변경해 일의 효율도 증진시킬 수 있다. 뿐만 아니라 왜 이행하는지 궁금해 하는 환자 혹은 보호자에게 '의사가 처방을 내서 해야 됩니다.' 이상의 충분한 설명을 할 수 있지 않을까?

간호사로서 일하면서 환자나 가족들에게 저런 대답을 해야 할 때의 부끄러움은 정말 말로 다 할 수가 없다. 수술실에서 막 나온 환자를 돌보느라 바빠 일단 환자를 보내달라는 CT실에 그러겠다고 말은 했으나 선배 간호사가 왜 환자가 CT 검사를 받는지 급한 검사인지 물었을 때

"정확하게는 모르겠어요. 일단 처방이 나서 환자를 검사실로 보내는 중이에요."

라고 말하는 자신이 너무 부끄럽고 속상했다. 그래도 내 담당 환자인데 아무것도 모른 채 간호를 행하는 느낌이었다. 같은 날은 아니었지만 더 끔찍한 순간도 있었다. 비슷한 경우였는데 보호자는 이미 검사 동의서에 의식이 없는 환자 대신 서명하면서 의사로부터 검사에 대한 설명을 들었기에 이유를 알고 있었고, 간호사로서 검사에 대해 전혀 들은 바가 없어 그 이유를 모르고 있었는데 간호사가 아무것도 모르고 있다는 사실을 보호자가 알아버린 순간이었다. 보호자는 별 말하지 않았지만 그 얼굴 표정에서 실망감과 불안감을 함께 읽을 수 있었다. 나 또한 환자의 가족으로서 그런 순간을 마주쳤다면 내 가족을 나 같은 간호사에게 맡기고 싶지 않았을 것이다. 물론 의사와의 의사소통 없이 처방들이 왜 이행되어야 되는지 경험이 많은 간호사들은 그 오랜 경험을 통해 알 수 있을지도 모른다. 하지만 현실은 경험이 많은 간호사 수보다 다소 경험이 부족한 간호사 수가 한국 병원에 더 많다는 것이다.

이러한 이유로 환자와 그 가족을 위한 치료계획 공유라는 명목을 내세워 사람들을 설득하기 시작했지만 그 뒤에는 의사-간호사 의사소통을 포함한 중환자실 전체 의사소통이 개선되기를 바라는 마음도 있었다. 또한 간호사야말로 환자 옆을 계속 지키는 사람으로서 환자 상태를

GOALS WORKSHEET

DATE :

PATIENT	PHYSICIAN	NURSE

TODAY's PLAN

- TEST/PROCEDURE :
- PATIENT's GOAL :
- TRANSFER : ☐ YES ☐ NO

DIET GOAL : ____ Kcal

MOBILITY

PAIN ASSESSMENT

SLEEP & REST

LINE REMOVAL

☐ C-line ☐ A-line ☐ L-tube

☐ Foley ☐ C-tube ☐ PCD

☐ ETC : ____________

MEDICATION CHANGE

VISITING PLAN

GUARDIANS' REQUEST

WOUND CARE

CONSULTATIONS

COMMENT

직접 제작한 Daily Goals Worksheet

잘 알고 그 상태 변화에 민감하다. 그렇기에 환자의 치료계획을 설정할 때도 꼭 참여를 해야 한다고 생각했다. 오랫동안 준비한 자료들을 바탕으로 중환자실 팀을 설득했고 문제에 부딪힐 때마다 내세운 말이 있다.

'환자도 본인이 어떤 치료를 받을 예정인지 또 스스로 이행해야 하는 부분은 무엇인지 알아야 치료에 더 협조적이고 적극적으로 참여할 것이다. 치료계획은 환자가 중심이 되어야 하고 그렇기에 환자와 그 가족이 치료계획을 설정하는 팀에 포함되어야 한다. 환자가 아무것도 모른 채 가만히 침대에 누워있기만 하는 것은 회복에 큰 도움이 되지 않는다.'

이 프로젝트를 위한 내 노력과 열정 그리고 좋은 취지가 다행히 잘 전해져 내가 일하는 중환자실만의 Daily Goals Worksheet 제작과 사용을 허가받았다. 그렇게 허가는 받았지만 어디서부터 시작해야 할지 고민하다가 일단은 다른 미국 병원들에서 쓰는 Worksheet를 벤치마킹을 하기로 했다. 인터넷을 뒤져 이 병원 저 병원에 잘하지도 못하는 영어로 그 병원에서 사용하고 있는 Daily Goals Worksheet 샘플을 보내줄 수 있는지 요청하는 이메일을 보냈다. 대략 30통이 넘는 이메일을 보냈고 그 중에서 대략 10통의 답장을 받았다. 그렇게 공유해준 미국 병원들에 감사 이메일을 보내고, 받은 샘플들을 토대로 내가 일하는 중환자실의 특성에 맞게 수정을 했다. 그리고 같이 일하는 의사들과 선후배 간호사들에게 계속적으로 피드백을 받았다. 혼자만 사용할 것이 아니었기에 같이 사용할 사람들의 의견을 반영하는 것은 매우 중요했다. 그런 식으로 받은 의견들을 실제 제작에 포함시켜 '다 같이 함께 만들었다.'는 인식을 심어주고 그렇기에 '다 같이 잘 사용해보자.'는 보이지 않는 개인적인 소망이 담겨있었다.

드디어 완성된 Worksheet. 물론 시행하면서 크고 작은 시행착오가 있었다. 참여하기 귀찮다는 말도, 불필요한 것 같다는 의견도 있었다. 그렇지 않아도 바쁜데 이것까지 할 시간 없다는 의견도 있었다. 그런 의견들에 내가 할 수 있는 한 가지는 충분히 경청해주고 환자를 위해 조금만 더 사용해보자고 말하는 것이었다. 그렇게 1년을 사용한 이후 중환자실 팀원들로부터 만족도 조사를 받았고 다행히 사용에 대한 만족스럽다는 의견이 많아 화이트보드로 제작되어 환자가 잘 볼 수 있는 곳에 걸 수 있게 되었다. 시간이 지나 이 Korean Daily Goals Worksheet를 미국 병원으로부터 도입하고 한국 상황에 맞게 제작한 과정을 미국의 한 학회에서 프리젠테이션을 했다. 이런 성과가 아니더라도 그저 간호사로서 환자를 위한 좋은 정책 하나를 도입했다는 사실만으로도 정말 큰 행복을 가져다 준 프로젝트였다. 환자 체험을 통해 침대에 익숙하지 않은 사람들로만 둘러싸여 본인의 치료계획이나 목표에 대해 아무것도 모른 채 가만히 누워있기만 하는 것은 불안감만 조성할 뿐 회복에는 아무런 도움이 되지 않는다는 사실을 알게 되었고 그 때문에 이 프로젝트를 더 열정적으로 이끌어나갈 수 있었다.

"Teamwork makes the dream work!"

팀워크는 꿈같은 결과물을 만든다!

Happy Interview

그럼 내부고객 만족을 위해서는 무엇을 했을까? 내부고객, 즉 동료들을 위해 시행했던 프로젝트도 있었다. 프로젝트 이름은 해피 인터뷰(Happy Interview). 그 당시 일했던 삼성서울병원의 2020 비전이 해피 이노베이션(Happy Innovation)이었다. 그걸 모티브로 해서 지은 이름이었다. 어느 직장이나 다 그렇겠지만 직장 동료는 일로서 연결된 관계이고 직장 동료가 친구가 될 수도 있지만 그렇지 않은 살짝 불편한 관계도 많다. 사적인 이야기도 가끔 나누지만 업무와 관련된 대화를 나누는 일이 더 흔하다.

앞서 여러 번 언급했지만 한국에서 간호사로서 생활하면서 느낀 점 중에 하나는 근무환경 혹은 업무 분위기가 굉장히 삼엄하다는 것이었다. 물론 병원 또한 일을 하러 오는 곳이고 특히 환자의 생명을 다루는 중요한 일을 하기 때문에 엄격한 규율이나 정책이라는 것이 있어야 하고 어느 정도의 긴장감은 있어야 한다는 점은 인정한다. 하지만 실제 경험해본 사람이라면 공감하겠지만 출근해서 느끼는 긴장감이나 엄격함이 때때로 '분위기가 꼭 이 정도까지 무거워야 하나?'라는 의문을 불러 일으켰다. 특히 입사년도에 따른 선후배 문화는 군대의 계급 문화와 크게 다르지 않았다.

간호사는 일하면서 의사소통을 해야 하는 사람이 참 많다. 의사, 동료 간호사, 약사, 환자, 보호자, 간호조무사, 방사선사, 다른 부서 간호사, 임상병리사, 물리치료사, 원무과 직원 등 잠깐 생각했는데도 이 정도이니 실제로 끊임없이 많은 사람들과 의사소통하며 일을 하는 직업임에 틀림없다. 이렇게 다양한 직업의 사람들과 관계를 맺는 직업이면 실제 옆에서 같이 일하는 동료 간호사라도 의사소통이 편해야 덜 힘들 텐데 '간호사의 진짜 적은 간호사'라는 농담이 있을 정도로 같이 일하는 선후배 간호사들과의 의사소통을 가장 어려워하는 간호사들이 많은 것이 현실이다. 그 관계를 더 어렵게 만드는 요소가 있는데 바로 간호사의 '교대 근무'이다. 교대 근무와 관련된 인수인계에 대한 불편한 진실은 앞서 여러 번 언급해서 더 설명할 필요가 없지만 또 교대 근무라는 특성 때문에 모두가 다 같이 일하는 날이 없기에 서로의 관계를 돈독하게 만들 수 있는 기회가 적다. 즉, 서로를 알아가는 시간이 부족하다는 뜻이다.

어떤 사람은 '그럼 회식을 하면 되잖아?'라고 의문을 제기할지도 모르겠다. 하지만 단체 회식을 좋아하는 간호사가 몇이나 있을까? 이런 회식 문화에 대한 부정적인 보도들은 매스컴을 통해 여러 번 있어왔다. 예를 들어 간호사를 단체 회식 자리에 불러 선정적인 장기자랑을 하게 하거나 술을 따르게 한 병원 이야기, 못 마시는 술을 억지로 마시게 한 이야기 등. 회식을 통해 서로를 알아갈 수 있다는 것은 인정하지만 모든 회식이 그런 건전하고 건설적인 자리가 아님을 알기에 개인적인 경험으로는 단체 회식을 반기는 간호사보다 그렇지 않은 간호사들이 더 많았다. 최근에는 부정적인 보도 때문에 회식 수가 줄어들고 특히 술 강요 없이 하는 회식 자리가 늘고 있다고 하니 다행인 것 같다.

같이 일하는 간호사들이 동료로서 서로에 대해 조금 더 알아가기를 바랐고 단순히 개인적인 부분을 알아가는 것이 아니라 자주 입 밖으로 말할 일 없는 본인이 가진 '간호'에 대한 가치관들이 공유되기를 원했다. 같은 간호사일지라도 간호사로서 가지는 '간호'에 대한 가치관은 개인마다 다를 수 있다. 개인적으로 간호사로서 이런 가치관을 갖는 것은 중요한 일이라고 생각했다. 하지만 이런 가치관에 대한 이야기를 실생활에서 할 기회가 없는 것이 안타까웠다. 직업에 대한 애정이나 가치관을 입 밖으로 꺼내보는 것은 그 직업에 대한 또 본인이 하고 있는 일에 대한 가치를 다시 상기시켜줄 수 있기에 좀 더 자주 언급되어야 한다고 생각했다.

그렇다고 간호에 대한 가치관에 대한 이야기를 갑자기 공유하는 자리를 만드는 것은 이상하게 느껴졌고 덜 부담스럽게 이런 이야기를 할 수 있는 기회와 공간을 만들고 싶었다. 그래서 기획한 것이 이 해피 인터뷰였다. 매달 무작위로 같이 일하고 있는 중환자실 간호사들 중 두 명을 선정하여 본인이 생각하는 간호사로서의 강점과 간호에 대한 가치관에 대해 인터뷰하고 프로젝트의 이름처럼 본인이 생각하는 '행복'이란 무엇인지에 대해 물었다. 또한 다른 간호사들에게 인터뷰 당사자인 그 간호사만의 장점을 인터뷰했다. 그렇게 언급된 고유의 장점을 토대로 그 간호사만의 별칭을 만들었다. 간호사로서의 가치관에 대해 생각해보며 초심을 다시 찾고, 서로의 잘못을 지적하고 비판하기 바쁜 부정적인 업무 분위기를 완화하고 서로의 장점에 조금 더 초점을 맞춰보자는 뜻이 담겨있었다.

칭찬은 고래도 춤추게 한다하지 않았는가? 신규 간호사로서 적응하기 힘들 때 파트장님과 면담을 하면서 들었던 조언인 '각 간호사만의 장점을 찾고 그 장점에 집중하라.'에서 시작된 기획이었다. 이 기획안을 본 파트장님은 흔쾌히 승인을 해주셨고 부서 모든 간호사들에겐 긍정적인 근무환경 및 건설적인 조직문화의 확립을 위해 내부고객 간의 장점을 공유하고 칭찬하자는 목적으로 시행하는 것이니 적극적인 참여를 부탁한다고 설득했다.

그렇게 인터뷰를 한 내용은 잘 정리해서 부서원들이 잘 볼 수 있는 곳에 한 달 동안 게시를 해놓았다. 간호사들은 그 글을 통해 그 간호사가 생각하는 '간호' 그리고 '행복'에 대한 이야기를 알 수 있었고 그 간호사만의 강점 또한 공유될 수 있었다. 물론 이 프로젝트가 무겁고 비판에 집중되어있는 업무 분위기를 완전히 전환시키지는 않았을 것이다. 하지만 이 프로젝트를 통해 업무와 관련된 비판에 가려진 간호사들만의 고유의 장점을 강조하고 부족한 부분에 대한 지적 대신 장점에 대해 칭찬을 할 기회를 제공했다. 그 해당 간호사 또한 이어지는 비판으로 자존감이 저하되고 그로 인해 잊고 있었던 본인의 직업에 대한 가치관과 꿈을 다시 한 번 상기할 수 있었을 것이다.

의외로 많은 사람들이 '칭찬'에 약하다. 사소한 칭찬이 생각지 못한 엄청난 동기부여를 가져다주기도 한다. 간호사 생활을 하며 경험했던 간호사 세계는 이 '칭찬'에 참 인색하다고 생각했다. 이 해피 인터뷰라는 프로젝트를 통해 그런 문화를 조금이나마 개선하고 싶었다. 돈도 들지 않고 힘도 들지 않는 것이 칭찬인데 굳이 인색할 필요 없지 않을까?

Murse?

'Murse'라는 단어를 들어본 적 있는가? 아마 처음 듣는 사람들이 더 많을 것이다. Murse는 남성을 뜻하는 Male이라는 단어와 간호사를 뜻하는 Nurse가 합쳐진 합성어로 미국에서 남자 간호사들을 Murse(멀스)라고 부른다.

지금도 크게 다르지 않으리라 생각하지만 한국에서 일할 당시 일반 사람들의 남자 간호사에 대한 인식은 과거 인기 드라마였던 순풍산부인과에 나왔던 표 간호사 그 이상 그 이하도 아니었다.

"남자가 무슨 간호사를 해? 간호사는 여자 직업이지."

"에이, 나는 남자 간호사한테 간호 받고 싶지 않아."

업무 특성 때문에 간호사는 여자 직업이 되어야 한다? 어째서 아픈 사람을 돌보는 일이 왜 꼭 여자의 일이 되어야 하는가? 남자 간호사에 대한 역사가 길지 않은 것은 사실이지만 한국 첫 남자 간호사가 1970년대에 나온 것을 감안하면 그리 짧은 역사도 아니다. 미국에 와서 느낀 것이지만 미국에는 한국보다 훨씬 많은 수의 남자 간호사들이 존재하고 사회 전반에 걸친 직업에 대한 성(性) 고정관념이 확실히 덜하다. 예를 들면 '간호사는 여자 직업이고 소방관은 남자 직업이다.' 한국에서는 그리 어렵지 않게 들을 수 있는 고정관념인데 미국에는 이런 고정관념이 상대적으로 덜한 것 같다. 여자 간호사는 그냥 간호사라고 부르고 남자 간호사는 굳이 앞에 '남자'를 붙이는 것만 봐도 한국에서의 남자 간호사에 대한 사회적인 인식은 아직 조금 더 전진해야하는 느낌이다.

"남자가 왜 간호사를 할 생각을 했어요?"

한국에서 간호사로서 일할 때 환자분 혹은 그 가족에게 가장 많이 받은 질문이었다. 물론 이 질문을 통해 질문자의 사고 속에 내재된 '간호사는 여자 직업'이라는 고정관념을 쉽게 읽을 수 있었다.

"사실 남자 간호사 수는 점차 늘어나고 있어요. 제가 졸업한 학교에서도 매년 남자 간호학과 입학생 수가 늘고 있다고 하고, 간호사 국가고시를 치르는 남학생 수도 해마다 점점 많아지고 있다고 하니 앞으로는 더 쉽게 병원에서 남자 간호사를 보실 수 있을 것입니다."

이 질문에 대한 대답은 보통 이와 같이 형식적이었다. '수가 늘고 있으니 앞으로는 더 자주 보게 될 것이다.'라는 막연한 답변. 하지만 그 당시보다 많은 시간이 지난 지금, 수는 늘어나고 있으나 사람들의 남자 간호사에 대한 낯설음은 여전하고 그에 대한 성 고정관념도 크게 줄어들지 않았다. 수는 늘고 있는데 남자 간호사에 대한 사람들의 생소함은 왜 여전한지 그 이유를 알고 싶었다. 그동안의 경험을 통해 생각한 세 가지 잠재적인 이유를 공유하고 싶다.

첫째는 남자 간호사 리더의 부재. 쉽게 말하면 유명한 사람이 없다. 병원에서 일하는 사람으로서 병원에서 남자 간호사를 발견하는 것은 그리 어렵지 않다. 하지만 병원을 정기적으로 방문하지 않는 일반 사람들에게 남자 간호사의 존재는 여전히 낯설 수 있다. 이런 사람들에게 남자 간호사의 존재를 알리기엔 간호를 이끄는 남자 간호사 리더 이야기나 성공한 남자 간호사의 이야기가 도움이 될 것이다. 병원에서 일하는 남자 간호사 수는 매년 늘어나지만 앞서 설명했던 '간호 관리자'의 역할을 하는 남자는 아주 드물다. 한국에서 일할 당시 그 큰 삼성서울병원의 수많은 간호 관리자 중에 남자는 단 한 명이었다. 동료 간호사와 이야기를 할 때마다 남자 간호사로서 본받을 만한 롤 모델의 부재를 반복적으로 언급했다.

이런 현실 때문에 남자 간호사가 비전이 있는 직업인지에 대해 생각하는 시간이 많았고, 남자 간호사로서 불투명한 미래를 걱정했었다. 이런 남자 간호 관리자나 간호계 내 남자 리더의 부재는 '역사가 짧기 때문에'라는 이유일 수도 있고 '그런 역할을 할 만한 인물이 아직 없기 때문에'라는 이유일 수도 있다. 정확한 이유는 알 수 없지만 남자 간호사 중에서도 리더들이 많이 나오는 것이 현재 일하는 남자 간호사들 혹은 앞으로 일하게 될 남학생 간호사들에게도 큰 동기부여가 될 것이다. 롤 모델을 갖는다는 것은 좀 더 앞으로 나아가는데 큰 도움이 된다고 생각한다. 그 리더들 중 누군가가 조금 더 나아가 간호계를 이끄는 리더들 중 한 사람이 되는 날도 꿈꿔본다. 물론 앞서 성(性) 고정관념에 대한 회의적인 의견을 표출했기에 굳이 '남자' 간호사 리더를 언급하고 있는 것이 역설적으로 느껴질지도 모른다. 하지만 포인트는 남자 간호사도 같은 간호사이기에 병원의 간호부를 이끄는 리더가 될 수 있고 더 나아가 대한민국 간호계를 이끄는 리더가 될 수 있으며 그런 날을 기대해본다는 것이다.

둘째는 눈에 잘 띄지 않는 곳에서 일하는 남자 간호사의 제한된 활동 반경. 한국에서 일할 당시, 대부분 의식이 있는 환자들이 입원해있는 일반 병실에서 환자들을 돌보는 남자 간호사들보다 환자들이나 보호자들 눈에 잘 띄지 않는 수술실 혹은 면회시간이 극히 제한된 중환자실에서 일하는 남자 간호사들이 더 많았다. 여러 가지 이유가 있을 수 있겠지만 일반 사람들은 남자 간호사의 케어를 받아들일 준비가 되지 않았다는 이유가 지배적이었다. 실제로 드물게 일반 병동에 배정되어 일하는 친구의 이야기를 들어보면 남자 간호사가 배정되면 남자 간호사 대신 여자 간호사를 담당 간호사로 교체해달라는 환자도 제법 있었다고 했다. 나는 일반 병실이 아닌 중환자실에서 일했음에도 이와 같은 일을 몇 번 경험했다. 면회 왔던 가족이 남자 간호사가 환자를 돌보는 것이 불편하니 다음 근무부터는 여자 간호사를 배정해달라는 부탁을 한 적도 있었고 환자가 직접 남자 간호사라는 이유로 내 간호를 거절한 경우도 있었다. 남자 간호사라면 꼭 한 번은 마주쳐 봤을만한 상황이라고 자신 있게 말할 수 있다. 남자 간호사에 대한 사회 전반적인 인식이 그대로 반영된 상황이었다. 이런 상황은 환자도 불편하게 만들고 간호사에게도 상처를 주니 병원 입장에서는 이런 상황을 애초에 만들고 싶지 않았을 테고 그렇기에 남자 간호사들을 환자 혹은 보호자 눈에 잘 띄지 않는 곳에 배정한 것은 아닐까? 그저 가정일뿐이지만 사실이라면 참 슬픈 일이 아닐 수 없다.

현재는 일반 병동에서 일하는 남자 간호사 수가 조금 더 늘었을지도 모른다. 하지만 여전히 눈에 잘 띄지 않는 곳에서 일하는 남자 간호사들이 더 많을 것이다. 비록 병원 내 눈에 잘 띄지 않는 곳에 있지만 다들 간호사로서 열심히 일하고 있음을 알아줬으면 좋겠다. 과한 충격요법이 아니라 점차 조금씩 눈에 띄는 곳에서 일하는 남자 간호사들이 늘어나서 사회가 남자 간호사도 같은 '간호사'로서 수용하는 날이 오기를 바라본다.

셋째는 PA 간호사의 존재. 이 이야기를 쓰기 전에 숨을 깊게 들이마시고 내쉬고를 반복하며 어디서부터 어떻게 시작할지 아주 깊게 고민했다는 사실을 일단 알아줬으면 한다. PA 간호사에 대한 이야기를 책을 내면서 어딘가는 꼭 써야겠다고 생각을 하긴 했는데 어디쯤에 쓸지 참 많이 고민했다. PA 간호사의 PA는 Physician Assistant(진료보조인력)의 약자이며 이 PA에 대한 사전적 의미는 한국과 미국이 상이하다.

한국에서의 PA의 사전적 의미는 네이버 사전을 빌리자면, '의사의 책임 아래 일부 위임받아 진료보조를 수행하는 간호사, 응급구조사, 물리치료사 등을 지칭함. 의사로서 가능한 업무 중 일부를 위임받아 진료보조를 수행하는 간호사나 응급구조사, 물리치료사 등을 이름. 병원의 부족한 인력을 충원하기 위한 것으로, 일반적인 잡무 뿐 아니라 의사의 수술 보조와 더불어 환자 처방 업무까지 담당하기도 한다. 일부 병원에서는 의사의 지시를 받고 일한다는 뜻에서 이러한 인력을 오더리(Orderly) 또는 테크니션(Technician)이라고 부르기도 한다. 만일 PA가 의사의 지시 없이 회진을 돌거나 약물을 처방하면 의료 행위가 되므로 문제가 된다.' 쉽게 말해서 PA 간호사란 의사의 위임 아래 의사가 아닌 간호사가 병원에 인력이 부족하다는 명분으로 의사의 지시에 따라 의사가 해야 하는 일을 하는 사람을 말한다.

반면에 미국에서의 PA(Physician Assistant)는 위키피디아에 따르면, 'A physician assistant(US/Canada) is a healthcare professional who practices medicine as a part of a healthcare team with collaborating physicians and other providers. In the United States, PAs are nationally certified and state licensed to practice medicine. PAs are trained with the medical model and complete these qualifications in less time than a traditional medical degree. The educational model for PAs is based on the fast-tracked training of physicians during World War II.'(PA는 다른 의료인들과 협력적으로 의료를 수행하는 전문 인력이다. 국가적으로 공인이 된 직업이며 정해진 교육과 훈련과정을 거쳐 대학원을 졸업한 후 주 정부로부터 의료를 수행하도록 면허를 허가받는다. PA를 위한 교육 모델은 제2차 세계대전 당시 의사들을 빠르게 훈련시키기 위해 개발된 트레이닝 과정에 근거한다.)이다.

PA라는 이름은 미국에서 빌려왔을 것이다. 같은 PA라는 이름을 사용하지만 한국 PA와 미국 PA는 교육 및 훈련과정이 완전히 다르다. 먼저 미국의 PA가 되기 위해서는 4년제 학사를 수료하고 최소한 2~3년의 보건의료와 관련된 경력을 쌓아야 한다. 이들은 응급구조사, 간호조무사 혹은 드물게 간호사로 의료 경험을 쌓는다. 그 경력을 채운 다음 PA 대학원에 입학할 자격이 주어진다. PA 대학원의 학위는 석사 학위로 보통 수료하는데 2~3년 정도가 걸린다. 미국 병원 내에서 일하는 PA의 역할은 한국에서 의사가 하는 일과 거의 흡사하다고 생각하면 된다. 처방을 내고 시술을 시행하며 수술 보조를 하기도 한다. 입원 환자를 돌보고 치료계획을 설정하며 회진에 참여한다.

반면 한국은 PA가 전부 간호사 출신이라고 생각하면 된다. 그래서 미국은 그냥 PA라고 부르는 반면 한국은 'PA 간호사' 혹은 '전담 간호사'로 불리는 경우가 많다. 한국은 PA를 훈련하는 대학원 과정이 없다. 그럼 한국은 PA를 어떻게 채용하는가? '채용'보다는 '차출'이라는 단어가 더 어울린다. 보통 의사들이 병원에서 일하고 있는 간호사들 중에서 PA로 채용한다. 따로 학위가 필요 없고 부족한 인턴 혹은 레지던트 수를 충당하기 위해 차출한 뒤 자체적으로 간호사를 교육시켜 인턴 혹은 레지던트가 수행해야 할 일들을 부여하는 식이다. 이때 제공되는 교육은 국가적으로 인증된 교육이 아니며 그 병원 혹은 부서마다도 교육과 훈련 방식이 다르다. 당연히 의사마다도 다를 것이다. 물론 그 교육방법이 다소 체계적인 병원이나 부서가 있을 수도 있겠으나 보통은 간호사가 의사에게 직접 업무를 배워 그대로 수행한다고 생각하면 된다.

그렇다면 문제는 무엇인가? 이 인력들은 명확한 법의 보호 없이 일하며 업무의 범위도 지정되어 있지 않다. 미국 PA는 국가적으로 자격이 인증된 직업이며 주 정부의 법 보호 아래 면허를 가지게 되고 업무의 범위가 상대적으로 명백하게 지정되어 있다. 한국은 PA가 하는 일이 각 병원 혹은 부서마다 다르고 보통은 의사가 위임한 일을 한다. 미국 PA는 처방권한(Prescriptive authority)을 보유하고 있고 그 때문에 처방을 내는 것이 전혀 문제가 되지 않지만 한국 PA는 결국은 '간호사'이고 한국에서 '간호사'는 처방권한을 가지고 있지 않다. 하지만 한국 PA가 의사의 '위임'이라는 명분 아래 '대리 처방'을 행하는 것은 뉴스를 통해 간간히 보도된다.

한국 PA 간호사는 전공의 수가 부족한 과에 많은 편이다. 수술을 직접 보조하는 PA도 있고 레지던트들이 수술실에 들어가 있는 동안 병실에 입원해있는 환자를 돌보는 일을 하는 PA도 있다. 어떤 날은 수술실 어떤 날은 내원 환자를 돌보는 일, 이런 식으로 둘 다 수행하는 PA도 있다. 최근에 전공의 근무시간 제한법이 통과되면서 전공의들이 주당 80시간 이상 일하지 못하도록 법으로 지정되면서 부족한 의료 인력 문제가 다시 수면 위로 떠오를 텐데 이 잘못된 형태로 확립된 한국 PA 간호사 제도를 확대시키는 일이 없기를 간절히 바란다.

또 생길 수 있는 문제는 환자를 돌보는 간호사들은 이 PA 간호사의 지시를 받아야 하는 경우도 있을 텐데 국가가 인정한 교육과 훈련을 받지 않은 인력으로부터 받은 지시를 수행하는 과정에서 PA 간호사도 결국은 같은 '간호사'라는 타이틀이기에 갈등이 발생할 수도 있을 것이다.

그렇다면 '전문 간호사'는 무엇인가? 대한간호협회에 따르면, '2000

년부터 시행된 전문 간호사(Advanced Practice Nurse, APN)는 보건복지부 장관이 인증하는 전문 간호사 자격을 갖고 해당 분야에 대한 높은 수준의 지식과 기술을 가지고 의료기관이나 지역사회 내에서 간호대상자(개인, 가족, 지역사회)에게 상급수준의 전문가적 간호를 자율적으로 제공한다. 또한, 환자, 가족, 일반간호사, 간호학생, 타 보건의료 인력 등을 교육하고 보수교육이나 실무교육프로그램 개발 등에 참여한다. 현재 의료법에서 인정하고 있는 전문 간호사 분야는 보건, 마취, 가정, 정신, 감염관리, 산업, 응급, 노인, 중환자, 호스피스, 종양, 임상, 아동으로 총 13개이다.'

PA 간호사 혹은 전담 간호사와 이 전문 간호사는 다른 개념이다. 간호사가 아닌 사람이 들으면 쉽게 헷갈릴 수 있는 개념이기에 짚고 넘어가고 싶다. 아직 미국 PA 대학원 같은 PA 교육과정은 한국에 없지만 미국 NP(Nurse Practitioner) 과정과 흡사한 '전문 간호사' 석사 과정은 한국에도 있다. 전문 간호사들은 쉽게 말하면 실제 PA 간호사들이 하는 업무를 수행할 수 있도록 대해 체계적인 교육을 받고 훈련과정을 거친 인력이다. 하지만 대부분의 한국 병원들은 PA 간호사를 차출하여 인력으로 사용하는 편이고 이 전문 간호사 학위를 받은 간호사들에게 전문 간호사 역할을 부여하는 병원은 일부 상급종합병원을 제외하고는 아직 그리 많지 않다. 즉, 전문 간호사 학위를 가지고도 일반 간호사와 같은 일을 하고 있는 간호사들도 많다는 뜻이다. 의료법 아래 '전문 간호사'에 대한 명시는 있지만 아직 그 13개 분야의 전문 간호사에 대한 역할 범위는 제정되어 있지 않다. 하지만 부족한 의료 인력을 충원하기 위해서 정부와 간호계가 협력하여 이 전문 간호사 역할 범위에 대한 법을 개정할 예정으로 알고 있다. 성공적으로 확립되기를 간절히 바라고 있다.

PA 간호사를 여기서 언급한 이유는 남자 간호사 중에 특히 PA 간호사 역할을 수행하는 남자 간호사들이 많기 때문이다. PA 간호사에 대한 의견을 강하게 피력하는 이유는 비판하려는 목적이 아니라 같은 '간호사'로서 걱정의 마음이 있어서이다. 의사인력이 부족한 것은 분명한 문제이지만 문제를 해결하는 과정에서 PA라는 이름만 빌려 미국의 PA 시스템을 법이나 체계적인 교육 및 훈련과정 없이 흉내만 내고 있는 것 같아서 안타깝다. 이렇게 잘못 정착된 채로 시간이 조금 더 지나면 걷잡을 수 없이 만연해질 것 같아서 간호사로서 쓰는 책인 만큼 꼭 언급하고 싶었다. 이 PA 간호사 시스템을 남자 간호사에 대한 인식 개선에 크게 도움이 되지 않는 세 번째 이유로 든 이유는 간호사이지만 의사의 업무를 위임받아 수행하기에 환자 혹은 보호자들이 보기에는 그들이 간호사인지 의사인지에 대한 혼동을 줄 수도 있기 때문이다.

이 세 가지 이유가 남자 간호사 수는 늘고 있는데 왜 남자 간호사에 대한 사람들의 낯설음은 여전한지에 대한 개인적인 답변이었다. 물론 문화적인 요인도 당연히 반영되었을 것이다. 문화나 관습으로 인한 영향은 간혹 시간이 지나면서 개선이 되는 경우가 있다. 그래서 그동안은 '시간이 지나면 조금 더 나아지겠지?'라고 생각했지만 처음 간호사로 일한 9년 전이나 지금이나 큰 차이가 보이지 않는 것으로 봐서 이 책이 조금이나마 그 인식을 바꾸는데 도움이 되기를 바라본다. 그런 날이 올까? 남자가 간호학과를 다니는 것이, 남자가 간호사로서 환자를 돌보는 것이 의아하게 여겨지는 것이 아니라 당연하게 여겨지는 날. 그리고 남자가 간호계의 리더가 되는 것이 놀랄 만한 일이 아니라 자연스러운 일로 여겨지는 그런 날 말이다.

Minority versus Rarity

앞서 남자 간호사에 대한 사회의 전반적인 인식에 대해 이야기했다면 이번엔 '한국에서 남자 간호사로 일하면서 좋은 점과 나쁜 점이 있다면?'에 대한 개인적인 답을 해볼까 한다. 그동안 많은 곳에 강연을 다녔는데 많이 받는 질문 중에 하나다. 이 질문에 대한 답변을 줄줄 써내려가는 것보다 내 의견을 잘 반영하는 일화를 하나 들려주고 싶다.

미국에서 대학원을 다닐 때의 일이다. 도서관에서 논문을 열심히 쓰고 있었는데 친한 여자 대학원 친구가 마치 당장이라도 싸움을 걸어올 것 같은 얼굴로 다가왔다. 이유를 물었다.

"Why the long face? Am I in trouble?"

왜 시무룩한 표정이야? 나 뭐 잘못했어?

그 친구는 기다렸다는 듯 바로 대답했다.

"Answer my question! Have you ever benefited from being a MALE nurse?"

내 질문에 대답해! 너 '남자' 간호사이기 때문에 이득본 적 있어 없어?

대답하기 어려운 질문은 아니었다.

"Of course I have!"

당연히 있지!

그 친구의 상황은 대학원을 다니면서 좋은 연구에 참여할 기회가 있었는데 그걸 본인과 경쟁하던 상대가 가져갔다는 것이었다. 상대는 라틴계 남성(Latino)이면서 남자 간호사였는데 둘 다 쟁쟁한 지원자였다. 하지만 결과적으로 그 남자 간호사가 그 기회를 가져가면서 친구는 속상해했고, 기회를 갖지 못하게 된 이유가 그 친구가 '남자'이기 때문인 것은 아닐까에 대한 의문을 가진 것이었다. 속상함을 토로하면서 내게 상대적으로 남자가 소수인 간호학을 배우면서 혹은 간호사로 일하면서 남자이기 때문에 받은 이득이 있냐고 물은 것이었다.

이런 질문을 처음 받은 것은 아니어서 자주 답을 생각해본 질문이었지만 그래도 잠깐 생각을 정리할 시간을 가지고 조심스럽게 대답을 했다.

"솔직히 말해 이런 질문을 많이 받아왔다. 누군가가 내게 이 질문을 했을 때 단 한 번도 No라고 대답한 적 없다. 실제로 한국에서 일하면서 선배 간호사들이 '네가 남자이기 때문에 많이 혼내야 할 것도 덜 혼냈다.'라는 말도 자주 했었다. 또한 소수이기 때문에 고립감을 느낄 수도 있지만 소수이기 때문에 눈에 띈다는 장점이 있다. 눈에 띈다는 점은 본인이 어떻게 행동하느냐에 따라 언제나 좋은 기회로 이어질 수 있다. 집단 내에서 '소수'이기 때문에 달리 특별한 일을 하지 않아도 눈에 띄는데 성과를 내면 소수로서 이루었기에 마치 그 성과가 더 크게 느껴지게 하는 시너지(Synergy)를 내기도 한다. 간호학과 재학 당시, 학기에 좋은 성적을 받으면 여자가 다수인 이 집단에서 소수인 남자가 좋은 성적을 냈다는 사실 하나로 의도치 않게 크게 화제가 되곤 했다."

그리고 다시 잠깐 생각을 한 뒤 대답을 이어갔다.

"물론 '남자' 간호사로서 받아온 혜택을 부인한 적은 없지만 네 질문에 담긴 암시 '남자 간호사들은 어디를 가나 혜택만 받는다.'를 그대로 인정할 수는 없다. 그 라틴계 남자 간호사가 단지 남자라는 이유로 아무런 노력 없이 그 기회를 가져갔으리라고는 생각하지 않는다. 나는 소수(Minority)의 대명사다. 미국에서 학교에 가도 병원에 가도 간호와 관련된 집단의 특성상 '남자'라는 이유로 소수가 되고 '아시아인'이라는 이유로 소수가 되고 영어가 모국어가 아닌 '이민자(Immigrant)'이기 때문에 소수가 되기도 한다. '미국에 이민 온 한국인 남자 간호사'는 미국에서 정말 극소수 집단이다. 소수라서 주목을 받기도 한다. 소수이기 때문에 주목받는 것이 항상 좋지만은 않다. 성과를 냈을 때의 그 시너지만큼이나 무언가를 잘해내지 못했을 때 생기는 리스크도 남들보다 더 크다. 잘해내지 못하면 '소수의 그룹에선 어차피 큰 기대하지 않았다.'하고 마는 경우도 있었고, 소수이기 때문에 사람들이 쉽게 일반화(Generalization)를 한 적도 많았다. 예를 들어 미국에 처음 왔을 때 일이 익숙하지 않아 잘 해내지 못했을 때 '이민 온 간호사들이 다 그렇지 뭐.'라고 말하는 미국 간호사들의 말을 자주 들었었고 그때마다 마음이 너무 아프고 속상했지만 못들은 척 넘기곤 했다. 그 이후로 내가 잘하지 못하면 다른 '이민 온' 간호사들이나 다른 '남자' 간호사들을 전부 '잘해내지 못하는 그룹'으로 일반화시키지는 않을까 하는 걱정에 더 많이 자신을 채찍질해가며 노력해왔다."

그리고 다시 한 번 또 생각을 정리했다.

"결론은 나는 남자 간호사이기 이전에 '간호사'이고 간호사 일을 정말 좋아한다. 이전에는 어딜 가나 소수라는 사실에 속상해하고 그런 상황에 불만만 가지고 있었다. 나 자신을 아끼게 되고 이 일을 사랑하게 되면서 마음가짐을 바꾸었다. 이제는 남자가 소수인 집단에서 일하고 공부하며 의도치 않게 남들 눈에 띄는 이 상황에 대해 부담을 느끼기보다 오히려 그 상황을 즐기려고 한다. 자신이 단순히 Minor(소수의)한 사람이 아니라 Rare(드문, 귀한)한 사람이라고 생각하기로. 그러면서 정말 놀라운 일들이 일어나고 있다. Minor와 Rare는 쉽게 말하면 두 단어 모두 '적다'는 의미의 형용사이다. 수적인 열세를 뜻하는 Minor와는 달리 Rare라는 단어에는 희소성의 의미가 덧붙여지는 것이다. 나만이 할 수 있는 일들이 있다는 것이다."

마지막으로 그 친구를 진심으로 위로했다.

"네가 그 기회를 놓쳐서 진심으로 너무 안타깝다. 그 라틴계 친구가 정말 단순히 남자이기 때문에 그 기회를 갖게 된 것인지 아닌지 나는 모른다. 그럴 수도 있고 아닐 수도 있다. 하지만 네가 제기한 그 가정은 '소수로서의 불만'보다 '더 빛날 수 있는 기회'를 선택하고 더 빛나려는 그 친구의 보이지 않는 노력까지 무시하는 가정일 수도 있다고 생각한다. 소수의 집단에 있으면 '나는 소수구나.'라는 생각은 하기 쉬워도 '나는 특별하구나!'라고 생각하는 것은 결코 쉽지 않다."

이 일화가 그동안의 경험을 통해 갖게 된 남자 간호사로서의 일하는 것에 대한 장점과 단점에 대한 내 견해를 잘 반영했다고 생각한다. 소수이면 어떠하리? 남보다 더 쉽게 빛날 수 있는 기회를 가졌다고 생각하고 즐기자.

간호
로고

한국 간호사 생활 이야기를 마무리하면서 돌이켜보니 만 3년이었지만 추억이 참 많고 간호사로서 환자를 돌보는 일 뿐만 아니라 병원 생활도 참 열심히 즐겁게 했다는 생각을 했다. 정말 의욕도 넘치고 열정도 넘쳤던 첫 직장에서의 간호사 생활이었다.

간호사 생활을 하면서 간호(Nursing)를 나타내는 로고(Logo)에 대한 공모에 참석하려고 한 적이 있었다. 어떻게 그려야 간호가 가진 큰 가치인 '돌봄'이란 개념과 간호 자체의 그 따뜻함과 소중함을 전달할 수 있을까 많은 고민을 했다. 책상 앞에 앉아서 이렇게도 그려보고 저렇게도 그려보고 하던 중에 문득 키보드에 &(Ampersand) 기호가 눈에 들어왔다. '함께'라는 의미를 담고 있는 기호였다. 그 기호를 크게 그려놓고 이리저리 돌려보다가 생각지도 못하게 나만의 로고를 만들게 되었다.

&를 데칼코마니처럼 반대로도 그려보니 두 개의 ♡ 표시가 나왔다. 간호사는 환자와 항상 함께 '동행'하는 사람, 그리고 환자의 마지막이자 가장 의미 있는 시간 중 하나인 임종의 순간을 함께 하는 사람이기도

그 당시 생각했던 간호 로고

하다. 그래서 '함께'라는 의미를 담고 있는 이 &(Ampersand)가 간호와 아주 잘 어울린다고 생각했다. 이 로고가 마음에 드는 이유 중에 하나는 어떻게 보면 두 사람이 손을 마주 잡고 서로 같은 곳을 바라보고 있는 것처럼 보였기 때문이었다. 비록 이 로고가 채택되지는 않았지만 개인적으로 가지고 있는 간호의 가치관을 잘 담고 있다고 생각해 아직도 고이 간직하고 있다. 이 로고와 함께 한국 중환자실 간호사로 일할 당시 썼던 글 하나를 소개하면서 한국 간호사 생활 이야기를 마무리하고자 한다. 로고와 참 잘 어울리는 글이다. 제목은 '소중한 경험을 함께 하는 사람'이고 서울시 간호사회에서 발표작으로 선정되어 많은 사람들에게 소개되었었다.

소중한 경험을 함께 하는 사람

중환자실에서 근무한지 2년을 조금 넘긴 어느 날, 일이 바빠 몸도 마음도 지쳐 짜증내고 투덜대는 내게 파트장님께서 문득 질문하셨다.

"간호는 무엇이라고 생각하니?"

쉽게 대답하지 못하고 한참을 가만히 서있었다. 그날 근무를 마치고 집으로 돌아오는 길에 굉장한 회의감에 휩싸였다. 간호사로서 일을 시작한 지 몇 해가 지났음에도 내가 하는 일이 무엇인지 쉽게 정의내리지 못했다는 사실이 너무나 부끄러웠고 또 한 편으론 속상했다.

이 근원적인 물음에 대한 답을 찾기 위해 다짜고짜 집구석을 뒤져 먼지 쌓인 '간호학개론'을 펼쳤다. 책 속에 '간호는 돌봄이다.'라는 문구가 보였다. 하지만 가슴에 와 닿지 않았다. 내가 제공하고 있는 간호를 이 문구만으로 설명할 수 있을 것 같지 않았고, 그날 밤, 많은 감정들이 얽혀 밤새 잠을 이루지 못했다.

다음 날, 직접 그 답을 찾아보기로 결심했다. 고심 끝에 생각한 것이 오랜 시간 중환자실에 입원해 있다가 상태가 호전되어 일반 병실로 옮겨 간 환자분들을 직접 찾아뵙고 대화를 나누는 것이었다. 그 분들에게 있어 '중환자실'과 '간호사'는 어떤 의미일지 궁금했다.

한 달 동안 중환자실에 계시다가 상태가 많이 좋아져 일반 병실로 옮겨 가신 한 할아버지를 찾아갔다. 나는 그 할아버지가 중환자실에 입원해 계시는 동안 꽤 많은 시간을 담당 간호사로서 간호를 제공했다. 할아버지께서 위독하실 때도 회복하실 때도 함께 했었다. 막상 찾아뵈려하니 '할아버지께선 나를 기억하고 계실까?' 다소 걱정스러웠다. 하지만 병실을 들어선 나를 보며 너무나도 환하게 미소 지으며 반겨주시는 할아버지와 할머니를 보며 걱정은 온데간데없이 사라지고 마음속으로 형언할 수 없는 따뜻함이 몰려왔다.

할아버지와 이런 저런 이야기를 나누던 도중, 할아버지께선 중환자실에 계셨던 순간들을 기억하고 계신지, 기억하신다면 중환자실을 어떤 곳으로 기억하시는지 궁금해져 여쭈었다.

"잘 모르겠어. 기억나는 것이 별로 없어. 사실 그렇게 오랜 기간 중환자실에 있었다는 이야기를 듣고 정말 놀랬지."

이미 예상은 했지만 조금은 실망스러웠다. 하지만 다음 이어진 할아버지의 대답을 듣고 이내 실망감을 느낀 내 자신이 부끄러워졌다.

"몸이 지쳐 잠이 들었다가 가끔 숨쉬기 너무 힘들어서 다시 눈을 뜬 순간들이 있었는데, 그때마다 항상 내 앞에 누군가가 있다는 사실에 조금 안심이 됐어. 나중에 할멈이 그 사람이 간호사라고 그러더라고."

이 한 마디에서 그 물음에 대한 답을 찾았다. 24시간 내내 언제나 환자 곁에서 함께 하는, 소중한 '경험'을 함께 하는 사람. 바로 간호사…. 나에게 있어 간호란 '함께 하는 것.' 힘든 순간도 기쁜 순간도 혹은 그 사람의 마지막일 수도 있는 그 중요한 순간을 '함께 하는' 일이다.

할아버지의 이야기를 듣고 난 뒤 내가 하고 있는 이 간호사로의 일의 중요함 그리고 따뜻함을 느꼈다. 힘들다며 투덜대고 쉽게 짜증냈던 시간들이 부끄러워졌다. 하고 있는 일에 의미를 부여한다는 것. 가장 필요했던 일이었다. 오랜 시간 이야기를 나누고 나서 할아버지의 좋아진 모습을 다른 간호사들에게도 보여주기 위해 동의를 구하고 함께 사진을 찍었다. 찍은 사진을 보던 다른 환자분께서 말해주셨다.

"가족이라고 해도 믿겠어요."

그렇다. 한 사람의 소중한 그리고 중요한 순간을 함께 하는, 그것만으로도 행복한, 나는 '간호사'다!

Chapter 4

미국 생활 (American Life) 이야기

간호사와 나이트 근무

시간이 흘러 중환자 간호과정 1등 수료의 부상으로 받은 미국 중환자 간호학회 참석의 시기가 다가왔다. 그때가 28살이었는데 그 전에 미국을 가본 적이 없었기 때문에 첫 미국행과 첫 미국 학회 참석으로 아주 들떠있었다. 미국 중환자 간호학회의 이름은 National Teaching Institute(NTI)로 미국 중환자 간호협회(American Association of Critical-care Nurses, AACN)에서 주최하는 중환자 간호학회로는 최대 규모로 매년 개최된다. 세계 각국의 수천 명의 중환자실 간호사 혹은 전문 간호사들이 모여 중환자 간호에 대한 교육에 참여하고 정보를 공유하는 자리이다. 매년 미국의 주요 도시들을 돌아가며 학회지를 선정하는데 참석한 2013년에는 미국 북동부 매사추세츠(Massachusetts)주에 위치한 보스턴(Boston)에서 열렸다. 미국에 가본 적도 없으니 그 당시 내겐 보스턴이나 뉴욕이나 다를 것 없었고 그저 미국에 간다는 생각에 들떠 있었다.

미국에 가는 것도 좋고 전액 지원을 받아서 가는 것도 좋은데 생애 처음 미국행을 준비하니 절차는 왜 이렇게 복잡한지 신경써야 할 부분이 한 두 개가 아니었다. 그런 복잡한 절차의 진행이 느린 까닭은 당연 비루한 영어실력 때문이었다. 보잘 것 없는 토익 점수에 대해선 앞서 충분히 언급했고 높은 토익 점수와 실제 영어실력이 항상 비례하는 것은 아니지만 낮은 토익 점수와 영어실력의 상관관계에 대해선 굳이 언급할 필요가 없을 것이라 생각한다. 학회를 등록하는 과정부터 웹사이트가 전부 영어이니 아주 천천히 조심스레 읽어 내려갔고 실수를 하면 지원받은 돈을 날려버리게 되는 꼴이니 모든 과정에 신중에 신중을 기했다. 다행인 것은 혼자 학회를 참석하는 것은 아니었다. 간호 관리자 두 분과 다른 간호과정을 1등으로 수료한 간호사 선생님 한 분, 이렇게 4명이서 참석하게 되었다. 비록 4명 전부 미국에 대해 잘 알지는 못했지만 서로 도와가며 복잡한 미국행을 준비했다.

학회를 가기 전 파트장님께 학회 직전 근무는 밤 근무(나이트 근무)를 달라고 요청했었다. 미국과 한국은 시차가 13시간 정도로 낮밤이 완전 반대이기에 밤에 근무를 하고 미국에 가면 낮에 잠이 오지 않고 잘 깨어있을 수 있지 않을까 하는 전략이었다. 밤 근무와 간호사라는 직업은 떼려야 뗄 수 없는 관계이다. 그러나 나이트 근무를 좋아하는 간호사는 많지 않다. 나이트 근무의 장점이라면 진단 혹은 치료를 위한 검사, 시술 그리고 수술은 대부분 낮에 이루어지기에 일의 강도는 상대적으로 낮보다는 낮은 편이다. 그렇지 않은 부서도 물론 있다. 중환자실이 그렇지 않은 부서 중 하나였다. 일반 병실의 환자들은 대부분에 밤에 수면을 취하기 때문에 낮보다는 조용한 편이다. 사실 병원에서 일하면서 '조용하다' 혹은 '한가하다'는 금기어다. 그 말을 내뱉으면 그때부터 격하게 바빠지는 경우가 생기기 때문이었다. 흥미로운 것은 미국도 마찬가지다.

"You must never say Q word or S word at work."

일하러 와서는 Q로 시작하는 단어와 S로 시작하는 그 단어를 입 밖에 내는 것은 절대 금해야 한다.

이때 Q word는 Quiet(조용한)의 Q, S word는 Slow(느린) 혹은 Silent(조용한)의 S를 말한다. 이런 미신은 어딜 가나 발견할 수 있는 것 같다. 비록 미신이라고 생각하지만 신기하게 실제로 느껴지는 그런 날이 있다.

그렇다면 나이트 근무의 단점은 무엇인가? 첫째, 밤을 새며 일을 하는 그 자체가 고통이다. 밤에 일하고 나면 낮에 잠을 자야하는데 낮에 자는 잠은 밤에 자는 잠보다 소음이나 빛 때문에 질이 떨어질 수밖에 없다. 그리고 우리 몸의 바이오리듬은 낮에 깨어있고 밤에 수면을 이루는 것에 최적화되어 있다. 그렇다보니 밤에 일을 하면 몸이 고장 나는 것 같은 기분이 들 때가 있다. 밤 근무가 끝나고 그 다음 날이 휴일이라면 그 휴일은 나이트 오프라고 불린다. 나이트 오프를 좋아하는 간호사는 드물다. 밤새 일하고 와서 오전에는 피곤해서 자느라 시간을 다 보내게 되고, 그날 밤은 일하지 않아도 되니 잠을 자려고 해도 이미 낮에 잠을 다 잔 탓에 잠이 오지 않는 부작용이 있다. 이런 부작용을 예방하기 위해 오전에 퇴근하고 가급적 깨어있도록 필사적으로 노력하는데 하루 종일 몸은 피곤하고 정신은 육체를 떠난 듯 멍해서 생산적인 일을 전혀 할 수가 없다.

둘째는 밤에는 환자들이 수면을 취하는 편이고 검사나 수술이 적어서 상대적으로 업무 강도가 낮은 편이지만 그 때문에 생기는 단점들도 있다. 환자는 잠을 자지만 간호사는 환자들을 상태를 점검하기 위해서 수시로 순회를 해야 하고 그 간호사의 순회가 수면을 방해한다고 생각하는 환자들이 있다. 이런 경우는 참 곤란하다. 이에 관한 일화를 하나 들려주고 싶다. 간호사 친구가 직접 경험한 이야기다. 그 친구는 나이트 근무를 하기 위해 밤에 출근을 했고 담당 환자들을 배정받았다. 낮에 근무한 간호사로부터 한 환자가 그 전 날 밤에 간호사가 자꾸 들락날락해서 잠을 전혀 이루지 못했다고 하루 종일 그 이야기를 간호사실에 나와서 했다는 인계를 받았다. 그 환자는 5일 전 무릎 관절 수술을 받은 환자였고 내일 퇴원 예정인 환자였다. 그 친구가 첫 순회를 시작하기 위해 오후 9시 정도에 그 환자의 방에 들어가자마자 아니나 다를까 처음 하는 말은 이러했다.

"어제 그제 한숨도 못자서 오늘밤엔 꼭 자야 되니까 이 시간 이후로 아침까지 절대 내 방에 들어오지 마. 소음안내고 들어오겠단 말도 하지 마. 그냥 들어오지 마. 이렇게 말했는데도 들어오면 네 상사 불러서 엄청 따질 테니까 그렇게 알아!"

화가 단단히 난 채 이렇게까지 말하는 환자를 보며 그 친구는 겁을 먹었다. 수술 이후 상태가 많이 좋아져 내일 퇴원 예정이었기에 그 간호사는 환자에게 도움이 필요한 일이 있으면 꼭 간호사를 찾으라는 당부와 함께 방을 나왔다. 그리고 오전 5시가 되어 '오전 5시 정도면 그래도 혼나지 않겠지?'라는 생각과 함께 환자의 방에 들어갔고 몇 초 뒤에 그 친구는 정말 다급하게 뛰어나와 다른 간호사들에게 절박하게 도움을 요청했다. 환자가 숨을 쉬지 않고 있었던 것이다. 병원 전체에 이 응급상황을 알리고 많은 의료진들이 도착하여 심폐소생술을 하고 최선을 다해 살려보려고 애썼지만 환자는 이미 세상을 떠난 뒤였다. 사인은 폐색전증(Pulmonary embolism)이었다. 이는 혈전(혈관 안에서 혈액이 부분적으로 응고된 것)이 폐의 혈관으로 이동하여 폐의 혈관을 막은 상태를 말하며 외상이나 수술 이후 혹은 장기간 침상안정을 취하는 환자들에게 흔하게 발생한다. 이는 수술 이후 언제든 발생할 수 있다. 갑자기 숨을 제대로 쉬지 못하게 되며 응급한 치료 없이는 빠르게 사망에 이를 수 있는 치명적인 질환이다. 그 친구는 갑작스런 응급상황에 울음을 그칠 수가 없었고, 이 일 이후로도 계속 우울증에 시달렸다. 결국 충격으로 간호사 일을 그만두었다. '설마 정말 이런 일이 있겠어?'라고 생각할지도 모른다. 충분히 일어날 수 있는 일이다. 밤에도 새벽에도 환자의 상태를 살피기 위해 환자분들의 노발대발에 굴하지 않고 죄송하다는 사과를 연발하며 병실문을 연다. 닌자처럼 발자국 소리도 나지 않게 걸으며 조심스레 작은 손전등에 의지하여 환자의 상태를 확인하고 최대한 환자의 수면을 방해하지 않으려 노력하는 사람이 간호사다.

셋째, 불행하게도 수면을 방해받고 싶지 않은 사람은 환자만이 아니다. 나이트 근무를 하다 보면 의사와의 의사소통을 전화통화에 의지해야 하는 경우가 많다. 그 이유는 의사는 낮에 진료를 보거나 수술하는 경우가 많기에 밤에 수면을 취하는 경우가 많다. 물론 일부 상급종합병원 의사들이 중환자실 내 24시간 상주하는 곳도 있으나 일반 병실까지 24시간 의사가 상주하는 곳은 거의 없다. 이렇다보니 밤에 간호사가 의사에게 알려야하는 부분이 생기면 전화를 해야 하는데 밤에 일하고 있는 간호사와 자다가 깬 의사 사이의 의사소통이다 보니 이와 관련된 에피소드도 참 많다.

간호사로서 환자를 위한 일이니 당연히 망설임 없이 전화를 걸 것이라 생각하겠지만 자는 사람을 깨워야 하는 상황이니 약간의 망설임을 경험하는 것이 현실이다. 물론 응급상황이라면 망설임 따위 없다. 하지만 당장 급한 일은 아닌데 그렇다고 오전까지 기다리기에는 좀 애매한 문제를 갖게 될 때 그 망설임은 극대화된다. 이렇게 주저하는 이유는 물론 사람마다 다르지만 자는 사람을 자주 전화로 깨우면 평소 엄청 젠틀한 사람도 말에 짜증이 섞이는 것을 경험하기 때문이다. 그리고 간호사로 일하면서 의사들이 얼마나 힘들게 일을 하는지 옆에서 지켜보고 잘 알고 있기에 그 수면을 방해하기 싫어 망설여지기도 했다. 하루 종일 서서 수술실에서 수술을 보조하고 밤에는 온콜로 병동 혹은 중환자실로부터 걸려오는 전화를 받고 입원 환자를 돌봐야 하는 상황은 굳이 직접 경험하지 않아도 힘든 일임을 알 수 있었다.

이렇다보니 누구하나 나이트 근무를 좋아하는 사람이 없었다. 밤을 새고 퇴근을 할 때면 그 하루 만에 몸이 부쩍 늙은 기분을 느낄 수 있었다. 나이트 근무에 관한 이야기라면 하고 싶은 이야기가 하나 더 있다. 앞에서 잠깐 언급했는데 한국은 근로기준법 상 임산부는 밤에 일하는 것이 금지되어있다. 하지만 미국은 임산부들도 나이트 근무를 한다. 처음에 미국에 와서 이 이야기를 듣고 아주 경악했던 것이 기억난다. 한국에서 일할 때는 '법으로 금지'되어 있던 부분이 미국에서는 아무렇지 않게 시행되고 있는 것이 참 놀라웠다. 오히려 임신 후에 나이트 근무만 선호하는 미국 간호사들도 제법 있다. 위에서 언급했듯 많은 부서에서 낮 근무의 업무 강도보다 밤 근무의 업무 강도가 조금 덜하고 혹 뱃속의 아이 외에 돌봐야 하는 아이가 더 있다면 밤에 일을 하고 낮에 퇴근하는 것이 낮에 아이를 돌보거나 학교나 유치원에 보내는 것에 더 효율적이기 때문이다. 신기하게도 미국에선 나이트만 하는 임산부들이 많음에도 유산을 하는 경우를 아직 한 번도 보질 못했다.

한국은 간호사로 일하면서 임신을 하면 그때부터 많은 사람들의 눈치를 봐야한다. 같은 부서에 비슷한 시기에 임신한 간호사들이 많아지면 임신한 간호사들이 나이트 근무를 하지 못하게 되어있기에 다른 간호사들의 나이트 근무 수가 늘어난다. 이렇게 불만이나 갈등이 생기고, 여러 이유들이 얽혀 '임신순번제' 같은 말도 안 되는 문제가 생겨났다. 임신순번제는 말 그대로 한 부서의 간호사들이 비슷한 시기에 임신을 많이 하지 않도록 순번을 정하는 것이다. 수면 아래 있었을 뿐 오래 전부터 존재했던 문제다. 이제는 이미 뉴스에도 여러 번 보도되어 수면 위로 오른 문제지만 달리 대책은 아직 없다.

'임신순번제'를 제외하고도 어떤 경우는 그 임신한 간호사를 본인의 의사와 상관없이 급작스레 다른 부서로 보내는 경우도 있었다. 간호사로서의 일도 스트레스를 많이 받는 일인데 임산부로서 이런 스트레스까지 받아야 하니 과연 아이와 산모에게 도움이 되는 근무환경이 맞는지 다시 한 번 생각해보게 된다. 임신은 죄도 아니고 눈치를 봐야 할 일이 아니고 오히려 많은 축하를 해줘야 하는 일이다. 남자 간호사로서 임신을 직접적으로 경험해본 일은 아니지만 간접적으로 다른 간호사들의 경험을 지켜보면서 참 많은 생각을 해왔던 부분이기에 꼭 언급하고 싶었다.

보스턴에서
찾은 목표

갑자기 나이트 근무 이야기가 나와 서론이 길어졌다. 어쨌든 비루한 영어실력 때문에 쉽지 않았던 보스턴 행 준비를 마치고 보스턴 행 비행기를 탔다. 비행기에 오른 그날은 아직도 잊혀 지지 않는다. 설렘과 걱정을 가득 안고 비행기 안에서 '이번 미국 학회 참석을 정말 멋진 기회로 생각하고 최선을 다해 많은 것을 보고 배워오자!'라고 다짐 또 다짐했다. 그렇게 굳은 다짐을 하며 잠이 들었고 오랜 시간이 지나 곧 보스턴에 도착한다는 기내 방송에 잠이 깼다. 과연 하늘에서 바라본 보스턴의 모습은 어떤 모습일지 궁금했다. 마침 창가 자리에 앉아있었기에 조심스레 블라인드를 걷어 올려 보았다.

지난해 학생 간호사 혹은 간호사들이 이용하는 한 사이트에 인터뷰를 한 적이 있었는데 그때 질문 중에 하나가 '잊을 수 없는 순간이 있다면?'이었다. 잊을 수 없는 순간은 정말 많다. 학생 간호사가 된 이후 지금까지 15년 정도의 시간이 흘렀다. 15년이라는 시간 동안, 학생 간호사로서 공부하면서 그리고 한국 간호사로서 미국 간호사로서 일하면서 기쁘고 행복한 또 슬프고 힘든 일들이 정말 많았다. 하지만 어째서인지 이 질문을 받고 바로 생각났던 순간은 비행기가 보스턴 공항에 도착하기 바로 직전의 이 순간이었다. 멋진 항구가 보이는 보스턴의 해질녘 그 아름다운 풍경을 바라보면서 미국 땅을 밟아보지도 않았는데 '꼭 다시 오고 싶다. 아니, 꼭 다시 와야겠다!'는 다짐을 했던 순간이었다. 이 사진은 아직도 소중히 보관하고 있고 사진을 볼 때마다 그때의 설레는 순간을 떠올리곤 한다. 힘들고 지칠 때마다 한 번씩 꺼내보곤 한다. 너무 많이 봐서 지금은 굳이 찾아보지 않아도 쉽게 머릿속에 그릴 수 있을 정도에 이르렀다. 그 순간 느꼈던 감정들이 삶의 방향을 완전히 바꿔놓은 것은 절대 부인할 수 없다. 이렇게 두고두고 꺼내볼 사진일거라 생각하진 않았지만 비행기 안에서 핸드폰으로 열심히 보스턴 사진을 찍었고 얼마 지나지 않아 비행기가 착륙했다.

보스턴 로건 국제공항에 도착하여 입국 심사를 받았다. 보스턴 공항을 떠올리니 생각나는 재밌는 에피소드가 있다. 오랜 비행에 피곤함을 느낀 나와 선생님들은 모두 커피를 마시고 싶다는 생각에 동의했고 그 자리에서 바로 보이는 스타벅스로 발걸음을 옮겼다. 모두 영어가 서툴렀기에 누구 하나 자신 있게 먼저 주문하겠다는 사람이 없었다. 하지만 무슨 자신감으로 먼저 주문하겠다며 점원에게 다가갔다. 아이스 바닐라 라떼를 마시고 싶었고 자연스레 주문했다.

"Can you give me iced vanilla latte?"

아이스 바닐라 라떼 한 잔 주시겠어요?

이 한 문장을 말하며 뿌듯한 표정을 짓고 있는 나와는 달리 그 점원은 어리둥절해하며 대답했다.

"What? What did you just say?"

네? 방금 뭐라고 하셨어요?

점원은 당최 알아듣지 못하겠다는 말을 계속 반복하고 있었다. 그 이후로 아이스 바닐라 라떼를 반복해서 말했고 계속 알아듣지 못하자 한 글자씩 '바! 닐! 라! 라! 떼!'를 외쳤다. 한 일곱 번 정도 말했을까? 그 점원 옆에 있던 점원이 깔깔 웃으면서 말했다.

"Hahaha, do you mean iced vanilla latte?"

하하하하, 아이스 바닐라 라떼요?

그 점원의 발음은 '바닐라 라떼'보다는 '브어닐라 라테이'에 가까웠다. 그 점원은 주문을 받고도 한참을 웃었다. 내 얼굴은 새빨갛게 달아올랐고 그저 그곳을 벗어나고 싶은 생각뿐이었다. 이후로도 미국에서 살면서 또는 일하면서 영어와 관련된 많은 굴욕을 경험했지만 이 일화가 그 시작이었고 그래서 더욱 잊기 힘들다. 지금은 적으면서 미소를 짓고 있지만 그 당시에는 정말 쥐구멍에라도 들어가 숨고 싶은 심정이었다. 결과적으로는 그토록 원하던 아이스 바닐라 라떼를 얻었지만 그 달디 단 커피를 마시면서도 부족한 내 영어실력에 대한 씁쓸함 때문인지 그다지 달게 느껴지지도 않았다. 무사히 호텔에 도착하고 짐을 푼 뒤 다음 날 있을 학회를 위해 일찍 잠을 청했고 시차적응을 위해 한국에서 나이트 근무를 하고 온 전략이 통했는지 13시간이나 차이나는 정반대의 시간대였음에도 불구 그날 밤 푹 잘 잔 것이 기억난다.

학회 날이 되어 학회장으로 향했고 학회 등록을 마쳤다. 정말 다양한 인종의 미국 간호사들이 수천 명이나 모인 학회장에 발을 들으니 그제야 '아, 정말 미국에 왔구나…' 라는 생각이 들었다.

학회는 엄청 유익했다. 사실 그때의 영어실력이 훌륭하지 못했기에 70% 이상은 알아듣지 못했고 대화나 강연보다는 새로운 것을 보고 만지는 전시회에서 더 많은 정보를 얻었다. 학회에 참여한 미국 간호사들은 엄청 열정적이었다. 강연 도중에도 수많은 질문이 오갔고 토론식으로 구성된 강연장에도 열기가 엄청 뜨거웠다. 비록 영어실력이 좋지는 못했지만 미국까지 와서 입을 굳게 닫고 가만히 앉아있고 싶지는 않아서 주위에 앉은 다른 미국 간호사들과 조금씩 의사소통을 하기 시작했다. 물론 대화의 반 이상은 알아듣지 못했지만 그럼에도 불구하고 대화를 통해 단 한 가지 확실히 알게 되었다. 그것은 그들은 '간호사'라는 직업을 너무 사랑하고 '간호사'임을 자랑스럽게 여기며 '간호사'로서 평생을 살겠다는 그들의 열정이었다. 언어장벽에도 불구하고 확실하게 느낄 수 있었다. 그도 그럴 것이 학회장에는 실제로 60대 나이의 간호사들도 제법 있었다.

궁금했다. '도대체 무엇이 이 사람들의 간호사로서의 자부심을 이토록 크게 만들고 도대체 무엇이 이들의 간호사라는 직업에 대한 애정을 키운 것일까?' 실제 한국에서 일하는 동안 동료 간호사들 혹은 선배 간호사들로부터 항상 들어왔던 말은 다양했다.

"얼른 간호사 그만두고 다른 일 하고 싶다."

"선생님은 간호사 언제 그만두실 건가요?"

"간호사라고 무시 받는 이 현실에 지친다."

"간호사는 절대 평생 할 직업이 아니다."

하지만 대부분 직업에 대한 애정보다는 부정적인 견해가 많았다. 물론 간호사라는 직업 자체에 대한 내적인 심경 변화일 수도 있고 열악한 근무환경 혹은 간호사에 대한 사회 인식 등의 외부 요인들의 영향 때문일 수도 있다. 개인적으로 후자 쪽이 더 흔한 것 같다. 병원의 열악한 근무환경에 싫증이 난 이들은 사무직 혹은 학교로 돌아갔고, '간호사'에 대한 사회 인식에 만족스럽지 못하거나 회의를 느낀 이들은 의학 전문대학원 혹은 약학 전문대학원에 지원하여 간호사라는 직업을 내려놓고 의사 혹은 약사 등의 직업을 향해 발걸음을 옮겼다.

학회 내내 잘 알아듣지 못하는 영어실력으로도 열심히 집중하고 무엇 하나라도 더 얻고자 이리저리 뛰어다녔지만 바쁜 와중에도 '왜 미국 간호사들은 이렇게 간호사라는 직업에 엄청난 만족감을 가지고 있는 것일까?'라는 질문에 대한 답이 가장 궁금했다. 엄청나게 많은 정보를 얻은 학회였지만 정작 너무 얻고 싶은 답을 찾지 못했다는 사실에 마음 한 편이 허전했다.

‘영어를 더 잘했더라면 그들에게 직접 물어볼 수 있을 테고 더 깊은 대화를 나눌 수 있었겠지? 그렇다보면 답이 나오지 않았을까?’ 뒤늦게 부족한 영어실력을 탓해봤자 달라지는 것은 아무것도 없었다. 그렇게 10일이라는 긴 학회가 거의 다 끝나가고 있었고 학회 마지막 전 날 밤은 계속되는 궁금증과 그 궁금증이 결국은 또 영어를 못하는 스스로에 대한 자책으로 변하고 자책해봤자 의미 없다는 허무한 결론이 반복되며 다소 우울한 시간을 보내고 있었다.

우울하게 만든 이유는 하나 더 있었다. 삼성서울병원 간호사들의 미국 중환자 간호학회 참석은 거의 매년 있어왔다. 이전에 참석한 사람들의 경우 학회 참석뿐만 아니라 학회 참석을 준비하는 동안 미국 병원들에 직접 연락을 해서 단기간 연수가 가능한지 요청하고 학회가 끝나면 미리 성사시켜놓은 연수지로 이동해 미국 병원 투어를 하고 돌아오곤 했다. 우리 팀도 학회에 오기 전 열심히 미국 병원들에 이메일을 보내보고 비루한 영어실력으로 전화도 해보고 단기간 병원투어를 요청했다. 몇몇 병원들은 거절을 하고 몇몇 병원들은 답변을 미루다 학회로 출발하기 직전까지 답을 주지 않았고 결국은 무산이 되었다. 이런 이유로 학회를 마치면 미국 병원 투어 없이 한국으로 돌아가야 했다.

‘미국 병원을 잠깐이나마 경험한다면 그토록 원했던 질문의 답을 찾을 수 있지 않을까?’라는 생각과 왜 단기간 연수 기회를 성사시키지 못했을까 하는 또 다른 자책으로 더 우울했다. 하지만 용기 있는 자에게 기회가 온다고 했던가? 기회는 그렇게 한국에 돌아가기 바로 직전 예기치 않게 찾아왔다.

기회는 용기 있는 자에게

학회 마지막 날 조식은 호텔에서 먹었다. 전날 밤 우울과 자책이 반복되어 제대로 이루지 못한 수면 때문인지 또 나만 그랬던 것은 아니었는지 아침 식사 분위기는 다른 날과 다르게 아주 조용했다. 그런 분위기를 띄우고자 학회 동안 재밌었던 일도 이야기해보고 유익했던 정보들도 공유하려고 했지만 가라앉은 분위기를 띄우기엔 역부족이었다.

버스를 타고 학회장을 향하는 10분 동안 한 가지 다짐을 반복해서 한 기억이 난다. '후회 없이 마지막 날을 보내고 돌아가자!'

학회장에 도착하여 하루를 알차게 보내고 드디어 학회의 마지막 강연. 참석한 학회는 엄청나게 큰 규모의 학회였고 동 시간에 여러 가지 강연이 다발적으로 이루어지기 때문에 학회 홈페이지를 통해 강연 스케줄을 보며 본인이 듣기를 원하는 주제의 강연을 선택해서 들을 수 있었다. 마지막 강연 주제는 중환자실에서의 완화치료(Palliative care)였다. 일반 사람들에게는 굉장히 생소할 수 있고 병원에서 일하는 의료인이라 할지라도 완화치료(Palliative care)는 다소 생소할지도 모른다. 완화치료는 쉽게 말하면 중증의 질환을 가진 환자들을 위해 그들이 가진 증상이나 질환에 대한 스트레스를 완화시키기 위해 집중한다. 이 완화치료의 목적은 환자와 가족 모두의 삶의 질을 향상시키기 위한 것이다.

많은 사람들이 호스피스 개념과 혼동을 하곤 한다. 호스피스는 기대수명이 6개월에서 1년 정도인 환자에게 질병에 대한 적극적인 치료와는 다른 접근으로 환자의 안위와 나은 삶의 질을 제공하는데 집중한다면 이 완화치료는 질병에 대한 치료와 함께 기대 수명과 상관없이 어느 시기에나 제공될 수 있다. 처음 이 개념을 접한 것은 암 환자를 돌보면서였다. 하지만 이 완화치료는 단순히 암 환자에게만 제공될 수 있는 것이 아니라 질환에 상관없이 그 중증도가 환자에게 버거울 수 있다면 언제든 제공될 수 있다. 하지만 아직도 완화치료를 인정하지 않는 의료인들이 많고 여전히 암 환자만을 위한 개념이라고 생각하는 사람들도 많다. 참석한 강연에서는 중환자실에서의 완화치료(Palliative care)에 대한 필요성과 그와 관련된 사례를 소개했다. 중환자실 간호사로서 꼭 듣고 싶은 강연이었다.

실제로 중환자실에 입원한 환자들은 치료와 회복이라는 목적 아래 엄청난 고통을 겪는다. 우리는 과연 그들의 고통을 덜어주기 위해 충분히 노력하는가? 질병의 치료에만 집중하여 그들의 고통을 간과하고 있는 것은 아닌가? 어떤 의료인들은 이렇게 말한다. '치료가 결국 회복으로 이어지고 고통을 없애는 궁극적인 길이다.'

하지만 그 과정에서 받는 고통은 어떻게 할 것인가? 앞서 여러 번 언급했지만 정말 그 상황에 처해보지 않는 이상 완전한 이해는 불가능하다. 환자들이 겪는 고통을 결코 과소평가해서는 안 된다는 것을 강조하고 싶다.

강연은 토론이 섞인 자유로운 분위기였고 각 간호사들이 본인이 경험했던 완화치료 사례를 공유했다. 다 알아듣지는 못했지만 많은 간호사들이 열정적으로 사례를 공유했고 그를 통해 미국에서는 중환자실에 이 완화치료의 도입이 활발해지고 있다는 것을 느낄 수 있었다. 옆에 앉은 간호사가 손을 들었고 본인을 Kathy라고 소개하며 그녀도 본인이 경험한 사례를 모두에게 공유했다. 그녀의 사례 이후 잠깐 쉬는 시간이 생겼다. 부족한 영어로 들었어도 알아들을 수 있을만한 인상적인 사례였다. 환자를 생각하는 마음이 남달라보였던 Kathy와 대화를 나눠보고 싶다는 생각을 했다. 무슨 용기였을까? Kathy에게 내 소개를 하며 말을 걸었다.

느리고 서툰 영어였지만 Kathy는 척척 다 알아들었고, 내가 생각하고 있는 것을 영어로 어떻게 설명해야 할지 고민하는 순간에도 그녀는 말을 가로채지 않고 웃으며 기다려줬다. Kathy는 학회 장소인 보스턴에서 그리 멀지 않은 코네티컷(Connecticut)주 하트포드(Hartford)라는 도시에 위치한 한 병원에서 일하고 있는 교육 간호사였다. 그녀의 소개가 끝나고 그녀에게 우리 팀의 여정을 이야기해주었고 이 학회 참석을 위해 한국이라는 먼 나라에서 온 것이 인상적이었는지 신기해하며 경청하는 모습을 보였다. 비록 짧은 대화였지만 그녀가 보였던 따뜻한 마음씨와 친절함에 감동했고 서로의 간호에 대한 열정을 공유한 그 순간을 아직도 잊지 못한다. 그때, 가슴속 뜨거운 열정이 용기로 변한 순간이 왔다.

"I want to experience your hospital."

네 병원을 경험해보고 싶어.

미국 병원 투어를 위해 노력해왔지만 잘 성사되지 않았던 경험을 공유했고, 미국 병원 투어를 너무 해보고 싶은 열정을 표현했다. 그녀가 당황해할 수도 있다는 생각, 물론 했다. 하지만 그 순간은 그저 내 간호에 대한 열정과 진심을 보이는 것에 집중했다. 최악의 상황은 Kathy가 '거절'을 하는 것이었고 사실 그 당시는 이런 최악의 상황은 생각하지도 않고 그저 열심히 진심을 전했다.

Kathy는 갑자기 말없이 전화기를 꺼내 누군가에게 전화를 걸었다. 영문도 모르고 그런 그녀를 뚫어져라 쳐다보고 있었다. 전화를 끊은 그녀는 이내 이렇게 말했다.

"I just called the nurse manager of my unit. She is willing to have your team for a hospital tour. I work in the Cardiac ICU at St. Francis Hospital in Hartford. It takes roughly two to three hours to get there from Boston. If you are willing to come, we would like to show you around our workplace."

내가 일하는 심장 중환자실의 간호 관리자에게 전화를 했고 그녀도 기꺼이 모두에게 병원 투어를 시켜주겠다고 한다. 병원은 보스턴에서 대략 두 세 시간 정도 떨어진 하트포드라는 도시에 있다. 거기까지 올 의향이 있다면 병원 투어를 시켜주겠다.

소리를 지르고 싶은 것을 참느라 혼이 났다. 이 기쁜 사실을 같이 왔던 분들에게 알렸고 그 분들도 이 기쁜 소식에 흥분을 감추지 못했다. 언어장벽도 진심을 막지는 못했던 것 같다. 비록 학회에 오기 전에 병원 투어를 성사시키지 못하고 왔지만 그럼 어떠하리? 이렇게 학회 도중에 성사를 시켰지 않은가? 어떤 경로든 미국 병원 투어를 가게 되었다는 사실이 더 중요했다. Kathy의 긍정적인 대답이 지난 밤 했던 자책과 슬픔과 후회를 전부 싹 지웠다. 그렇게 학회 마지막 날을 후회 없이 보내자고 열심히 다짐했던 것처럼 정말 멋지게 또 만족스럽게 보냈다.

다음 날, 바로 호텔을 나서 잘 알지도 못하는 미국 땅에 대한 두려움보다 미국 병원을 경험해본다는 흥분에 이끌려 버스를 타고 코네티컷주 하트포드로 향했다. 미리 연수를 성사시키고 왔다면 그 감사함에 한국에서 자그마한 선물이라도 들고 왔을 텐데 그러질 못해서 한국 과자와 간식을 부랴부랴 준비해서 들고 갔다. 병원에 도착하니 Kathy가 통화한 Gilda라는 Nurse manager가 우리를 반겼고 하루 동안 정성스레 병원 투어를 함께해주었다.

투어를 했던 그 미국 병원의 건물은 굉장히 오래된 건물이었다. 사실 최첨단의 미국 병원을 상상하며 갔기에 약간 실망이었다. 하지만 오래된 건물임에도 엄청 잘 보존한 모습이었다. 가장 인상 깊었던 것은 연수 내내 모든 사람들이 너무 친절했다. '정말 이것까지 보여줘도 되는 것인가?' 하는 것도 거리낌 없이 공유하는 모습에 놀라기도 했고 감동도 받았다. 삼성서울병원에서 일할 당시 필리핀 간호사들이나 페루 간호사들이 연수를 오기도 했었는데 그때 이렇게 친절 했었나 혹은 환영을 해줬었나 하는 깊은 반성을 하게 만들었다. 투어를 통해 경험한 그 병원은 하드웨어보다는 소프트웨어가 더 인상적이었다. 모든 것이 정책이나 프로토콜로 정해져있다는 강한 느낌을 받았다. 그리고 어딜 가도 그런 정책이 곳곳에 게시되어 있었다.

당일 투어였기에 엄청 깊게 자세하게 보지는 못했다. 그리고 누구도 영어에 유창하지 않았기에 전날 밤 엄청 많은 질문들을 준비해갔으나 얻고 싶은 정보들을 전부 얻지는 못했다. 그럼에도 불구하고 투어를 마친 뒤 모두가 정말 오길 잘했다며 매우 의미 있는 시간이었다고 입을 모아 기회를 준 Gilda와 Kathy에게 감사함을 전했다. 그리고 급하게 준비한 선물과 못하는 영어로 사전을 뒤적여가며 열심히 적은 편지를 Gilda에게 전하고 다시 숙소가 있는 보스턴으로 돌아왔다. 미국에서의 마지막 밤을 보내며 2주 가까이 미국에서 보낸 시간에 대해 이야기했고 마지막 날을 여행이 아닌 연수로 마무리 지은 것에 대해 모두가 후회 없는 멋진 선택이었다고 학회 도중에 용기 있게 연수를 성사시킨 것에 대해 칭찬을 많이 해주셨다. 그렇게 연수 후 작은 뒤풀이를 마치고 한국으로 돌아갈 준비를 시작했다.

지난밤을 후회와 자책으로 잠을 이루지 못했다면 그날 밤은 뿌듯함과 함께 형언할 수 없는 설렘 때문에 잠을 이루지 못했다. 보스턴 공항에 착륙하는 동안 보스턴의 해질녘을 보며 했던 '꼭 다시 오고 싶다. 아

❶ 잊을 수 없는 순간, 잊을 수 없는 풍경 ❷ 미국 중환자 간호학회에서 ❸ 학회에서 미국 간호사들과 함께
❹ 투어를 했었던 Saint Francis 병원 ❺ Gilda 그리고 Kathy와 함께

니, 꼭 다시 와야겠다!'는 생각이 그날의 용기 있는 행동으로 '꼭 다시 오겠다. 정말 가까운 미래에!' 생각으로 바뀌었고 구체적인 미국행을 계획하기 시작했다. 학회도 병원 연수도 매우 의미 있었지만 그토록 궁금해 했던 질문에 대한 답을 얻지는 못했다. '미국 간호사들의 직업에 대한 애정과 자부심은 어디에서부터 근원하는 것인가?'

미국에 다시 오겠다는 강한 생각은 미국에 대한 막연한 동경보다는 이 질문에 대한 답을 직접 이 곳에서 생활하면서 얻고 싶었기 때문이었다. 2주라는 기간은 미국이라는 나라를 살짝 맛보기엔 충분했으나 이 커다란 나라를 음미하기엔 너무나도 짧은 시간이었다.

안녕?
델라웨어

한국에 돌아와서 다시 중환자실로 출근을 했다. 2주간의 달콤하기도 했고 신선하기도 했던 꿀 같은 또 꿈같은 시간을 뒤로 하고 다시 현실을 마주한 날이었다. 한국에 돌아와 현실을 마주하면서도 미국에서 했던 다짐을 잊지 않으려고 했다. 그런 다짐을 위해서는 영어가 반드시 해결되어야 한다는 생각도 반복해서 했다. 생각이 반복될수록 확신으로 바뀌고 조금씩 구체적인 방법을 찾기 시작했다. 어떤 방법으로 영어를 배우면 좋을까 계속 고민하던 중에 나보다도 먼저 영어를 배우기 위해 미국행을 계획하던 동기 간호사에게 연락을 했다.

아직도 존재하는지는 모르겠지만 그 당시 삼성서울병원에서는 근속기간 만 3년이 넘는 간호사들 중 고과가 훌륭한 간호사에 한해 1년 간 학업 휴직을 사용할 수 있는 기회를 주었다. 그 친구는 그 기회를 이용하려고 했었고 나 또한 3개월이 지나면 만 3년 근속기간을 채우게 되어 그 기회를 사용할 수 있었다. 물론 무급 휴직이긴 했으나 이렇게 직장을 1년간이나 떠나 무언가를 배울 기회를 주는 직장이 한국에 몇이나 있겠는가? 그렇게 만 3년이 되는 시기에 1년 미국으로 가서 영어를 정복하리라 계획하며 준비하기 시작했다. 모든 것이 미리 계획된 것처럼 딱 들어맞게 되어가던 듯 했으나 한 가지가 걸렸다. '과연 이 휴직을 부서에서 그리고 병원에서 승인해줄 것인가?'

간호사로서 일하는 동안 지각이며 결근 한 번 없었고 병원도 열심히 다녔기에 고과도 좋은 편이었다. 자격은 됐지만 미국에 학회 다녀오자마자 다시 미국으로 떠나겠다는 말을 차마 꺼내기가 쉽지 않았다. 그렇게 며칠 동안 어떻게 말을 꺼내야 할지 고민을 하다가 이렇게 고민만 하다가 해결될 일이 없다고 생각하고 오늘은 기어코 말을 꺼내보기로 마음을 먹고 출근을 했다.

그렇게 마음먹은 그날은 일하면서도 당최 집중이 되질 않고 안절부절못하고 파트장님과 대화를 나눌 기회만을 엿보고 있었다. 그런 초조한 모습이 너무 티가 났는지 파트장님께서 먼저 다가와 말을 거셨다.

"무슨 할 말 있니?"

죄를 지은 것도 아닌데 죄를 짓다가 들킨 것 마냥 가슴이 철렁하는 기분이었지만 오늘은 기필코 말을 꺼내겠다는 마음으로 출근을 했기에 조심스레 대답을 했다.

"네 … 근무마치고 잠깐 시간 좀 내주실 수 있으신가요?"

의미심장한 표정을 지으시며 근무 마치고 사무실로 오라고 하셨고 그 이후에도 계속 어떤 식으로 말을 꺼내야 할지에 대해 고민하느라 일이 손에 잡히질 않았다. 그렇게 시간은 흘러 근무를 마쳤고 파트장님 사무실에 들어가 조용히 문을 닫았다. 심각한 표정으로 앉아있는 나를 보며 파트장님께서 말씀하셨다.

"도대체 무슨 말을 하려고 이렇게 심각한 표정으로 뜸을 들이니?"

"그게 …"

다시 숨을 고르고 정리한 생각을 말로 바꾸기 시작했다.

"미국 학회를 다녀오고 참 많은 것을 느꼈습니다. 그 중에도 가장 많이 생각을 한 것이 영어실력이 출중했다면 200%를 얻어올 수도 있는 기회였는데 그렇지 않아서 50%도 얻어오지 못한 느낌을 많이 받았습니다. 영어를 정복하고 돌아오고 싶습니다. 그래서 1년 동안 학업 휴직계를 내고 미국으로 어학연수를 다녀오고 싶습니다."

하고 싶은 말을 하고는 혼나진 않을까 노심초사하고 있는데 파트장님께서 답을 하셨다.

"안된다고 하면 생각을 접을 거야? 아니면 그만두고라도 간다고 할 거니? 같이 학회 다녀 온 사람이 한 말이 진짜였구나?"

학회에 같이 참석한 파트장님께서 다녀온 후 부서 파트장님께 한 말이 있었다.

"현민이 미국에 있는 동안에도 그랬고 갔다 와서도 뭔가 눈빛이 많이 변했어. 가서 자극을 많이 받은 모양이야."

그 눈빛을 파트장님께서도 그 자리에서 보셨나 보다.

"네가 이렇게까지 진지하게 말하는 것을 보니 말려도 갈 태세인데? 일단 상부에 네 열정을 전달하면서 잘 말씀드려볼게."

그렇게 파트장님께서 도와주신 덕분에 학업 휴직 승인이 떨어졌고 그런 파트장님을 실망시키지 않기 위해 미국으로 떠날 준비도 철저히 하고 미국에 가서도 정말 열심히 보고 배우고 오리라 마음먹었다. 나중에 한참 시간이 지나 파트장님께 연유를 여쭤봤었다.

"미국에 학회 다녀오자마자 미국으로 떠나겠다고 한 제가 괘씸했을 텐데 왜 바로 승인해주셨어요?"

파트장님께선 바로 대답해주셨다.

"3년이라는 기간을 널 지켜본 관리자로서 네가 열정 없이 목적 없이 무엇을 하는 사람이 아니란 것은 알고 있었다. 마음먹은 일은 정말 열심히 노력하여 해내는 것을 알고 있었기에 미국 가서도 제대로 배우고 올 것이라는 확신이 있었지."

승인이 난 후 구체적인 계획을 세울 차례가 되었고 미국에 50개가 넘는 주(State) 중에 어딜 선택할 것이며 수많은 도시와 대학들 중에 어떤 대학을 선택해서 어학연수를 떠날 지를 먼저 결정해야 했다. 이런 정보가 전무했던 터라 유학원의 상담을 받아 인기 있는 미국의 대학 부설 어학연수 기관들을 알게 되었다. 인터넷을 통해 하나하나 검색해보기 시작했다. 제공하는 프로그램에 대해서도 유심히 봤지만 가장 중요한 사항은 '한국인이 많이 없는 도시'에 가는 것이었다. 외국어를 배우러 가는데 모국어를 많이 사용할 수밖에 없는 환경에 놓이면 당연히 외국어가 늘지 않을 것이라 생각했기 때문이었다.

그렇기에 상대적으로 한국인들에게 인기 많은 도시였던 샌디에이고나 뉴욕 같은 대도시는 제외했다. 조금 조용하고 한적한 곳에 가고 싶었다. 직장 생활을 벗어나 학업휴직을 떠나는 것이기에 집중을 방해하는 것들이 많으면 자칫 쉽게 헤이해질 수도 있을 것 같았기 때문이다. 그러다가 찾은 곳이 델라웨어 주립대학(The University of Delaware)이었다. 그 당시 28살이었는데 28년 동안 미국에 델라웨어라는 주가 있는지도 모르고 살았었다. 사실 나중에 알게 된 것이지만 미국인들에게도 그리 잘 알려진 주가 아니었다. 미국 동부에 위치한 이 델라웨어 주는 미국의 첫 번째 주라는 점이 그나마 유명하고 면적은 50개 주 중에서도 아주 작은 편에 속한다. 미국의 첫 번째 주라는 점 이외에는 소비세(Sales tax)가 없다는 점이 특이하고, 지금도 유명하지만 한때 엄청나게 번영했던 대기업인 듀폰(Dupont)이 있다는 점 이외에는 잘 알려진 것이 없다. 정보를 검색할수록 이상적인 곳이라는 확신이 들었다. 그 대학은 델라웨어 주 내에서도 작고 조용한 도시인 뉴왁(Newark)에 위치하고 있었다. '바로 여기다! 영어공부에 집중할 수 있는 환경'

이곳을 알게 된 이후로는 다른 대학이나 도시는 더 검색하지도 않았고 바로 델라웨어 행을 진행했다. 당시 영어를 거의 구사하지 못했고 혼자 준비하다가 준비과정에서 실수를 하고 싶지 않았기에 유학원의 도움을 받아 학생비자를 발급받았고 미국 입국 허가를 얻었다. 영어를 배우는 동안 주거지를 선택할 수 있었다. 학교에서 제공하는 스튜디오에서 지낼 수도 있었고, 실제 미국 가족과 같이 지내는 홈스테이라는 프로그램을 이용할 수도 있었다. 물론 직접 주거지를 구하는 방법도 있었지만 의사소통이 제대로 되지 않는 내겐 해당사항 없는 옵션이나 마찬가지였다. 홈스테이. 미국인과 같이 살아본다는 취지가 너무 매력적이었다. 물론 같이 사는 사람에 따라 주거환경이나 만족도는 천양지차가 되겠지만 일단 도전해보기로 했다. 24시간 내내 영어를 쓸 수밖에 없는 환경에 놓인다는 사실이 가장 마음에 들었다. 그렇게 학교 측에 홈스테이를 해보고 싶다는 요청을 넣었다. 며칠 뒤 나를 받아주겠다는 미국인이 나타났고 홈스테이 프로그램 담당자로부터 그 미국인의 정보를 받았다.

Viva Wolhar. 비바(Viva)라는 이름은 굉장히 생소했다. Viva라는 이름과 같이 보내온 정보에는 일흔의 연세에 남편과는 사별하고 딸은 결혼 후 독립하여 혼자 살고 계신 분이라고 적혀 있었다. 오랫동안 치위생사로 일하다가 직업학교 교사로서 일한 경력을 가지고 있었고 몇 년 전 은퇴를 했다고 적혀있었다. 대수롭지 않게 읽어 내려가다가 이미 많은 한국인 학생들과 홈스테이 생활을 해왔고 한국으로 돌아간 학생들을 만나기 위해 한국을 세 번이나 다녀왔다는 문장이 눈에 들어왔고 그 문장을 본 이후로는 다른 정보들은 크게 중요하지 않았다. 이분이어야만 한다는 확신이 들었다. 그런 확신 속에서도 알지는 못했다. 할머니가 내 인생에서 또 다시 없을 소중한 인연이 되리라는 것을.

데이비드

그렇게 만 3년의 소중한 한국 중환자실 기억을 잠시 뒤로 하고 미국으로 떠나는 비행기에 탑승했다. 영어 울렁증 때문에 겁이 많이 난 것은 사실이지만 병원에서 부여한 귀한 1년이라는 시간과 그동안 간호사로서 일하면서 모아놓은 돈 거의 전부를 투자한 결정이었기에 많은 것을 얻어오겠노라 다짐했다. 델라웨어의 뉴왁(Newark)과 그나마 가까운 국제공항이 펜실베이니아(Pennsylvania)주 필라델피아(Philadelphia) 국제공항이었다. 무사히 필라델피아 공항에 착륙하고 짐을 찾는 곳에서 비바 할머니와 만나기로 약속했었다. 짐 찾는 곳에서 저 멀리서 환하게 웃으며 열심히 손을 흔들고 있는 금발 비바 할머니를 만날 수 있었고, 거의 자정이 다 된 시간에 공항에 도착했음에도 그저 계속 긴 여행이 불편하지 않았냐며 되묻기만 하셨다.

영어. 중고등학교 때 못하는 과목은 아니었다. 하지만 영어 교육을 받을 당시의 한국 영어 교육은 실생활에서 영어를 사용할 수 있게끔 교육하는 말하기와 듣기 위주의 교육보다는 영문법과 문장을 읽고 해석하는데 치중하는 철저히 수능 영어 시험을 위한 교육이었다. 영어점수와 실제 영어를 구사하는 실력이 항상 비례하는 것은 아닌 아이러니한 교육 현실이었다. 그런 주입식 그리고 '시험을 위한 영어'를 배우다보니 단어나 문법 혹은 읽고 해석하는 능력은 조금 있었으나 말하는 능력은 부족했다. 대학에 입학한 뒤로는 영어와 담을 쌓고 살다보니 얼마 없던 영어실력마저 사라져 갔다. 언어라는 것이 그렇다. 사용하지 않으면 구사하는 능력이 퇴화할 수밖에 없는 것 같다. 특히 그 언어가 모국어가 아닌 외국어라면 더 그렇다. 대학을 졸업한 이후에 삼성서울병원이라는 한국에서도 손꼽히는 병원에서 사회생활을 하다 보니 간호사들 중에서도 뛰어난 인재가 많았다. 그 중에서 유독 영어를 유창하게 잘 구사하는 사람들이 부러웠고 그들을 동경했다. 학회를 통해 경험한 미국 간호사들의 직업에 대한 열정과 그 경험을 바탕으로 느낀 영어공부의 필요성 때문에 택한 미국행이었지만, 마음속에 내재된 영어를 유창하게 구사하는 사람들에 대한 동경 또한 그 미국행을 더 부추긴 요인이었다.

할머니는 내가 평소 생각한 '미국인은 이럴 것이다.'라는 선입견을 무너뜨린 미국인이었다. 미국을 가기 전 가족들 그리고 친구들에게 인종차별에 대한 이야기를 들었고, 특히 인터넷에서 미국인의 백인 우월주의에 대한 이야기를 보고 걱정했었다. 그런 정보들 때문에 미국인은 다른 인종들을 무시한다는 선입견을 가지고 미국에 온 것이 사실이다. 하지만 할머니는 그런 선입견과는 거리가 한참 먼 사람이었다. 친절했고 그리고 못하는 영어로 어떻게든 의사소통을 해보고자 사용한 현란한 손짓과 처절한 몸부림 하나하나에 고마워했다. 영어를 배우러 온 타국의 학생들을 많이 접해봤기에 인내심이 대단했다. 잘 알아듣지 못해도 불평하지 않았고 기다려주었다. 또한 어려운 개념을 쉽게 설명할 수 있도록 도와주었다. 이런 할머니였기에 나는 오히려 '아… 미국인은 할머니처럼 다 친절하구나.' 하는 잘못된 고정관념을 가지게 되었고 이는 훗날 할머니를 떠나 독립적으로 미국 생활을 시작하게 되었을 때 미국에 대한 훨씬 더 큰 트라우마를 갖게 된 계기가 되었다. 그렇다고 친절한 할머니를 탓하는 것은 아니다. 그저 성급하게 일반화시킨 내 잘못이 컸을 뿐이었다.

미국에서 지내는 것? 적응 기간이 길었다. 시차적응은 물론이고 문화나 관습이 많이 달랐기에 그에 대해 익숙해지는 것도 필요했다. 음식도 입에 맞지 않아 고생을 했다. 미국 음식이 맛이 없던 것은 아니었지만 며칠 지나고 나니 고추장과 김치가 자꾸만 생각이 났다. 당연히 가장 힘든 것은 언어장벽(Language barrier)이었다. 친절한 할머니는 인내하며 잘 다독여줬지만 이 장벽이 단기간에 무너지진 않을 것이란 생각에 슬펐다. 이전에 문화충격(Culture shock)이라는 말을 들어보긴 했지만 해외여행도 거의 다녀보지 않아서 실제로 경험할 일이 거의 없었는데 이때 문화충격을 몸소 제대로 경험했다. 문화충격이 지속되면 향수로 이어질 수 있다는 말을 어디서 들은 적이 있었는데 직접 경험해보니 사실이었다.

미국에 와서 생활하며 또 학교에 가서 영어를 배우며 많은 사람들과 의사소통할 때 가장 절실하게 들었던 생각이 있었다. '영어 이름이… 필요한가?' 개인적으로 '현민'이라는 이름을 정말 좋아한다. 어질 현과 민첩할 민을 써서 '어질고 민첩하다'라는 뜻이다. 하지만 미국 생활한지 얼마 지나지 않아 현민이라는 글자 중에 미국인들이 '현'의 발음을 어려워한다는 것을 알게 되었다. 나중에 영어의 자음과 모음 체계를 배우다보니 '현'과 비슷한 자음과 모음의 조합은 없다는 것을 알게 되었다. 첫 2주 동안은 비바 할머니를 비롯한 만나는 모든 미국인들에게 많은 노력을 들여 현민(Hyunmin)을 제대로 발음하는 법을 가르쳤다. 하지만 미국인들이 잘 사용하지 않던 자음과 모음 조합을 가르치려 하니 쉽지 않았고 반복되는 가르침에 지치기도 했다. 그들의 발음은 다양했다. 훈민, 홍민, 형민, 힌민 등등. 시간이 갈수록 지쳐 해결책을 찾기 위해 영어 선생님 Marriott을 찾아가 이런 고충을 털어놓았다. 가만히 듣고 계셨던 선생님께서 물어보셨다.

"Have you heard about the story of Hyundai?"

너 현대와 관련된 일화 들어봤니?

'현대' 브랜드도 미국에서 '현'을 잘 알아듣지 못하고 쉽게 발음하지 못하는 미국인들에게 'Sunday(선데이)' 발음을 이용해 '헌데이'로 고쳐 홍보했다는 일화를 들려주었다. 덕분에 발음은 그나마 쉬워졌지만 일본 브랜드인 'Honda(혼다)'와 발음이 비슷해져 많은 미국인들이 자주 혼동을 한다고 했다. 둘 다 자동차로 유명한 기업이고 미국 기업이 아니라 아시아 계열 외국 기업이다 보니 비바 할머니를 비롯한 많은 미국인들이 헷갈려한다. 아직까지도 현대차는 한국 자동차, 혼다 차는 일본 자동차라고 반복해서 설명하곤 한다.

이렇게 영어 선생님의 현대와 관련된 일화까지 들어보니 현민이라는 이름의 발음을 가르치고 제대로 발음하게 만드는 일이 쉽지 않겠다는 생각이 들었다. 물론 제대로 발음하지 못한다고 해서 마음이 상하거나 불쾌하게 여기지는 않았다. 가장 큰 문제는 누군가가 나를 부르는데 정작 본인은 그게 나를 부르는 것인지 모르고 지나쳐버리는 일이 생기게 된 것이다. 무시한 것이 아닌데 무시한 것처럼 되고 그렇게 오해가 쌓이는 상황이 난감했다. 해결책을 찾아야했다. 그러다가 어학연수를 하고 있는 학생들 중에 한국인이 있었고 그 친구의 이름은 '현준'이었다. 그 친구도 똑같은 고민을 했고 그 친구가 선택한 해결방법은 본인을 소개할 때 '준(June)'이라고 소개하는 것이었다. 실제 영어에는 June(6월)이라는 단어가 있고 그렇기에 미국인들이 발음하는 데에 전혀 문제가 없었다. 그렇다면 내 경우에는? 현준이의 방법을 듣고 기뻐서 집에 와서 비바 할머니께 현준이와 했던 대화를 설명했고 앞으로 '민'이라고 불러달라고 했다. 할머니께선 걱정스러운 표정으로 쳐다보며 물어보셨다.

"Did you say Mean? Are you sure about it?"

민이라고 그랬니? 정말 괜찮겠어?

그렇게 말한 연유를 알 리가 없었다. 할머니의 조언대로 영어 사전을 뒤져 Mean의 뜻을 찾아보았다.

Mean(동사: 의미하다, 명사: 평균, 형용사: 비열한, 못된)

할머니는 '비열하고 못된'이라는 의미를 가진 Mean(민)으로 불리는 것을 우려한 것이었다. 뜻을 검색한 이후로는 '민'에 대한 생각이 완전히 바뀌었다. 그 다음 생각한 해결책은 영어 이름을 만드는 것이었다. 영어 이름을 만드는 것에 대해 처음에는 회의적이었다. 영어 이름을 만들면 미국에서의 생활이 편해지겠지만 '현민이라는 이름을 두고 다른 영어 이름을 사용함으로 인해 한국인으로서의 정체성을 잃어버리는 것은 아닐까?' 하는 생각이 계속 들었기 때문이다. 하지만 그 당시에는 미국에 1년만 머물 예정이었고 1년 동안 영어 이름을 사용한다고 하여 정체성을 잃어버릴 만큼 한국인으로서의 자부심이 작지는 않았기에 영어 이름을 만들어야겠다는 쪽으로 생각이 기울었다. 그렇게 흔한 미국 남자 이름들을 검색했다. 'Paul, John, Martin, David, Andrew, Eric, Sean, Mark, Chris …' 등등… 예상대로 많은 이름들이 나왔고 앞서 말했듯이 딱 1년만 사용할 이름이었기에 너무 심각하게 고민하진 않기로 하고, 마음이 가는대로 가장 마음에 들었던 Paul, David, Martin을 두고 할머니와 상의를 했다. 할머니께선 그 세 개의 이름을 듣자마자 말씀하셨다.

"You really look like David!"

너 정말 데이비드라는 이름을 가진 사람처럼 생겼어!

정말 그렇게 순식간에 데이비드라는 이름을 갖게 되었다. 할머니께선 데이비드라는 이름이 가장 잘 어울린다고 했다. 왜 이름을 데이비드

(David)로 정했는지 물어보는 다른 미국인들에게 이유를 설명하기 위해 할머니의 저 문장을 인용할 때마다 미국인들은 정말 빵빵 터진다.

"Yes, I agree with her. You do look like David!"

그래. 듣고 보니 너 정말 데이비드처럼 생겼네!

다들 그 일화를 들은 후 이렇게 말해주곤 한다. 데이비드라는 이름의 탄생비화는 이렇게 갑작스러웠고 모두가 듣고 웃어넘길 만큼 심각하지 않았지만, 예상과는 달리 1년보다 훨씬 긴 시간을 미국에서 머무르게 되었고 지금은 모두가 나를 부르는 중요한 이름이 되었다. 그럼에도 불구하고 우려와는 달리 나는 여전히 자신을 한국인으로, 한국 간호사로 소개하며 한국인으로서의 정체성을 잃지 않고 있다. 그리고 여전히 현민이라는 이름을 아끼며 한국어로 자신을 소개할 때는 어디를 가던 항상 '유현민 간호사'라고 칭한다. 현민이라는 이름만큼 '간호사'라는 타이틀을 아끼기에 자신을 칭할 때마다 유현민보다는 유현민 간호사라고 말하는 것이 더 행복하다. 법적인 서류에는 David Yu가 아니라 Hyunmin Yu라고 쓰거나 Hyunmin (David) Yu라고 적는다. 한국 작명체계와는 다르게 미국에는 성(Last name)과 이름(First name)외에 성과 이름 중간에 쓰는 Middle name이 존재한다. 미국에 머무는 시간이 지금보다 조금 더 길어진다면 먼 미래에 David라는 이름을 Middle name으로 지정하는 법적인 절차를 갖는 것도 고려중이다. 아직 '현민'이라는 이름만큼은 아니지만 '데이비드'라는 이름에 대한 애정도 점점 커지고 있기에…

시간이 지나 미국에서 간호사로서 일하면서 이렇게 데이비드라는 이름을 갖게 된 것을 더 잘한 일이라고 생각하게 되었다. 일단 미국인들에게 친숙한 이름을 사용했기에 그들 속에 조금 더 자연스럽게 스며들 수 있었다. 또 환자의 생명과 직접 연관된 일을 하는 간호사로서 미국인들이 내 한국 이름을 제대로 발음하지 못해 중요한 순간에 누군가가 나를 부르는 것을 모르고 놓친다면 환자의 안위와 관련된 문제가 발생할 수 있었을지 모른다. 결론은 데이비드라는 이름 참 좋다.

American Mom

데이비드라는 이름을 갖게 되면서 미국 생활이 아주 조금 나아지긴 했으나 여전히 쉽지만은 않은 적응 기간을 보내는 동안 내 생애 절대 잊지 못할 사건이 터져버렸다. 미국에서 지낸지 3주 정도 지난 어느 날, 여느 때와 다름없이 저녁 식사를 만들기 위해 할머니와 함께 식료품을 사러 가게에 들렀다. 필요한 것들을 이것저것 담고 계산대로 가는 도중에 할머니께서 걸음을 잠깐 멈추며 내 옷자락을 꽉 잡았다.

"David, I can't breathe."

데이비드, 나 숨쉬기가 힘들어.

영어를 잘하지 못했다고 해도 저 문장 정도는 바로 알아들을 수 있었다. 그리고 저 문장이 가져다주는 심각함도 간호사로서 잘 알고 있었다. 다행스럽게도 미국오기 직전까지 중환자실 간호사로서 일을 하고 왔기에 그런지 그 한 마디로도 무언가 잘못되고 있다는 직감이 들었다.

저 말을 듣자마다 할머니에게 가까이 다가가서 할머니를 자세히 살펴보니 칼바람이 불던 1월이었음에도 불구하고 땀으로 할머니 옷이 흥건히 젖어있었다. 그리고 할머니가 왼쪽 가슴을 움켜쥐고 있는 것을 보자마자 '이건 100% 심근경색이야!'라고 생각했다.

심근경색이란 의학 용어로는 Myocardial Infarction(MI)이고 더 광범위한 용어로는 급성 관상동맥 증후군(Acute Coronary Syndrome, ACS) 중의 하나이지만 일반 미국인들에게는 상대적으로 쉬운 용어인 심장발작(Heart attack)으로 불린다. 쉽게 설명하자면 심장으로 혈류를 공급하는 혈관들이 어떠한 이유로 막혀 심장 근육이 필요한 혈류를 공급받지 못하고 심장 일부가 기능을 하지 못하게 되기에 코끼리가 가슴을 짓누르는 것 같은 심각한 가슴 통증을 유발한다. 이를 유발하는 위험요인에는 고령의 나이나 고혈압과 당뇨 같은 만성 질환, 건강하지 못한 식습관, 운동 부족, 흡연 등이 있다. 할머니는 일흔의 나이에 고혈압이 있었고 흡연자였다. 할머니께선 위험요인들을 가지고 있었고 전형적인 심장발작 증상인 심각한 가슴 통증을 호소하고 있었다.

무슨 일이 일어나고 있는지 머릿속으로는 알았으나 영어로 다른 사람들에게 설명할 수가 없었다. 그렇게 당황하고 있는 사이 할머니는 정신을 잃고 그대로 쓰러지셨다. 신기하게도 또 다행스럽게도 몸이 먼저 반응하여 할머니를 그 자리에 바로 눕히고 심폐소생술을 시작했다. 그러자 사람들이 우르르 모여들기 시작했고 자초지종을 설명할 수 없었지만 도움이 절실히 필요했기에 정말 절박하게 두 단어를 반복해서 외쳤다.

"Help! 911! Help! 911!"

겨우 어학연수 3주차인데 영어를 배워봤자 얼마나 배웠겠는가? 턱없이 부족한 영어실력을 가지고 있었지만 의료인으로서 무슨 일이 일어나고 있고 어떤 일을 해야 하는지 알고 있었기에 도움이 절박하게 필요함을 인지하고 있었다. 그때 할 수 있는 최선의 두 단어를 반복해서 외쳤다. 다행히 할머니는 단기간 흉부압박(Chest compression)으로 정신을 되찾았지만 여전히 숨쉬기 어려워했고 심각한 가슴 통증을 호소했다. 그러는 사이 누군가 911에 신고했다. 앰뷸런스를 기다리는 사이 할머니는 한 번 더 정신을 잃어 심폐소생술을 다시 시작한 지 얼마 지나지 않아 다행히 앰뷸런스가 도착해 할머니에게 응급조치를 취하고 그 지역에서 가장 큰 병원으로 데려갔다. 응급구조사는 할머니의 보호자에 대한 정보를 물었고 할머니에겐 딸이 있었지만 병원으로 바로 올 수 있는 상황이 아니었다. 그런 연유로 얼떨결에 할머니의 보호자가 되어 앰뷸런스에 같이 탔다. 눈치 빠른 응급구조사는 내가 영어를 잘하지 못한다는 것을 알아챘고 그래서 쉬운 영어로 대화를 시도했다.

"You saved her. Where did you learn how to do chest compression?"

네가 할머니를 살렸다. 심폐소생술은 어디서 배웠니?

"I was a nurse in Korea."

나는 한국에서 간호사였다.

이 한 마디를 하고 한국에서 미리 취득하여 지갑 안에 보관하고 있던 미국 심폐소생술 자격증을 꺼내어 보여주었다. 그걸 본 응급구조사는 흐뭇하게 미소를 짓더니 말했다.

"She was really lucky to be with you."

할머니는 너와 함께 있어 정말 행운이었다.

그렇게 응급구조사의 칭찬을 들으며 델라웨어에서 가장 큰 병원인 크리스티아나(Christiana) 병원 응급실에 도착했다. 도착하자마자 의사와 간호사를 포함한 많은 사람들이 응급구조사에게 자초지종을 듣고 응급구조사가 임시 보호자라고 소개한 바람에 나를 향해 질문 공세를 시작했다. 하지만 할머니의 딸이 병원으로 오고 있다는 말 이외에 다른 답을 영어로 할 수가 없었다.

할머니께선 예상대로 심근경색을 진단받았고 바로 막힌 혈관을 뚫기 위해 시술을 받으러 검사실로 이동했다. 시술은 다행히 성공적이었고 며칠간의 집중치료와 관찰을 위해서 중환자실로 이동했다. 중환자실에 입원한 할머니에게 보호자 면회가 주어졌고 당시 보호자였던 내가 중환자실에 들어갔다. 한결 나아보이는 할머니의 모습을 확인하고 지쳐보이는 할머니를 그저 말없이 바라보고 있었다. 그러는 와중에 학회 이후로 오랜만에 경험해보는 미국 병원의 중환자실 모습에 눈을 뗄 수가 없었다. 미국 간호사들의 근무하는 모습도 보며 마냥 신기해했다. 그렇게 쉬고 있는 할머니의 모습과 그저 신기한 미국 병원 중환자실의 광경을 뒤로 한 채 중환자실을 나왔고 금방이라도 울음을 터뜨릴 것 같은 할머니의 딸 Joy와 마주쳤다.

비바 할머니께서 남편 분과 사별한 이후 할머니의 유일한 가족은 Joy였다. Joy 역시 간호사였는데, 나는 RN이었고 Joy는 LPN이었다. 미국에는 두 부류의 간호사가 존재하는데 RN(Registered Nurse)와 LPN(Licensed Practice Nurse)다. 둘 다 '간호사(Nurse)'라는 타이틀이 있지만 교육 및 훈련과정과 실제 하는 업무 범위가 다르다. 쉽게 말하면 LPN은 업무 범위가 RN보다 협소하고 교육과정이 RN보다 훨씬 짧아 학교에서 배우는 지식의 양도 깊이도 상대적으로 적다. 심근경색의 원인 및 치료, 회복 과정에 대해서 잘 모르는 Joy를 위해 할 수 있는 범위에서 최대한 쉽게 설명을 하려고 노력했고 시술이 성공적으로 끝났으니 큰 고비는 넘겼다고 위로해주었다. 하지만 회복과 재활 역시 중요하고 앞으로의 할머니 생활방식(Lifestyle)의 변화가 정말 중요함을 강조했다.

할머니께선 천천히 회복을 했고 1주일 정도 지나 퇴원을 하게 되었다. 할머니께선 평생 잊지 못할 만한 고마움이라고 계속 말해줬고 이 일이 있기 전에도 충분히 잘해주셨지만 이 일이 있은 이후로는 정말 아들처럼 대해주셨다. 그렇게 할머니와의 특별한 인연이 시작되었다. 이 일을 계기로 나는 할머니의 위임 권한(Power of Attorney, POA)을 맡게 되었다. 위키피디아에 따르면, 'A Power of Attorney(POA) is a written authorization to represent or act on another's behalf in private affairs, business, or some other legal matter, sometimes against the wishes of the other.'(POA는 어떤 한 사람의 개인적인 사정이나 사업 혹은 법적인 문제를 대신하여 대변하는 권한을 말한다.)

POA는 쉽게 말하면 의사결정자라고 할 수 있다. 예를 들어 내가 할머니의 POA가 되면 할머니에게 위급한 상황이 생기거나 의료적 의사결정이 필요할 때 할머니의 딸이 아니라 내가 의사결정자가 되는 것이다. 할머니께선 이 일을 겪은 이후 본인이 건강하지 않다는 것을 확실하게 인지했고 사람 일은 어떻게 될지 모른다는 생각을 강하게 하신 것 같다. POA를 부탁한 이유는 충분히 납득할 만 했다. 할머니의 위급한 상황을 잘 대처해준 행동에 대한 고마움과 신뢰 때문이었다. 처음 이 부탁을 받았을 때 많이 놀랐고 Joy가 이 결정에 서운해 하지는 않을까 걱정을 많이 했다. 하지만 Joy는 흔쾌히 할머니의 결정을 받아들였고 응급한 상황에 할머니를 살렸고 충분한 지식으로 Joy에게 설명을 하며 따뜻하게 위로하고 안심시킨 것에 대해 크게 감동을 받았기에 할머니의 결정을 존중한다고 말했다. 할머니께서 자신의 POA가 되어달라고 말할 때 같이 했던 말이 생각난다.

"I want to die with dignity."

나는 존엄하게 죽음을 맞이하고 싶다.

본인의 질병 상태가 위중하여 삶의 질이 매우 낮은 상황이라면 고통없이 편하게 보내달라는 것이 할머니의 뜻이었다. 부탁을 받고 참 많은 생각을 했지만 할머니의 진심이 담긴 부탁과 할머니 딸의 격려로 결국 할머니의 부탁을 받아들였다. 할머니의 의사결정자가 되었지만 그런 결

❶ 한적한 델라웨어 풍경 ❷ 당시 지냈던 방 ❸ 델라웨어에 위치한 Viva 할머니의 집
❹ 미국에서 만난 은인 Viva Wolhar ❺ 보트 위에서 Viva 할머니

정의 순간이 오게 되면 할머니의 딸과 충분한 상의를 하겠다고 했다. 그렇게 할머니와 같이 할머니의 변호사를 찾아가 앞서 언급한 할머니의 사전의료지시서(Advance directive)를 작성했고 법적인 POA로 지정되었다. 5년이란 시간이 지난 지금, 할머니는 다행히 건강하시다. 조언대로 운동은 꾸준하게 하고 계시지만 담배는 좀처럼 끊지를 못하고 계신다. 볼 때마다 그렇게 끊으라고 잔소리를 하는데도 몰래 피우는 것을 들키시곤 한다. 이런 모습을 본 사람들은 엄마와 아들 사이 같이 자연스럽다고 한다. 언제부턴가 나도 모르게 할머니를 'Mom(엄마)'이라고 부르는 것이 전혀 이상하게 느껴지지 않고 오히려 자연스러운 것처럼.

언젠가 이 영화 같은 이야기를 통해 얻은 할머니를 위한 마지막 의사결정권을 행사할 날이 오겠지? 하지만 가능하다면 그 날을 최대한 늦추고 싶다. 비바 할머니, 건강하게 오래오래 사세요. 가슴 아플 이 마지막 의사결정을 하시 않을 수 있도록….

영어
공부

영어공부. 이런 영화 같은 일을 겪고 난 후 영어를 더 필사적으로 공부해야겠다는 생각을 했다. 델라웨어 주립대학은 미국에 오기 전에 상상했던 그대로였다. 한적한 도시에 위치한 커다란 캠퍼스. 공부에 집중하기 아주 적절한 환경이었다. 영어공부를 더 열심히 해야 하는 이유가 하나 더 있었다. 미국에서 영어공부를 하기로 결정했을 당시에는 미국에 머무를 계획이 전혀 없었다. 하지만 이왕 영어를 배우러 가는 김에 미국 간호사 면허 획득에도 도전해보고 싶었다. 미국 간호사 면허 시험은 NCLEX-RN(National Council Licensure Examination-Registered Nurse)으로 일명 '엔클렉스'라고 부른다. 부끄럽지만 그 당시 이 시험 준비를 해보자고 한 목적은 정말 단지 한국 간호사가 이 미국 간호사 면허를 가지고 있으면 왠지 있어 보이는 느낌이 들어서였다. 돌이켜보면 참 쓸데없는 이유였지만 결과적으로는 이유야 어찌됐든 그 덕분에 시간이 지나 미국을 더 경험해볼 수 있는 기회를 갖게 되었다. 이 시험은 외국인으로서 치르기에는 서류를 준비하는 과정부터 시험을 치르기까지 1

년 이상이 소요되는 시험이었다. 그래서 한국에서 미국행을 결정하자마자 이 시험 접수부터 준비했다. 이 복잡한 절차를 혼자서 준비하는 간호사들도 많다. 하지만 어학연수를 준비하는 과정 때처럼 잘 알지도 못하는 복잡한 절차를 엉성한 영어실력으로 준비해 일을 그르치고 싶지 않았기에 이번에도 이 시험 접수를 도와주는 전문가에게 도움을 받았다.

주위 사람들에게 항상 하는 말 중에 '전문가는 전문가인 이유가 있다.'라는 말이 있는데 한국과 미국, 서로 굉장히 다른 두 나라를 경험하며 이렇게 필요시마다 전문가들의 도움을 받았기에 지금 이 자리에 있을 수 있다고 생각한다. 혼자의 힘으로 모든 것을 다 이루지는 않았다. 강점을 찾는 'Strengths finder'라는 책을 보면서 강점에 대한 진단을 받은 적이 있었는데 최대의 강점은 Maximizer였다. 이는 개인이나 조직의 목표를 이루기 위해 타인의 강점에 집중하고 그 강점들을 잘 이용하는 능력이 탁월하다는 뜻이었다. 어쨌든 전문가들의 도움을 받아 미국 오기 전부터 시험 접수를 시작했고 시험 등록까지 무사히 마칠 수 있었다. 일상생활영어도 제대로 구사하지 못하는 상황에서 미국 간호사 면허 시험을 치른다는 것은 절대 쉬운 일이 아니었다. 그렇기에 더 필사적으로 영어공부를 시작했다.

새로운 언어를 습득하는 것은 정말 어려운 일이다. 지금까지도 미국에 와서 가장 큰 도전이 무엇이었냐는 질문을 받으면 영어(English)라고 말한다. 전략은 하나였다. '기초부터 단단하게! 어린 아이가 영어를 배우는 것처럼 영어를 배우자.'

언어는 사용해야 실력이 는다. 어린아이가 어른의 말을 듣고 반복적으로 따라하고 흉내 내면서 언어를 습득하듯 내 영어공부 전략도 '흉내내기(Mimicking)'였다. 학교에서 새로 배운 단어나 표현이 있거나 누군가와 대화하다가 모르는 단어나 표현이 나오면 되묻고 따라하고 그것을 노트로 옮겨서 하루 종일 다른 사람들에게 사용해서 입 밖으로 한 번 더 꺼내보곤 했다. 또 올바른 언어를 구사하기 위해서는 문법과 단어 또한 중요하다고 생각했다. 영어를 배우고자 하는 사람들 중에 문법과 단어에 대한 이해는 제쳐놓고 미국 드라마나 영화를 보면서 혹은 실제 외국인들과 대화하면서 그들의 표현을 따라하며 기초 없이 무작정 '경험'을 통해 영어를 배우려는 사람들이 있다. 절대 잘못된 방식은 아니다. 실제 그런 방법을 통해 영어 의사소통 실력이 향상되는 경우를 많이 봤다. 이 방식의 가장 큰 장점은 영어를 입 밖으로 내는 것에 대한 '두려움(Fear)'를 없앤다는 것이다. 영어실력을 향상시키기 위해 꼭 필요한 부분이다. 기초나 기본이 없이 경험을 토대로 습득하는 방식의 단점은 듣거나 말하는 것이 중심인 일상생활 영어는 큰 문제없이 구사하게 할 수 있지만 기본적인 문법이나 다양한 어휘에 대한 이해를 필요로 하는 읽기나 쓰기가 중심이 되는 아카데믹한 영어를 구사하는데 어려움을 겪을 수 있다는 것이다. 영어를 계속 사용하여 두려움을 없애되 문법과 단어를 소홀히 하지 않아야 한다는 것은 미국을 오기 전 잠깐 한국에서 영어 학원을 다닐 때 한 영어 선생님으로부터 들은 조언이었다. 이 조언을 토대로 두 마리 토끼를 다 잡기 위한 전략을 세웠다.

가장 큰 장애물인 영어로 말하는 것에 대한 두려움을 없애기 위해 한국인 특유의 타인의 시선을 신경 쓰는 또 실수를 두려워하는 특성을 버리려고 노력했다. 그래서 처음 만나는 사람과도 자연스럽게 말을 섞으려고 노력했고, 실수를 하더라도 일단 입 밖으로 영어를 최대한 많이 뱉으려고 시도했다. 그와 동시에 학교에서 배우는 기본 영문법과 어휘 공부도 충실히 복습하고 반복했다. 새로운 단어를 배우면 꼭 노트에 기입하고 할머니에게 어떤 식으로든 문장에 집어넣어 사용해보곤 했다. 눈치 빠른 할머니는 오늘은 어디서 그 단어를 배웠냐며 가끔은 자연스럽지 않은 문장을 올바르게 고쳐주곤 했다. 영어공부의 기억을 되짚어보고 책을 쓰고 있는 지금도, 어떻게 해냈을까 고개를 계속 저을 만큼 쉽지 않은 여정이었다.

미국에 와서 처음 운전할 때의 일이었는데 할머니께서 운전석 옆에서

"You need to pull over here."

여기에 차를 대야 해.

라고 말씀하셨다. '도대체 뭘 Pull(당기다)하라는 걸까?' 라고 생각했다. 이해하지 못했으니 당연히 그곳을 지나쳤고 할머니께서는 당황하셨다.

"David, why did you not listen to me?"

데이비드, 왜 내 말을 듣지 않은 거야?

"What do you mean, pull over?"

Pull over가 무슨 뜻이에요?

"Pulling over is … to pull over."

Pull over는 pull over야.

거짓 하나 보태지 않고 할머니께선 정말 저렇게 말하셨다. 더 설명을 잇지 못하시는 할머니를 보고 영한사전을 찾아봤다. '길가에 차를 대다.'라는 뜻이었다. 지금 생각해보면 내 질문은 미국인에게 '차를 대는 것이 무슨 뜻이야?'라고 한 것이었다. 할머니의 대답은 '차를 대는 것은 차를 대는 것이다.'이었다. 근데 아무리 머리를 굴려보아도 'Pull over'에서 '차를 대다'는 뜻을 유추해내는 것은 불가능했다. 영어를 배우는 동안 머리로 쉽게 이해되는 것들만 있는 것은 아니었기에 더욱 힘들었던 것 같다.

최근 스스로 운동의 필요성을 느끼고 운동을 제대로 배워본 적이 없었기에 앞서 이야기했던 것처럼 이번에도 전문가의 도움을 받자고 생각하여 개인 트레이너를 고용해서 기본적인 운동 방법과 근육을 만드는 법을 배우고 있다. 그를 통해 깨달은 것은 영어를 배우는 것이 헬스장에서 근육을 키우는 일과 비슷하다는 것이다.

이런 경험 해본 적이 있지 않은가? 하루 운동 아주 열심히 한 후에 거울 앞에서 몸을 쳐다보며 '오늘 열심히 운동했으니까 복근이 좀 달라졌을까?' 운동을 처음 시작한 사람이라면 누구나 한 번쯤 해봤을 경험일 수 있다. 단 하루의 노력으로 눈의 띄는 큰 변화를 확인하기란 불가능하다. 하지만 눈에 보이진 않지만 조금씩 변화하고 있다. 본인이 인지하지 못할 만큼 아주 천천히. 몸에 자극을 느껴가면서 가끔은 무게를 중량하면서 꾸준히 해야 몇 달이 지나고 그제야 눈에 띄는 변화를 보이기 시작한다. 헬스장에 가는 것을, 다른 사람들의 시선을 두려워하면 당연히 기대하는 효과를 달성하기 힘들다. 며칠 운동하고 며칠 만에 훌륭한 복근이 보이는 효과를 기대하면 안 되며 그런 큰 기대가 실망을 가져다주며 결국 포기로 이어지기 쉽다. 꾸준히 운동을 하다가 오랫동안 하지 않으면 만든 근육이 손실되기도 한다. 가장 중요한 것은 운동이 즐거워야 한다.

영어의 경우에도 똑같다. 하루 공부로 큰 기대를 확인하기란 불가능하다. 하지만 본인이 인지하지 못할 만큼 아주 천천히 실력이 늘고 있다. 몸에 자극을 느껴가면서 운동하는 것처럼 영어 또한 정확한 문법에 맞춰 구사하고 운동도 가끔은 무게를 중량 하는 것처럼 때로는 조금은 어려운 어휘들을 익히면서 꾸준히 해야 몇 달이 지난 뒤 그제야 눈에 띄는 변화를 보이기 시작한다. 헬스장에 가는 것을, 다른 사람들의 시선을 두려워하면 운동의 효과를 기대하기 어려운 것처럼 영어를 사용하는 것을, 다른 사람들의 시선을 신경 쓰거나 두려워하며 영어를 사용하면 실력향상을 기대하기 어렵다. 며칠 공부하고 며칠 만에 영어실력이 일취월장하리라는 기대를 하면 안 되며 그런 큰 기대가 좌절로 좌절이 포기로 이어지기도 한다. 영어공부를 꾸준히 하다가도 오랫동안 놓고 있으면 쌓아온 실력이 줄기도 한다. 영어를 공부할 때도 가장 중요한 것은 영어를 배우고 구사하는 것 그 자체가 또 배우는 그 방법이 즐거워야 한다.

한 가지 더 중요한 이야기를 하자면 운동도 유산소 운동, 근력 운동, 스트레칭 등 균형 있게 해야 건강에 좋은 것처럼, 영어공부 역시 읽기, 듣기, 쓰기, 말하기, 문법, 어휘를 골고루 공부하고 연습해야 실력이 균형 있게 잡힌다. 영어를 듣는 것에 자신이 없어 주야장천 듣기만 해봤자 질리기만 할뿐 실력이 늘지 않는다. 구분지어 말했지만 사실 읽기, 듣기, 쓰기, 말하기, 문법, 어휘 이 여섯 가지는 서로 밀접하게 연관되어 있다. 그렇기에 자신 없는 것 혹은 자신 있는 것 하나씩에만 매달려 있는 것보다 균형 있게 공부하는 것이 실력 향상에 도움이 된다.

어릴 때부터 소심하고 부끄러움을 잘 탔고 남의 시선을 많이 신경 쓰는 편이었으며 항상 걱정이 많았다. 특히 무언가 새로운 일을 도전하는 상황에는 그 걱정이 극에 달하는 편이었다. 영어를 배우는 과정에도 이 걱정을 많이 하는 습관이 가장 큰 장애물이 되었고 그나마 다행스러운 것은 그 습관이 장애물이라는 것을 스스로 인지하고 있었다는 것이다. 모든 문제 해결에는 그것을 문제라고 생각하는 것이, 그 문제에 대한 정확한 인지가 첫 번째 단계라고 생각한다. 이 소중한 시간과 경험을 헛되이 보내고 싶지 않았다. 그래서 이번만은 조금 달라지자고 하루에도 수백 번 다짐 했다. 타인의 시선을 신경 쓰지 않고 얼굴에 두꺼운 철판을 깔고 자유롭게 영어를 구사했으며, 걱정은 접어두고 실수를 두려워하지 않고 영어를 사용하기 시작했다. 마치 언어를 배우는 2~3살 어린 아이처럼 말을 계속 반복적으로 하고 다른 사람의 말을 흉내 내기도 했다. 걱정을 내려놓고 스스로를 가두고 있던 '타인의 시선'과 '실수에 대한 두려움'이라는 벽을 깨고 나오니 다른 세상이 기다리고 있었다. 다른 사람들에게 먼저 다가가고 먼저 말을 거는 것은 미국에선 이상하다고 여겨지는 것이 아니라 친근하다고 여겨지는 것들이었다. 그렇게 사람들과 어울려가며 그동안 그다지 관심을 두지 않았던 미국의 문화와 관습을 접하게 되고 그와 더불어 영어실력은 조금씩 향상되어갔다. 그때 깨달았던 것 같다. 새로운 언어를 익힌다는 것은 본인의 피나는 노력뿐만 아니라 그 언어를 사용하는 나라의 문화에 자연스럽게 스며들어 나누는 사람들과의 자유로운 소통 두 가지 모두 필요하다는 것을.

경험을 통해 이런 이치를 깨달았기에 영어를 배우기 위해 어학연수를 생각하는 사람들로부터 질문을 받으면 무조건 어학연수를 추천하지는 않는다. 그저 물리적으로 미국이라는 나라에 와 있다고 해서 영어실력이 느는 것은 아니다. 미국에 와서도 한국인들끼리만 어울리고 계속 한국 TV 프로그램만 보며 현지인들과 소통하려는 의지나 다른 나라의 문화를 접하고 배우려는 의지가 없다면 한국에서 하는 영어공부와 다를 바 없지 않은가?

근육을 키우는 것도 영어를 배우는 것도 시작은 참 어렵다. 하지만 언제부턴가 거울을 보며 자신도 모르게 조금 좋아진 것 같은 몸을 볼 때의 그 행복함, 자신도 모르게 조금씩 영어실력이 늘어 영어가 유창해지는 것 같다는 칭찬을 들었을 때의 그 뿌듯함을 생각하면 '그 어려운 시작을 극복하기 위한 작은 용기와 노력은 충분히 해볼 만한 가치가 있다.'라고 그 힘든 과정을 지나 행복함과 뿌듯함을 모두 경험한 사람으로서 감히 말할 수 있다.

친구들과 이야기하다가 미국에 오기 전 얼마나 영어를 못했는지 이야기할 때 사용하는 에피소드가 있다. 미국 중환자 간호학회에서 만난 엄청난 인연인 Kathy에게 학회에 다녀온 이후 영어로 감사 이메일을 보낼 일이 있었다. 그때 이메일에 감사의 인사와 함께 마지막 멘트로 'I will keep in touch with you.(또 연락드리겠습니다.)'라는 문장을 쓰려고 했는데 미미한 영어실력 탓에 실제로 쓴 문장은 이러했다.

"I will touch you later."

나는 나중에 당신을 만질 겁니다.

이 문장을 읽은 Kathy가 얼마나 당황했을지 상상이 가지 않는다. 물론 똑똑한 Kathy는 문맥을 잘 파악하여 본래 의도를 읽었을 것이라고 생각하지만 지금도 그 이메일을 떠올리면 밤새 이불킥을 하고 싶을 정도다. 하지만 한편으로는 그 이메일을 보면서 많이 성장했음을 느낀다.

실패에는
이유가 있다

한참 영어공부에 모든 것을 쏟던 그 당시 반갑지만 반갑지 않은 소식이 찾아왔다. 그 소식은 미국에 오기 전부터 준비했던 미국 간호사 면허 시험 응시 자격이 승인되어 시험을 등록 및 응시할 수 있다는 소식이었다. 열심히 공부한 만큼 영어실력이 조금씩 나아지고 있다는 것은 스스로도 알고 있었지만 그 당시의 영어실력으로 과연 일상 영어가 아닌 각종 의학 용어들이 난무하는 미국 간호사 면허 시험을 치를 준비가 되었는지까지는 확신이 서질 않았다. 그 사실을 듣고 걱정하기 시작한 사람은 나만이 아니었다. 비바 할머니께서도 어려운 시험이라고 들었는데 괜찮겠냐고 반복해서 물었다.

걱정은 하면 끝이 없고 또 다른 걱정을 낳는다. 걱정의 사슬을 끊을 무언가가 필요했다. 때로는 '자신감(Confidence)'이라는 것이 그런 걱정의 사슬을 끊기도 한다. '생각해보면 미국 간호사 면허 시험이라는 것은 이제 간호사가 되려는 학생들이 치르는 시험이잖아? 이미 3년 넘게 그 힘든 중환자실에서 간호사로 일하고 공부하다 왔는데 뭘 두려워하는

거야?'

그렇다. 이미 한국 간호사 면허를 소지한 간호사였다. 단지 영어로 되어있을 뿐 그 시험은 '간호사가 되기 위한 시험'이었다. 자신감을 조금 가졌을 뿐인데 두려움이 사라지고 충분히 해볼 만하다는 생각이 생겨나기 시작했다. 물론 철저한 준비를 통해 그 자신감을 더 키우고 싶었고, 자신감이 자만심으로 변질되어 대충 준비했다가 일을 그르치고 싶지 않았다. 그렇게 학교에서 배우는 영어공부 외에 따로 늦은 밤 까지 미국 간호사 면허 시험공부도 같이 열심히 했다.

비바 할머니는 보트를 소유하고 있었다. 날씨가 따뜻해지면서 같이 사는 다른 학생들과 자주 보트를 타러 나갔고 같이 가자는 유혹에 흔들렸지만 시험을 치르고 더 편한 마음으로 함께 하겠다며 매번 거절했다. 집에 혼자 남아 공부 또 공부를 반복하면서 참 많은 생각을 한 것 같다. '이렇게까지 해야 하나? 어쩌면 인생에 다시는 없을 1년의 휴식기일 수도 있는데…' 하지만 목표를 가지고 온 미국이었고 결실을 맺고 싶었다. 목표와 다짐은 이런 생각들로 쉽게 무너질 만큼 약하지 않았다.

그렇게 시험 날이 다가왔다. 미국에서 처음 치르는 국가시험이었다. 주경야독으로 공부했지만 많이 긴장되었다. 이 미국 간호사 면허 시험은 신기한 형식을 갖추고 있었다. 총 250문제였지만 일단 75문제를 푼 다음, 그 75문제의 정답률에 따라 75번에서 끝날 수도 혹은 250번까지 풀 수도 있는 시험이었다. 그래서 75번에서 끝난다는 말은 정답률이 엄청 높아서 그만 풀어도 되는 수준이거나 엄청 낮아서 더 볼 필요도 없이 불합격이라는 뜻이다. 정답률이 애매할수록 더 많은 문제를 풀어야 하는 잔인한 형식을 가진 시험이었다. 한국 간호사 국가고시가 1년에 단 한 번 치를 수 있는 시험이고 페이퍼 형식이라면 미국 간호사 면허 시험은 상시 응시할 수 있고 컴퓨터로 응시하는 시험이다. 1년에 단 한 번 응시했기에 많은 응시자들로 시험장소가 북적북적했던 한국 간호사 국가고시 시험장 분위기와는 달리 미국 간호사 면허 시험 장소에 응시자는 3명뿐이었다. 들어가서 자리에 앉았고 숨을 고르고 준비한 세 문장을 나누어준 빈 종이에 써내려갔다.

1. 대부분 정답은 문제 속에 있다.
2. 맞는 것을 고르는 문제냐, 틀린 것을 고르는 문제냐 다시 한 번 봐라.
3. 한 문제에 집착하지 마라. 모르면 표시하고 그냥 넘어가라.

다양한 시험을 치르면서 자주 했던 실수들을 바탕으로 생각해낸 문장들인데 시간이 많이 지난 아직까지도 시험이 있을 때마다 적고 시작하는 문장들이다. 집중하며 문제를 풀었고 75번이 지나고 난 뒤 창이 닫히며 시험이 종료되었다. 합격인지 불합격인지 알려주진 않았다. 종료 후 많은 생각이 들었지만 최선을 다했기에 결과를 기다리기로 했다. 시험이 끝나고 비바 할머니에게 전화를 했고 할머니께선 따뜻하게 한 마디 해주었다.

"You did your best. There is nothing you can do now. Just forget about it and enjoy your life from now on!"

넌 최선을 다했고 이제 모든 것은 네 손을 떠났다. 지금은 시험에 대해선 잊어버리고 삶을 즐겨!

시험이 끝난 그날 바로 할머니와 함께 보트를 타러 갔다. 보트 위에서 느끼는 시원한 바람에 시험에 대한 스트레스와 긴장감이 다 날아갔고, 할머니 말씀대로 당장 할 수 있는 일은 결과를 기다리는 것 외에는 없었기에 집에서 초조하게 결과에 대한 걱정만 하기보다 시험이 끝났다는 사실을 열심히 축하했다.

그렇게 할머니와 시원하게 보트를 타고 집으로 돌아와서 하루 정도 꿀 같은 휴일을 가지고 다음 날이 되어 미국 간호사 면허 시험의 합격 여부를 확인하기 위해 컴퓨터 앞에 앉았다. 공식적인 결과가 나오는 것은 몇 주 소요되지만 내가 시험을 봤던 그 당시는 돈을 조금 더 지불하면 시험 합격 여부를 시험 종료 후 이틀 이내에 확인할 수 있었다. 그 사실을 알고 '돈이면 다 되는구나…' 하는 생각도 했었다. 몇 주 동안이나 합격이냐 불합격이냐 걱정하고 싶지는 않았기에 그 추가 비용을 지불했고 키보드 버튼 하나만 누르면 합격 여부가 나오는 상황에 이르렀다. 비바 할머니는 나보다 더 긴장을 해서 같이 확인을 못하겠다고 하셔서 1층에서 기다리겠다고 하셨다.

심호흡을 하고 눈을 감고 버튼을 눌렀다. 그리고 감은 눈을 천천히 떴고 화면에는 Hyunmin Yu: PASS(합격)라고 떴다. 방이 떠나가라 소리를 질렀고 할머니께서도 그 외침이 합격의 기쁨 때문이란 것을 눈치 채셨는지 바로 2층으로 달려오셨다. 같이 부둥켜안고 합격을 기뻐했다. 그

때가 미국 뉴욕 주 간호사 면허를 획득한 순간이었다. 할머니께서는 온 이웃들에게 전화를 해서 자랑을 했고 나 또한 가족들과 친구들에게 합격 소식을 전했다. 이웃들과 파티를 하며 드디어 미국 간호사가 되었음을 축하했다.

사람 마음처럼 간사한 건 없다. 너무 힘들면 그저 포기하고 싶고 왜 이렇게까지 노력해야 하는지 부정적인 생각들만 하다가 '성취감'이라는 것을 맛보면 그 땐 왜 그렇게까지 힘들어했을까 왜 포기하고 싶어 했을까 하는 의문을 가지니까 말이다. 성취감… 아직도 그 달콤한 중독에서 벗어나질 못하고 있다.

미국에 오기 전에 영어실력 향상이라는 목표 이외에 두 가지 목표들을 이루고 다시 한국으로 돌아오자고 생각했었다. 그 두 가지 목표들 중 하나는 미국 간호사 면허 획득이었고, 다른 하나는 만족할만한 공인 인증 영어 시험 성적을 취득하는 것이었다. 지금도 그다지 변하지 않았겠지만 한국에서 사회생활을 하면서 강하게 느낀 것은 '성과=시험 점수나 자격증같이 입증 가능한 것'이라는 인식이 만연하다는 것이다. 어떠한 시험의 합격이나 고득점만이 '성과'라고 내세울 수 있는 것들은 아니지만 한국 사회는 여전히 이런 부분을 강조하고 있었다. 영어실력에 관한 부분도 예외는 아니었다. '영어실력=공인 인증 영어 시험 고득점'

일 년 후에는 한국으로 돌아갈 생각을 하고 있었고 이왕이면 이런 한국식 성과를 가지고 복직하고 싶었기 때문에 공인 인증 영어 시험인 토플(TOEFL)을 준비했다. 앞서 여러 번 언급했던 토익(TOEIC)보다도 고득점 취득하는 것이 어렵다고 정평이 난 시험이었다. 그런 토익마저도 과거에 받은 성적이 내세우기는커녕 숨기고 싶은 정도였는데 그보다 더 어렵다고 간주되는 토플을 고득점 받고 한국으로 돌아가겠다는 목표는 친한 친구들도 달성하기 힘들지 않을까 하며 다른 시험을 준비하도록 조언했다.

공인 인증 영어점수가 필요하면 치를 수 있는 여러 시험들이 있다. 토익, 텝스(TEPS), 아이엘츠(IELTS), 토플 등등. 친구들 만류에도 불구하고 왜 굳이 어렵다는 토플을 준비했을까? 친구들처럼 이 시험들을 아는 사람들에게 가장 고득점이 어려운 시험을 꼽으라면 많은 사람들이 토플이라고 말할 것이다. 일 년의 어학연수를 선택하면서 정말 열심히 공부해서 제대로 된 성과를 내고 돌아오고 싶었기에 가장 어렵다는 시험을 택했다. 물론 안 될 것 같다고 단호히 말하는 친구들의 가정도 틀렸음을 증명하고 싶었다. 목표도 흔히들 넘기 힘들다고 말하는 마의 100점을 넘기는 것으로 정했다. 토플이라는 시험은 읽기, 듣기, 말하기, 쓰기의 네 가지 영역으로 구성된 시험으로 각 영역이 30점, 최고점이 120점인 시험이다.

토플이라는 시험에 대해 이런저런 이야기를 들었지만, 사실 어떤 시험이든 본인이 직접 경험해보기 전에는 알 수 없다고 생각했기에 어학연수를 시작한지 6개월 정도 지나서 한 번 쳐보았다. 나온 점수는 82점. 6개월이라는 시간을 열심히 영어공부만 했는데 목표치보다 한참 적게 나온 점수에 실망했다. 하지만 한편으로는 다음에 칠 때는 더 높게 나오겠지 라는 안일하게 생각도 가지고 있었다. 영어공부가 부족했을 것이라는 잠정적인 결론을 내고 3개월을 더 공부했다. 이때까지는 이 '시험' 자체에 대해 더 자세히 알아보겠다는 생각이 없었다. 영어의 숙련도를 평가하는 시험이었으니 그저 영어공부를 열심히 하면 이 토플 점수도 올라가리라 생각했었다. 그렇게 3개월을 더 공부한 후에 친 두 번째 시험. 첫 번째 시험보다 확실히 더 잘 봤다고 자신했고 두근두근 점수를 기다리고 있었다. 그렇게 기다리고 확인한 점수는 84점. 한눈팔지 않고 공부만 3개월을 더 했는데 겨우 2점이 올랐다는 사실에 충격적이기도 하고 엄청 실망하고 좌절했다. 가장 큰 문제는 불안해지기 시작했다는 것이었다. '원인이 무엇일까?', '계속 공부한다고 점수가 오르긴 할까?', '시간과 돈만 낭비하고 있는 것은 아닐까?'

9개월이라는 시간을 영어공부에 전념했는데 목표치에 근접해보지도 못했다는 사실에 낙심하고 그것이 이내 불확실함에 대한 불안으로 바뀌었다. 살아가면서 예측 가능한 일보다 예측 가능하지 않은 일이 더 많고 그래서 삶이 또 재밌을 수 있는 것인데 그 당시는 도저히 이렇게 생각을 할 수가 없었다.

목표에 근접해보지도 못했으니 다시 시도해보고 싶었는데 펜이 손에 잡히질 않았다. 당최 집중을 할 수가 없어 델라웨어 주립대학 영어 교수님을 찾아갔다. 실패(Failure)에 대해 상담을 받고 조언을 얻고 싶었다. 교수님께서도 획득한 점수를 들으시고는 현재의 영어실력과 노력이 반영되지 않은 토플 점수에 의아해하셨다. 고민을 다 들으시곤 이렇게 이야기해주셨다.

"There is always a reason when someone could not achieve a goal.

Sometimes, the goal is unattainably big. Sometimes, the way to reach the goal is inappropriate. I don't know what the reason is for your case, but it is the time for you to think about it seriously before trying again."
목표를 달성하지 못했을 때는 항상 이유가 있다. 때로는 그 목표가 너무 비현실적으로 크거나 때로는 목표를 달성하기 위한 방식이 적절하지 못했을 수 있다. 원인이 무엇인지는 잘 모르겠지만 지금은 다시 시도하기 전에 그 원인을 스스로 진지하게 생각해볼 시간인 것 같다.

목표를 달성하지 못했을 때는 항상 원인이 있다. 굳이 내가 사용한 실패(Failure)라는 표현을 '목표를 달성하지 못한'(Not achieve a goal)이라는 표현으로 바꾸어 말씀하신 교수님의 배려에 감동하고 해주신 말씀이 상황에 너무나도 적절했기에 진심어린 조언에 다시 한 번 감사했다. 교수님의 조언대로 또 다시 도전하기 전에 연이은 두 번의 도전에서 목표에 달성하지 못했던 이유에 대해서 진지하게 고민했다. 목표가 높았을 수도 있지만 그렇게 생각하고 싶지 않았다. 그간 투자한 시간과 노력을 생각하면 노력이 부족했다라고 생각할 수도 없었다. 그렇다면 남은 것은 목표에 접근하는 방식이 잘못 되었을 가능성. 그 가능성에 대해 생각한 그 시점부터 다른 사람들은 이 시험을 어떻게 공부했는지 그 방법을 알아보았다. 사실 이런 정보 다 필요 없다고, 그저 열심히만 하면 된다고 생각했었다. 사람마다 선호하는 공부 방식이 다르고 타인의 공부 방법을 따라한다고 해서 꼭 성공하지만은 않는다. 하지만 고득점을 받은 사람들의 후기를 읽으면서 한 가지 깨달은 사실이 있었다. 그 사람들은 이 토플이라는 '시험' 자체를 철저히 분석하여 굉장히 잘 알고 있음을 느낄 수 있었다. 결과적으로 나는 적을 잘 파악하지 못한 전사였던 것이다. 전투를 앞두고 적에 대한 정보도 전략도 없이 싸우는 기술만을 연마한 전사.

그걸 깨닫고 난 뒤에 토플 공식 웹사이트에도 들어가 보고 그동안 읽지도 않은 토플 준비서적들의 가장 앞 챕터에 적힌 시험에 대한 소개글도 천천히 읽어내려 갔다. 이 시험이 요구하는 것이 무엇인지에 집중했다. 적에 대해 알고 다시 3개월 동안 훈련해보자고 생각했다. 시험을 준비하는 동안은 아침 7시에 일어나서 오전에는 학교에서 어학연수과정을 듣고 점심을 먹은 이후로는 도서관에 가서 자정까지 공부를 했다. 물론 첫 번째, 두 번째 시험을 준비할 때도 이렇게 했었다. 달라진 것은 적에 대해 조금 더 잘 안다는 생각에 불안함이 덜 했다. 영어 숙련도를 평가하는 시험이지만 시험 자체에 대한 이해 없이 막연한 영어공부만으로는 높은 점수를 얻을 수 없다는 것 또한 깨닫게 되었다. 그렇게 마지막이라고 생각하고 치른 세 번째 시험에서 목표했던 마의 100점을 넘길 수 있었다.

영어 선생님은 아니지만 가끔 토플을 공부하는 사람들이 어떤 시험이냐고 물으면 이렇게 대답을 한다. '영어'라는 언어 자체에 익숙하지 못하면 고득점하기 굉장히 힘든 시험. 누군가 알려주는 '요령'만으로는 높은 점수를 얻을 수 있는 시험이 아니라 영어를 이해하고 영어를 제대로 구사할 줄 알아야 좋은 점수를 얻을 수 있는 시험. 또 시험에 대한 이해가 없으면 아무리 영어를 유창하게 구사해도 훌륭한 점수를 얻기 힘든 시험. 실제 경험을 통해 깨달은 토플이라는 시험에 대한 주관적인 의견이다. 준비하면서 지치고 열심히만 한다고 점수가 보장되는 것이 아닌 사실에 걱정하고 공부하는 시간이 과연 의미 있는 것인지에 대한 회의도 많이 했다. 하지만 불안과 걱정에 그치지 않고 한 발 더 앞으로 나아가기 위해 방법을 강구했다. 이때였던 것 같다. '걱정'이라는 것에 대해 한 가지 사실을 확실하게 깨달은 순간이. 하지 않을 수 없지만 해도 바뀌는 것이 없다는 사실을.

기회는
준비된 자에게

그렇게 어학연수를 하는 동안 달성하고자 했던 두 가지 목표를 모두 이루고 어학연수 과정도 점점 막바지에 다다르고 있었다. 영어실력도 제법 늘어 당시 어학연수 프로그램에서 제공하는 가장 높은 레벨의 수업을 듣고 있었다. 주로 배우고 있었던 내용은 논문 검토(Research review)에 관한 내용이었다. 마지막 졸업 전 과제로 관심 있는 주제에 대해서 논문들을 리뷰해보는 과제를 받았다. 고민하다가 이전에 미국 중환자 간호학회에서 다룬 중환자실 내 완화치료(Palliative care)에 대한 한국 논문들을 찾아 그에 대한 Research review paper를 썼다. 그 당시 미국에서는 이미 그 중환자실 내 완화치료가 많이 적용되고 있었던 시기였지만 한국에선 완화치료라는 것은 여전히 암 환자에 국한된 경향이 있었기에 많은 논문을 찾을 수는 없었다.

그렇게 페이퍼를 완성했고 교수님께 좋은 점수도 받았다. 나름 공들여서 쓴 이 페이퍼로 무엇을 할까 고민했다. 지금 읽어보면 내용도 영어표현도 다소 엉성하고 전혀 잘 쓰여 진 페이퍼가 아니지만 나름 이 곳에서 1년 동안 영어를 배우면서 쓴 글 중에는 그나마 가장 잘 쓴 글이었기에 그때는 그냥 묵혀두기엔 아깝다고 생각했던 것 같다. 학회나 세미나에서 페이퍼에 적힌 내용을 전달하기 위해 구두로 발표를 하거나(Oral presentation) 학회 동안 사람들이 지나다니며 편하게 정보를 얻을 수 있도록 포스터를 만들어 걸어놓기도 하는데(Poster presentation) 언젠가 이 내용을 포스터로 전달할 기회가 오지 않을까 하여 포스터를 만들어보았다. 그 기회는 생각보다 빨리 왔다. 델라웨어 주립대학 간호대학 행사에서 학생들을 대상으로 포스터를 모집했고 시기적으로 마치 나를 위한 기회처럼 여겨졌지만 큰 기대는 하지 않고 제출을 했다. 다소 엉성했지만 주제가 흥미로웠는지 채택이 되었고, 기쁜 마음으로 행사에 참여하여 내 포스터 앞에 섰다. 보통 학회나 세미나에서 포스터 발표하는 지정된 시간이 있고, 그 시간에는 본인의 포스터 앞에 서서 그 포스터를 보는 사람들에게 설명을 하거나 질문에 답을 한다.

'사람들의 질문을 알아듣지 못하면 어떻게 할까?', '영어로 제대로 설명을 못하는 것은 아닐까?' 또 걱정이 앞섰지만 소중한 1년을 마무리하는 뜻깊은 시간이라고 생각하고 준비했고 세미나 동안 사람들과 이런 저런 많은 이야기를 나누었다. 그렇게 사람들과 이야기를 나누는 동안 한 사람이 내 포스터를 유난히 오래 들여다보고 있었다. 말없이 유심히 바라보는 그녀의 진지함에 괜히 긴장됐지만 숨을 고르고 먼저 말을 건넸다.

"Do you have any question about my poster?"

포스터에 관한 질문이 있으신가요?

"No. Very interesting subject by the way."

아니요. 그나저나 꽤 흥미로운 주제네요.

그 말이 끝나자마자 나를 쳐다보고는 말을 이어갔다.

"Do you work here as a nurse?"

미국에서 간호사로 일을 하고 있나요?

물어볼만한 질문이라 생각은 했지만 사실 포스터에 관한 질문이 아니라 제법 개인적인 질문이라 조금 놀랐다.

"I was an ICU nurse in Korea. I am studying English here. I have an American nursing license, but I am not allowed to work in the United States legally."

한국에서 중환자실 간호사로 일하다가 여기에 영어를 배우러 왔습니다. 미국 간호사 면허를 가지고는 있지만 법적으로 미국에서 일을 할 수 있는 신분 상태는 아닙니다.

이후 몇 분간 갑자기 대화의 주제가 간호사로서의 여정이 되었다. 한국 중환자실 간호사로 일한 것부터 미국 중환자 간호학회에 참석한 이야기, 그를 계기로 미국에 영어를 배우러 나오게 된 사연까지. 그녀는 이야기를 듣다가 암 병원에서 일하면서 열심히 공부해서 미국 종양 간호 자격증(Oncology Certified Nurse, OCN)을 획득한 이야기를 들었을 때 특히 큰 반응을 보였다.

"Wow, that's an amazing story!"

와, 정말 멋진 스토리네요.

한국에 다양한 국가 기술 자격증들이 있듯이 미국에는 간호사로서 획득할 수 있는 다양한 국가 '간호' 자격증들이 있다. 분야도 엄청 다양하고 세분화되어 있어서 많은 간호사들이 경력개발을 위해 자격증 시험공부를 하고 취득을 한다. 이 OCN도 국가 간호 자격증 가운데 하나이다. 한국 기술 자격증 시험이 그러하듯 미국 간호 자격증 시험도 합격하기 쉽지 않다. 그래서인지 그녀는 거기에 굉장히 놀라워했고 특히 영어를 잘하지 못하던 때에 그 자격증을 취득했다는 사실에 감탄했다. 그렇게 흥미롭게 이야기를 듣던 그녀는 자신을 Linda라 소개하고 펜실베이니아주에 있는 한 Infusion 시설, 즉 환자들에게 다양한 주사약을 놓아주는 시설의 Nurse manager라 말했다. 그리고 명함을 건넸다.

"Are you interested in working for our facility? Then, please contact me when you are done with your language school."

우리 병원에서 일해보고 싶어요? 그럼 학교 졸업 후에 연락주세요.

정말 갑작스런 제안에 어찌할 바를 몰랐다. 그런 당황함을 표정에서 읽은 건지 그녀는 서두르지 말고 천천히 그리고 충분히 생각해본 뒤에 연락을 달라고 했다. 그 뒤에도 몇 마디 더 나눈 것 같은데 전혀 기억이 나질 않을 정도로 많이 당황했었던 것 같다. 미국 간호사 면허와 영어 시험 성적을 취득한 이후에 문득 '이력서를 넣어보면 어떨까?'라는 생각으로 머물고 있는 델라웨어 주에 위치한 병원을 검색해서 온라인으로 간호사 지원서와 이력서를 이 곳 저 곳 넣어보긴 했었다. 하지만 대부분은 답을 받지 못했다. 물론 답을 주지 않은 것은 거절의 의미였는데 거절의 이유에 대해서는 알 길이 없었다. 혼자서 미국 근무 경험이 없기 때문이려니 하고 잠정적으로 결론을 내렸다. 아주 드물게 답장을 보내온 경우도 있었는데 항상 빠지지 않았던 첫 번째 질문은 이러했다.

"Can you work here legally? Or do you need a visa sponsorship?"

미국에서 법적으로 일할 수 있는 신분입니까? 아니면 비자 스폰서가 필요한가요?

나중에 자세히 언급하겠지만 미국에서는 이 '신분'이 취업에 가장 중요하게 여겨지는 요소이다. 법적으로 일할 수 있는 상황이 아니면 아무리 뛰어난 인재라 할지라도 고용을 망설이는 것이 미국 기업이나 병원의 현실이다. 법적으로 일할 수 없는 사람을 일할 수 있는 신분으로 만들기 위해서는 채용한 기업에서 도와주어야 하는데 그 과정이 복잡하기도 하고 비용도 발생하기 때문이다. 쉽게 말하면 당장 일할 수 있는 미국인들도 많은데 굳이 귀찮고 돈이 드는 이 과정을 선뜻 하겠다는 기업은 드물다. 그 당시 미국에서 '학생' 신분으로 머물고 있었던 터라 법적으로 공부는 할 수 있었지만 일을 할 수는 없었다. 이 사실을 알게 된 이후로 의미 없이 이력서를 넣는 일은 더 이상 하지 않았다.

여러모로 의미 있었고 다소 충격적이기도 했던 포스터 발표를 마치고 할머니 댁으로 돌아왔다. 머릿속의 수많은 생각들을 정리할 시간이 필요했다. 답을 알고 싶은 질문들이 머릿속에 가득했다. 가장 첫 번째로 답을 얻고 싶었던 질문은 '이것이 실제로 일어날 수 있는 일인가?'였다.

질문에 답을 줄 수 있을 만한 사람을 찾다가 가장 먼저 떠오른 사람은 당연 비바 할머니였다. 할머니께서 집에 도착하시기만을 기다리다 집에 오시자마자 달려가서 흥분조로 세미나에서 있었던 일을 이야기하며 어떻게 해야 할지에 대해 조언을 구했다. 할머니께서도 이런 일을 겪은 적이 한 번도 없었을 뿐더러 여태껏 같이 살았던 외국인 학생들 중에 미국에서 남아 일할 수 있기를 간절히 원했던 학생들은 많았지만 성공하지 못하고 다들 돌아갔다고 이야기하며 잘 모르겠다고만 답을 했다. 하지만 곧 학교를 졸업하고 머지않아 한국으로 돌아가게 될 것을 엄청 슬퍼했던 할머니에게 생긴 하나의 희망이었기에 수소문을 해보겠노라고 상기되어 말씀하셨다. 그러다 할머니께서 친구들 중에 한국에서 지내다가 미국으로 넘어와 간호사를 하고 있는 사람이 없는지 물었고 갑자기 한 사람이 뇌리를 스쳤다.

대학교 다닐 때부터 미국 간호사를 준비하던 동기 형이 있었고 미국에 정착을 했다는 이야기를 건너들은 적이 있었다. 부랴부랴 형의 연락처를 찾아 바로 전화를 했고 형에게 자초지종을 설명했다. 경험자에게 듣는 조언만큼 가치 있는 것이 있으랴?

"현민아, 니가 겪은 일은 과거엔 흔했지만 요즘 미국에 많이 있는 케이스가 아닌기라. 기회라고 생각하고 일단은 잡아야 한다. 잘 생각해봐라. 마음 단디 묵고."

미국에 온지 꽤 시간이 지났음에도 여전한 형은 구수한 사투리와 함께 단호한 어조로 흔한 기회가 아니니 잡는 것이 좋을 것 같다고 반복해서 말했다. 미국이라는 나라가 모든 면에서 좋은 나라는 아닐지언정 간호사로서 한 번은 살아볼 만한 나라임을 계속 강조했다. 형을 통해 실제 미국 간호사 취업에 필요한 것들이 무엇인지 하나씩 듣게 되었다.

"미국 간호사 면허(NCLEX-RN)는 있나?"

"네, 있어요. 얼마 전에 합격했어요."

"토플이나 아이엘츠 같은 영어 점수는 있나?"

"네, 있어요. 그것도 얼마 전에 취득했어요."

"그럼 뭐가 고민이고? 준비는 다 됐구만!"

형과의 통화 이후로 마음은 더 심란해졌다. 마치 오랫동안 미국 간호사 취업을 준비한 사람처럼 이미 준비가 되어있는 상황에 형은 놀랐고 그렇기에 나를 더 부추겼다. 마지막에 형이 던진 질문, 그럼 준비는 되어있는데 대체 무슨 고민을 하고 있는지에 대해 스스로에게 답을 할 필요성을 느꼈다. 무엇을 고민하고 있는 것일까? 형의 말대로라면 이것은 일생일대의 기회이고 우연하게 그 기회를 잡을 준비도 되어있는 상황이다. 사실 미국에 어학연수를 와서 미국 간호사로 일해 보는 것을 상상해보지 않은 것은 아니다. 미국에 나와 영어를 배우고 있으면 누구나 한번쯤 '과연 이곳에서 공부 말고 일도 할 수 있을까?'라는 생각도 해보기 마련이다. 그런 생각 때문에 할머니 댁 주변 병원에 이력서를 이곳저곳 넣었었다. 그런 방법으로는 불가능하다는 사실을 알고 미국 취업은 쉬운 것이 아니구나 하며 열심히 넣어보던 이력서들도 제출하는 것을 그만두었다. 미국 취업에 대한 생각이 전혀 없었던 것도 아니었는데 꿈같은 미국 취업 기회를 마주하고도 바로 'Yes!'를 외칠 수 없었던 이유는 무엇이었을까?

첫 번째 이유는 갑작스럽게 한국을 떠나는 것이 무서웠다. 한국에 있는 가족들 그리고 친구들과 일 년 가까이 되는 시간을 어학연수라는 명목으로 떨어져 지내는 동안 물론 너무나도 좋은 경험이었지만 향수에 젖어 방 안에서 혼자 우울하게 보낸 적도 많았다. 지금도 미국 생활이 가장 힘든 이유가 이 '향수(Homesickness)' 때문이다. 타국에 나와 이렇게 오랜 기간 동안 산 것이 미국이 처음이었기에 타국에서 느끼는 고향에 대한 그리움이 이리 큰지 몰랐었다. 미국에 비바 할머니 외에는 가족이나 친지 아무도 없었기에 더 많이 망설였다.

두 번째 이유는 한국에서 최고로 손꼽히는 병원을 그만두고 미국에 나와 밑바닥부터 시작하는 것이 과연 가치 있을만한 일인가에 대한 고민이었다. 돌이켜보면 '밑바닥'이라는 표현이 정확하지만 그 당시에는 사실 밑바닥일 줄은 몰랐고, 하지만 일하게 될 미국 병원이 아주 좋은 병원은 아닐 것이라는 생각은 있었다. 그때만 해도 인터넷에 미국 간호사에 대한 정보가 많지 않았다. 없는 정보들 중에서 이런 걱정을 하고 있는 나를 한층 더 걱정하게 만든 코멘트가 있었는데 이 말이 너무 임팩트가 강했는지 아직도 잊을 수 없다.

"미국에서 이민 온 외국인들한테 좋고 편한 일을 시킬 것 같아요? 분명 자국민들이 하고 싶어 하지 않는 궂은일을 시키겠죠."

마지막 이유는 정말 확실히 준비가 된 상태가 맞는가에 대한 고민이었다. 영어를 1년 공부한 그 당시의 영어실력은 영어로 하고 싶은 말은 할 수 있었지만 복잡한 아이디어를 설명하기 위해서는 시간이 많이 필요했고 일정 단어나 표현들은 여전히 한국어를 머릿속에서 영어로 전환하는 시간이 필요했다. 그런 이유에서인지 사용하는 표현이나 단어가 항상 자연스럽지는 않았고 그래서 미국인들이 'Huh? What do you mean?'(응? 그게 무슨 뜻이야?)라고 한 적도 종종 있었다.

미국인들끼리 평소에 하는 일상 대화는 대부분 이해했지만 간혹 빠르게 말하거나 크게 관심이 없는 주제에 대해 말할 때는 전혀 따라갈 수 없었고 그럴 때마다 알아듣는 척을 하거나 아예 바쁜 척을 하며 듣지 않는 경우가 많았다. 전화영어는 가장 취약이었다. 이런 실력으로 과연 일을 잘 할 수 있을지도 걱정이 많이 됐다. 그리고 1년이라는 시간을 오로지 공부만으로 보내면서 환자를 돌보는데 필요한 스킬이나 지식이 녹슬진 않았을까 하는 걱정도 있었다. 미국 병원과 한국병원, 미국 의료 시스템과 한국 의료시스템은 분명 차이가 날 것이고 이런 부분에 대해서 적응하지 못하는 것은 아닐까에 대해서도 걱정했다.

결국은 걱정 그리고 걱정, 또 걱정의 연속이었다. 어릴 때부터 걱정이 유난히 많은 편이긴 했다. 무언가 사소한 일을 결정함에 있어서도 '과연 잘 될까?', '최선의 결정이 맞을까?', '최악의 시나리오는 무엇일까?', 'Plan B(첫째 안이 성공하지 못할 경우에 진행할 계획)들은 무엇이 있을까?' 라고 걱정해왔다.

이런 걱정들만 하다가 결국 결정이 뒤로 밀리고 그러면서 빨리 결정을 했었더라면 쟁취했을만한 좋은 기회들을 놓친 적도 많았다. 이번 역시 수많은 걱정들로 한 주를 보냈다. 한 주 내내 최대한 많은 사람들에게 조언을 구해보았고 실제로 인터넷에 고민을 올려보기도 했다. 비록 아무도 답변을 달아주지 않았지만 말이다. 이런 시간을 보내면서 깨달은 것은 타인의 조언은 분명 결정에 도움이 될 수 있지만 선택을 하는 것은 결국 본인의 몫이다. 정말 원하는 것이 무엇인지 내면의 소리에 귀를 기울였다. 한 가지는 확실했다. 마치 뫼비우스의 띠 같이 끊임없이 이어지는 걱정의 사슬 때문에 좋은 기회들을 날려버린 과거의 실수를 반복하고 싶지 않다는 것. 그 생각 덕분에 살면서 마주한 고민들 중 가장 심각했던 고민에 결정을 내렸다. 준비된 자에게 온 그 기회를 잡기로!

Valedictorian

시간이 지나고 델라웨어 주립대학을 떠날 시간이 다가왔다. 졸업이 다가오던 어느 날 담당 교수님이셨던 Cranker 교수님으로부터 이메일을 받았다.

> Hyunmin,
>
> In our faculty meeting this afternoon, you were selected to represent the graduating class and present a speech at the graduation ceremony. Everyone who knows you in the faculty strongly supported you for this honor.
>
> 교수회의 시간에 졸업생 대표를 선정하는 자리에서 네가 그 대표로 선정이 되었고 졸업식에서 Valedictorian로서 연설을 하게 되었다. 너를 아는 모든 교수들이 아주 확고하게 너를 추천했다.

이 이메일을 받았을 때의 환희를 잊고 싶지 않은 마음에 아직도 보관함에 넣어두고 있다. 특히 기쁜 일들을 자주 기록하고 보관하는 습관이 있는데 추억으로써 간직하려는 목적도 있지만 시간이 지나고 나서 한 번씩 꺼내보면 다시 그때의 열정과 환희를 떠올리게 되고 또 한 번 앞으로 나가기 위한 삶의 원동력이 된다. 졸업생 대표로서의 연설이라니! 정말 영광스러운 자리가 아닐 수 없었다. TV에서만 보던 단상에서서 졸업생들과 그 가족들 혹은 재학생들에게 연설을 하는 자리에 설 수 있다는 사실에 흥분을 감출 수 없었다. 연설문을 쓰기 위해서 책상에 앉았고 과연 어떤 말을 해줄 수 있을까 곰곰이 생각해보았다. 조언을 얻기 위해 교수님을 찾아갔다. 교수님께선 바로 첫 번째 질문을 던지셨다.

"How would you like to write your script for your speech?"
어떤 식으로 연설문을 쓰고 싶니?

잠깐 생각을 하고 대답했다.

"I want to make people laugh and also cry when they listen to my speech."
사람들이 연설을 들을 때 자지러지게 웃기도 하고 또 감동으로 눈물을 흘리게도 만들고 싶다.

교수님께서는 그 말을 들으시곤 딱 한 마디 해주셨다.

"Then, be honest about your experience and feelings. You already know what you want to write."
너의 경험과 감정에 대해 솔직해져라. 어떤 이야기를 써야 할지 너는 이미 알고 있다.

그 말을 듣고 집에 와서 조용히 펜을 들었다. 눈을 감고 미국 생활을 처음부터 지금까지 그려보았다. 하고 싶었던 말들을 써내려가기 시작했고, 단상에 올라가서 그저 연설문만 응시하며 읽어내려 가는 것이 아니라 하고 싶은 말들을 진심으로 전달하기 위해 거울을 보며 외우고 연습 또 연습했다.

지금 보면 물론 어색한 표현이 조금 보이긴 하지만 그 당시 하고 싶은 말들은 제대로 잘 전달한 것 같다.

"Dr. Stevens, the ELI(English Language Institute) administration, teachers, tutors, graduates, and other students.
My name is Hyunmin Yu. I am from South Korea. First of all, I am highly honored to have been chosen to be valedictorian. I deeply appreciate this great honor. I also congratulate all graduates!
In hindsight, all experiences that I have had at the ELI have been splendid. Of course, there were twists and turns. Frankly, when starting to study English here, I was entirely overwhelmed by my new life in the United States. At that time, I did not feel like studying at all, so I spent

much time being alone in my room. Without a doubt, I got many Cs on my assignments. Even though I was frustrated, I was busy making lame excuses.

Besides, I was skeptical about how I could possibly improve my English dramatically during a year period. I had no idea how to cope with my procrastination and passive propensity for learning. However, one day, my two teachers provided me suggestions to resolve my issues. One of them was "Be an active learner." The other was "Identify your own special strength of learning English." I realized that I was just busy complaining about everything instead of taking any action. I loved to complain. From then on, I studied very hard to become an active learner. I 'burnt a lot of midnight oil' and 'put my nose to the grindstone' many times. As you just heard, I learned a lot of idioms. I was also resolved to enrich my vocabulary. I studied thirty words a day. Strengthening vocabulary also strengthened my self-confidence, so I was able to begin to 'enjoy' learning English. My teachers' sincere counsel greatly helped me enjoy my life at the University of Delaware, as well as in the United States. Thank you so much, Russ Mason and Marriott Nielson.

As everyone has his or her respective plans after graduation, I have my plan as well. I was a registered nurse in Korea. However, the ELI altered my dream. Since I have learned English from world-class faculty members at the ELI, I was able to acquire my American nursing license.

I am planning to start working at a hospital in Pennsylvania as a nurse next year. At first, although I wanted to work here, I did not anticipate that I could work in the United States; however, it happened. All experiences at the ELI made my dream come true. I also plan to enroll in graduate school in Philadelphia to become a nurse practitioner.

졸업생 대표 연설 모습

I do not believe that I will achieve success all the time, but I will by no means be afraid of failure.

I have some advice for my fellow students. Please work hard. All outcomes depend on your efforts. Never will your efforts betray you. Also, have confidence in your abilities. I would like to offer one more suggestion for succeeding at the ELI. Please be friendly and be kind to everyone. Don't wait for other people to come to you. If you approach them first, astounding things will happen to you. A myriad of wonderful opportunities will come to you so long as you bend over backwards to do your best in everything.

I would like to conclude with a note of special thanks. I pay tribute to all of the ELI teachers and fellow students. I hold you all in high esteem. I also want to deeply thank my American mom 'Viva' for all she has done to help me acclimate myself to my new life in America. Mom, choosing to live with you was one of the best decisions I have made. Thank you so much for all your hospitality.

Congratulations again to all graduates. It is high time we showed people what we are made of! Go forth with gusto! I wish you all the best. Thank you."

제 이름은 유현민이고 한국에서 왔습니다. 먼저, 졸업생 대표로 선정되어 이렇게 연설을 하게 된 것을 굉장히 영예롭게 생각합니다. 모두의 졸업을 축하합니다!

뒤돌아보면 영어를 배우면서 한 모든 경험들이 아주 소중했습니다. 물론 우여곡절은 있었지만요. 솔직히 처음 이 곳에서 영어공부를 할 때는 처음 접해보는 미국에서의 생활에 완전히 압도당한 느낌이었습니다. 그래서 영어공부에 전혀 집중을 할 수 없었고 의욕도 없었습니다. 계속 혼자 방 안에서 의미없는 시간을 보내곤 했죠. 당연히 성적은 좋지 않았습니다. 좋지 않은 성적에 좌절했지만 궁색한 변명들을 늘어놓거나 합리화하기 바빴습니다.

또한 단기간에 영어실력을 향상시킬 수 있을까에 대한 회의도 많았습니다. 이런 무력감과 수동적인 태도를 어떻게 바꿀 수 있을지 몰랐습니다. 하지만 교수님 한 분께서 제게 조언을 주었고 그것은 '능동적으로 배우는 사람이 되라.'와 '영어를 배우는데 있어서 본인 특유의 강점을 생각해보라.'는 것이었습니다. 그동안 행동에 옮기기보다 불평하는 데에 급급했던 제 자신을 인정했습니다. 그 이후로는 정말 열심히 영어라는 언어에 대해 공부했고 많은 영어단어를 외우기 시작했습니다. 화려한 어휘구사력을 제 강점으로 만들고 싶었습니다. 그러면서 영어를 배우는 즐거움을 알게 된 것 같습니다. 이 즐거움을 알게 해주신 Mason 교수님과 Nielson 교수님 두 분께 정말 감사드립니다.

모든 졸업생 여러분이 졸업 이후에 각자의 계획을 갖고 있듯 저 역시 하고 싶은 일이 있습니다. 저는 한국에서 간호사로 일했고 미국에서 지내는 동안 미국 간호사 면허를 획득할 수 있었습니다. 델라웨어에서 영어를 배우면서 너무 훌륭한 교수님들로부터 영어를 배웠고 그러면서 제 목표가 바뀌었습니다. 내년부터 펜실베이니아주에서 간호사로 근무할 수 있는 멋진 기회를 얻었습니다. 미국에서 일할 수 있으리라는 생각은 전혀 하지 못했습니다. 하지만 이곳에서의 소중한 경험들이 절대 가능하지 않을 것 같은 일을 가능하게 만들어주었습니다. 또한 미래에는 필라델피아에 있는 대학원을 졸업하고 Nurse Practitioner로서 일하고 싶습니다. 이 모든 목표를 이룰 수 있을지 모르지만 저는 실패가 두렵지 않습니다.

졸업생 대표로서 몇 가지 조언을 드리고 싶습니다. 가장 먼저는 하고 있는 일에 최선을 하세요. 모든 결과는 결국 얼마나 노력했느냐에 달려있습니다. 노력은 여러분을 배신하지 않을 것입니다. 그리고 스스로에 대한 의구심을 버리고 자신감을 가지세요. 마지막으로 모든 사람들에게 다정하고 친절하길 바랍니다. 타인이 먼저 다가오길 기다리지 마세요. 마냥 기다리지 않고 먼저 그들에게 다가간다면 정말 놀라운 일들이 벌어질 것입니다. 본인이 속한 그 자리에서 최선을 다하다 보면 아주 멋진 일들이 일어날 것입니다.

마지막으로 감사의 인사를 드리면서 마무리하고 싶습니다. 교수님들 그리고 같이 공부했던 학생들, 정말 감사하고 존경합니다. 그리고 마지막으로 제가 '미국 엄마'라고 부르는 Viva. 그녀가 없었다면 절대 이렇게 성공적으로 미국 생활을 이루어나갈 수 없었을 겁니다. 그녀와 함께 살고자 한 그 결정은 제 인생에서 한 결정 중 가장 잘한 결정이었다고 감히 말할 수 있습니다. 정말 말로 다 할 수 없을 만큼 감사합니다.

다시 한 번 모두의 졸업을 축하합니다. 이제는 세상에 나가 우리가 얼마나 대단한 사람인지 보여줄 때입니다. 모두의 건승을 기원하며 연설을 마칩니다. 감사합니다.

이 연설 동영상을 지금 보면 손발이 오글거리지만 자연스러운 연설을 위해 정말 많이 연습했다는 느낌은 강하게 받는다. 그리고 연설을 하면서 비바 할머니 이야기를 하는 동안 나도 모르게 울먹이다 눈물을 왕창 쏟아버렸다. 할머니께서 베풀어주신 그 친절은 평생 갚지 못할 만큼 엄청났기 때문이었다. 할머니 없이는 정말 이런 멋진 시간을 보낼 수 있었을까 하는 생각도 여전하다. 연설을 하면서 미국인들 특유의 관용표현인 이디엄(Idiom)을 섞어 사용할 때마다 사람들은 웃음을 터뜨렸고, 비바 할머니 이야기할 때는 같이 눈물을 흘리기도 했다. 연설로 사람들을 웃게도 울게도 만들겠다는 소기의 목표는 달성한 것이었다.

마지막으로 연설문이나 연설 동영상을 보면서 느낀 것은 그때 세웠던 목표들을 스스로도 소름이 돋을 정도로 다 이루어왔다는 것이다. 제법 구체적이었던 그 목표들. 연설을 하는 당시조차도 이 목표들을 다 이룰 수 있을지 모르겠다고 언급할 정도로 큰 목표들. 돌이켜보면 실패를 두려워하지 않고 하나씩 이루어나가겠다고 말한 그 강한 의지와 열정 덕분이었지 않았나 싶다. 이 졸업생 대표 연설을 마지막으로 델라웨어와는 헤어지는 아쉬운 안녕을 하게 되었고 펜실베이니아와는 만나서 반가운 안녕을 하게 되었다.

Chapter 5

미국 간호사 (American Nurse) 이야기

미국 가면 다 잘될 것 같아요?

펜실베이니아주에서 간호사 생활을 하겠다고 마음을 먹었기에 델라웨어 생활을 마무리하면서, 떨리는 심정으로 그때 받았던 Linda의 명함을 꺼내어 연락을 했다. 통화하는 20분 남짓 되는 시간 동안 미국에서 일하는데 필요한 서류와 그 과정에 대해서 설명을 들었는데 그 당시의 심정을 아주 적절하게 표현하는 영어문장이 있다.

"It's all Greek to me."

무슨 말인지 전혀 알아듣지 못하겠다.

영어를 듣고 있음에도 내용이 어렵거나 익숙하지 않아서 그리스어처럼 들릴 정도로 하나도 이해하지 못할 때 사용하는 표현이다. 정말 그 상황과 적절한 표현이었다. 그 병원에 일단 몸만 가서 간호사로 일하면 된다고 생각한 자신이 어리석게 느껴졌다. 통화내용의 대부분을 알아듣지 못했고 불안감이 엄습하여 그녀에게 이메일로 일단 필요한 서류 목록을 보내달라고 요청했다. 그리고 변호사를 통해서 이 이민이라는 과정 자체를 개인적으로 알아보기도 해야겠다는 생각이 강하게 들었다. 또 휴직 상태였던 삼성서울병원에 사직서를 내고 한국 생활을 정리하고 미국으로 다시 돌아와야 하는 상황이었기에 결과적으로 이 모든 것들을 해결하기 위해 한국으로 갔다.

한국에 돌아와서 가장 먼저 할 일은 삼성서울병원에 사직서를 제출하는 것이었다. 인사과 사람들을 만나기 전에 가장 먼저, 스승님이자 같이 일했던 파트장님을 먼저 만나 뵙고 정중히 사정을 설명하는 것이 도리에 맞다 생각했다. 그 분을 뵙기 전날 밤 잠을 거의 이루지 못했다. 어떤 식으로 말씀을 드려야 할지에 대해 계속 반복적으로 생각을 정리했다. 파트장님 사무실 앞에 도착하여 문을 두드려야 하는데 도저히 용기가 나지 않았다. 사실 파트장님께서 믿고 휴직을 승인해주신 것이었고 잘 배워서 돌아오겠다고 단언을 하고 떠났던 상황이었기에 신의를 저버리는 일을 하는 것 같아 더 용기가 나지 않았던 것 같다. 어렵사리 용기를 내어 문을 두드렸고 그래도 1년 만에 뵙는 것이라 반갑게 맞아주셨고 마주 보고 앉아 대화를 시작했다. 하지만 가시방석에 앉아있는 것만 같았고 안절부절못했다. 어렵사리 입을 뗐다.

"파트장님. 사실 오늘 병원에 사직서를 내러 왔어요. 죄송합니다. 저도 병원에…"

떨리는 목소리로 어렵게 말을 이어가던 도중에 파트장님께선 갑자기 멈추시곤 말씀하셨다.

"이미 알고 있다. 그러니 그렇게 어디 죽으러 가는 사람처럼 비장하게 말하지 않아도 돼."

한국으로 돌아오기 전, 이미 복직을 하지 않겠다고 간호 행정팀과 인사과에 말을 했었고 아마 파트장님께서도 그 부서를 통해 들어 알고 계셨던 것 같다. 그래서 편하게 이야기하자고 분위기를 조금 밝게 해주셨다. 그 이후로 밤새 정리했던 생각을 조금 편하게 공유할 수 있었다.

"오랜 기간 고민했습니다. 삼성서울병원이 제 첫 직장입니다. 병원생활 정말 열심히 했고 간호사 일도 즐기면서 했던 것을 파트장님께서 잘 아시리라 믿습니다. 그래서 제겐 너무 어려운 결정이었습니다. 하지만 조금이라도 젊을 때 도전을 해봐야한다고 생각했고 그래서 제게 온 일생일대의 기회를 놓치고 싶지 않았습니다. 조금 더 넓은 곳에서 세상을 바라보는 시야를 넓힐 수 있는 좋은 기회라 생각하고, 미국의 간호가 한국의 그것보다 모든 면에서 우수한 것은 아니겠지만 배울 점은 분명 있을 것이고 몸소 경험하며 깊게 배우고 싶다는 생각이 강하게 들어 미국에서 간호사로서 일해 보는 것을 선택했습니다."

이 말을 하고 나서 파트장님께서 당연 화를 내시거나 실망감을 표현하실 것이라 생각했고 어떤 반응이라도 겸허히 받아들일 준비를 하고 있었다.

"그래. 가. 가서 하고 싶은 것 많이 하고, 보고 싶은 것 많이 보고, 배우고 싶은 것 많이 배워. 더 큰 사람이 되려고, 더 훌륭한 사람이 되려고 간다는 걸 어떻게 말리겠어. 내가 너라도 갔을 거야. 네가 어딜 가서 무엇 하나라도 대충하는 사람이 아니라는 거 잘 아니까 전혀 걱정이 되지 않는다. 미국에 가서도 종종 연락하고 한국에 들어오면 한 번씩 들러."

너무 놀랐다. 부서의 인력 한 명을 잃는 것이라 그 상황이 충분히 실망스럽고 속상하실 수도 있을 텐데, 이렇게 담담하게 오히려 좋은 조언들만 해주시리라 생각하지 못했었다. 시간이 많이 지난 지금도 그 당시 이렇게 말해주신 것에 정말 감사하게 생각한다. 아직까지도 스승님으로 생각하며 미국에 있을 때도 종종 연락을 드리고 한국에 매년 올 때마다 찾아뵙는다. 그때마다 이 당시의 이야기를 대화의 소재로 자주 꺼내곤 한다. 정말 멋진 분이고 첫 직장의 상사로서 만나게 된 것을 큰 행운이라고 생각한다.

파트장님과의 대화를 마친 후 인사과로 발걸음을 향했다. 인사과에서 사직 면담을 하고 사직서를 제출하는 일이 남았기 때문이었다. 인사과는 간호부의 사람들이 아니다. 행정부의 사람들이라 평소에는 거의 마주칠 일이 없다. 사직 면담을 위해 그 당시 인사과장이라는 분을 찾아갔다. 그 분의 첫 마디는 아직도 잊을 수가 없다.

"사직은 왜 하는 겁니까? 미국 가면 다 잘될 것 같아요?"

잘못 들은 것은 아닐까 하며 고개를 갸우뚱했다. 1차 공격에 대한 회복을 할 겨를도 없이 다음 2차 공격도 훅 들어왔다.

"아니 미국 나가서 간호사하면서 잘 됐다고, 성공했다고 들은 케이스가 있어요? 가면 고생만 하다가 결국은 되돌아오는 사람들 많아요."

연이은 타격으로 정신이 약간 몽롱해졌다. 하지만 감정에 치우치지 않고 현명하게 대답을 하고 싶었기에 다시 정신을 차리고 공손하게 하지만 단호하게 대답했다.

"잘 됐다고, 성공했다고 한 케이스가 아직 없으면 제가 그런 케이스가 되면 되죠. 미국에 가서 삼성서울병원에서 배운 소중한 경험들을 토대로 열심히 하겠습니다. 그리고 그 경험들 항상 감사하게 생각하며 잊지 않겠습니다."

비록 예상하지 못한 날카로운 질문이 포함되었던 사직 면담이었지만 미국에 가서 일하기 전에 마음을 강하게 먹어야 한다는 뜻을 조금 다른 식으로 표현하신 것이라 생각했다. 실제로 이때 미국 생활을 정말 열심히 해야겠다고 다짐 또 다짐했다.

Tip

미국 간호사에 대한 정보

쓰기도 전부터 눈물이 날 것 같은 미국의 첫 직장 이야기를 하기 전에 미국 간호사에 대해 궁금해 하는 사람도 많을 것이고, 앞으로의 전개될 미국에서의 이야기를 더 재밌게 읽기 위해 도움이 될 만한 정보이기에 본격적인 미국 간호사 이야기를 쓰기 전에 공유하고자 한다.

미국에서 간호사로 일하기 위해서는 NCLEX-RN(미국 간호사 면허), IELTS or TOEFL(공인 인증 영어점수), BLS & ACLS(심폐소생술 자격증) 등 세 가지가 꼭 필요하다.

1. NCLEX-RN(미국 간호사 면허)

미국에서 간호사로서 일을 하고 싶다고 생각한 순간 이것을 취득할 생각부터 해야 한다. 미국 간호사 면허. 정확히 말하면 뉴욕주(New York) 면허. 뉴욕이 아닌 다른 주에서 일하고 싶다면 면허를 뉴욕주에서 다른 주로 변경해야 한다. 이 미국 간호사 면허 시험은 서류 준비부터 시험 등록까지 평균 10개월 정도가 걸린다. 실제 1년 넘게 걸린 경우도 봤으니 접수는 서두르는 것이 좋다.

2. IELTS 또는 TOEFL(공인 인증 영어점수)

둘 중에 하나만 있으면 된다. 미국 이민국을 통해 비자스크린이라는 것을 발행받기 위해서 필요하다. 아이엘츠(IELTS)의 경우에는 평균 6.5를 넘기되 스피킹 점수는 7.0을 넘어야 한다. 아이엘츠의 장점은 평균 6.5와 스피킹 7.0을 꼭 한 번의 시험에서 같이 획득할 필요는 없다는 것이다. 또 아이엘츠는 스피킹이 면대면 시험이라서 많은 사람들이 선호하는 편이다. 토플의 경우는 총점 83점을 넘기고 스피킹 점수는 26점을 넘겨야 한다. 아이엘츠와는 달리 토플의 경우에는 이 두 가지 기준을 한 번의 시험에서 같이 넘어야만 한다. 토플 스피킹 시험은 컴퓨터 마이크를 통해 말하고 녹음하는 시험이라서 쉽지 않을뿐더러 26점은 아주 받기 힘든 점수로 알려져 있다. 캘리포니아 주(California)에서 일하는 것을 선호하는 사람들은 캘리포니아 주로의 면허 이전에 이 토플 점수가 필요한 경우가 있기에 토플을 준비한다. 이때는 아이엘츠 점수는 허용이 되지 않는다. 캘리포니아 주에서 요구하는 토플 점수는 비자스크린에 필요한 점수 기준보다도 높다.

3. BLS 그리고 ACLS(심폐소생술 자격증)

미국심장협회(American Heart Association, AHA)에서 제공하는 심폐소생술 자격증으로 거의 모든 병원에서 기본소생술(Basic Life Support, BLS)은 필수로 요구하는 편이고, 전문심장소생술(Advanced Cardiac Life Support, ACLS)은 필수는 아니지만 '선호'하는 편이다. 한국에서도 획득할 수 있는 자격증이지만 ACLS의 경우 교육비가 제법 비싼 편이다.

이 조건을 충족하면 미국 간호사로 취업이 가능할까? 답은 'No'다. 미국 취업에 필요한 세 가지 조건이 또 있다.

4. 신분

여기서 신분이란 미국이라는 나라에서 법적으로 일할 수 있는 '신분'을 말한다. 누군가 미국 취업에서 가장 중요한 것이 무엇이냐고 물으면 영어도 경력도 본인의 경쟁력도 아닌 이 '신분'이라고 답한다. 슬프지만 현실적인 답변. 아무리 뛰어나고 좋은 교육 이력과 경력을 가지고 있다고 하더라도 '우리가 영주권 지원을 해주겠다.'라고 쉽게 말하는 미국 병원은 요즘 거의 없다. 특히 대도시는 더욱 그렇다. 사람이 드물고 시골로 가면 기회가 있을 수도 있다. 하지만 그런 경우도 대형병원인 경우보다 요양원(Nursing home) 같은 작은 의료시설일 확률이 높다. 그럼 이 일할 수 있는 '신분'은 어떻게 획득할 수 있을까? 몇 가지 방법들이 있다.

첫째는 미국 시민권자 혹은 영주권자와의 결혼을 통한 획득이다. 미국 시민권자나 영주권자와 결혼을 하고 이민국에 서류를 제출하고 심사를 받으면 그 배우자는 임시 영주권을 받게 된다. 이 임시 영주권을 획득한 뒤 2년 정도 사고 없이 유지하면 10년 영주권을 받게 된다.

둘째는 에이전시를 통한 방법이다. 미국에서 일할 수 있게 신분문제를 해결해주는 에이전시들이 있다. 한국 에이전시도 있고 미국 에이전시도 있다. 개인적으로 에이전시를 이용하여 취업을 한 것이 아니기에 자세히 알지는 못한다. 가장 '안전한' 방법으로 알려져 있지만 모든 방안이라는 것이 그렇듯 장점과 단점은 있다.

셋째는 미국에서 학위를 얻는 방법이다. 미국에서 학위를 얻는 경우 OPT 비자라는 임시 취업 비자를 받게 된다. 이 비자를 통해 1년은 합법적으로 일할 수 있다. 하지만 이 비자를 획득한 뒤 수개월 내에 일자리를 구하지 못하게 되면 비자의 효력을 잃을 수도 있고, 취업이 되어 1년을 일한다 하더라도 그 기간 동안 본인의 취업비자나 영주권을 지원해주겠다는 일자리를 찾지 못하면 다시 본국으로 돌아가야 하는 일이 발생한다.

넷째는 직접 미국 병원과 계약을 맺어 병원이 스폰서(Sponsor)가 되는 경우다. 이런 경우에는 병원에서 취업비자나 영주권을 후원하는데 발생하는 재정적인 부분을 담당한다. 그래서 사실 병원 입장에서는 선뜻 해주겠다고 하기 힘든 제안이다. 과거에는 이런 경우가 잦았다고 하지만 미국 역시 불황을 겪으면서 자국민 실업 문제도 심각해지며 점점 드물어지고 있는 케이스다.

어떤 방법으로든 이 신분 문제를 해결하여 법적으로 미국이라는 나라에서 일할 수 있는 신분이 되어야 한다. 그렇지 않으면 취업은 불가능하다고 보면 된다.

5. 영어

신분 문제가 해결되고 나면 그 다음 고려해야 할 부분이 영어다. 여기에서 말하는 영어는 위에서 언급한 공인 인증 영어점수가 아닌 실제 영어를 구사하는 능력이다. 당연한 말이지만 의사소통이 되지 않으면 취업이 어렵다. '근무 경력'과 '영어' 중에 어떤 것이 더 중요할까 라는 질문에 쉽게 우열을 가릴 수 없을 만큼 둘 다 중요하다. 사실 경력이 아주 좋은 경우 영어실력이 조금 모자라도 취업이 되는 경우가 종종 있다. 하지만 그런 경우는 취업을 하더라도 일하는 것이 굉장히 고될 수 있다. 간호사의 일은 하루 종일 다양한 사람들과 의사소통을 하는 직업이기에 영어를 잘하지 못하면 채용이 되어 일을 한다고 하더라도 본인이 버티기 힘들 수도 있다. 미국에서 처음 일할 당시 영어가 유창하지 않아도 버틸 수 있었던 이유가 그래도 중환자실 간호사로 제법 일을 하다가 왔기에 간호사의 업무에 대해서는 익숙한 상태였고 눈치가 빨라 말보다 손이 먼저 나갈 수 있었기 때문이었다. 그럼에도 영어가 유창하지 않으니 일이 많이 힘들었다.

영어를 잘하지 못하면 취업을 위한 서류전형은 합격하더라도 채용 인터뷰에서 합격하지 못하는 경우가 많다. 이력서를 보고 마음에 들면 인터뷰를 부르는데 미국에서는 인터뷰가 정말 중요하다. 하지만 긴장한 상태에서는 한국말도 나오질 않는데 영어는 오죽할까? 공인 인증 영어 점수가 항상 실제 영어를 구사하는 능력과 비례하지는 않는다. 미국에서 일하기 시작한 시점에는 이미 제법 높은 토플 점수를 보유하고 있었다. 그렇지만 거의 매일을 영어 때문에 힘들어했다. 그 말은 높은 영어 점수를 획득했다 하더라도 미국 간호사로 일하면서 하루 종일 다양한 사람들과 영어로 의사소통하는 것은 결코 쉽지 않다는 뜻이다.

6. 간호사로서의 근무 경력

미국은 철저한 자본주의 국가로 '돈을 절약할 수 있는 방안'을 좋은 방안으로 생각하는 기관들이 많다. 이런 이유로 병원에서도 '경력자'를 우대하는 편이다. 교육과 훈련에 많은 돈과 노력을 투자하지 않아도 되기 때문. 경력이 많다는 말은 나이가 많을 수도 있다는 뜻인데, 미국에서는 전혀 신경 쓰지 않는 것이 '나이'다. 나이가 많은 사람을 선호하지 않는 한국 기업이나 병원과는 다른 면이다. 경력자를 선호하는 성향 때문에 미국인이라 하더라도 갓 졸업한 간호사들은 취업에 어려움을 겪는 일이 많다. 이 근무 경력과 관련하여 받아온 질문은 비슷한 것들이 많다.

첫째는 미국 병원에서 한국에서 근무한 경력을 인정해주는지에 대한 질문. 이는 case by case(경우에 따라 다르다). 정말 병원에 따라서 다르다. 나의 경우는 운이 좋아 관대한 고용주를 만나 한국에서 근무한 경력이 전부 인정되었다. 하지만 과거 한국에서 일하다 지금은 미국에서 일하고 있는 간호사들과 이야기를 나누면서 한국 경력은 인정하지 않은 미국 병원도 많다는 것을 알게 되었다. 오로지 미국에서의 근무 경력만을 경력이라고 생각하는 병원들이 있다. 이런 이유로 이 부분은 '운'이라고 밖에 할 수 없겠다. 하지만 인정해주는 병원들도 있으니 채용이 된 뒤 인사과와 임금을 이야기할 때 한 번쯤 언급해보는 것도 나쁘지 않겠다.

둘째는 한국에서 졸업한 대학 이름이 중요한지에 대한 질문. 거짓 하나도 보태지 않고 미국 병원들 그 간호사가 한국에서 어느 대학을 졸업했는지 전혀 관심 없다. 요즘 말로 1도 없다. 학사 학위만 있으면 된다. 이것이 미국 취업의 장점이다. 성적은 더더욱 관심 없다. 물론 추후 좋은 대학원을 가기 위해서는 좋은 성적은 필수다. 하지만 취업에는 대학 이름이나 성적 크게 필요 없다.

셋째는 한국에서 일한 병원 이름이나 규모가 중요한지에 대한 질문. 이도 미국 병원에서는 전혀 관심 없다. 사실 채용 인터뷰를 볼 때 고용주가 이력서에 이전 직장 이름으로 Samsung Medical Center(삼성서울병원)라고 적혀있는 것을 보고

"Is Samsung Medical Center related to the cell phone company?"

이 삼성이 그 삼성이냐?

토씨 하나 틀리지 않고 이렇게 물었다. 핸드폰 회사(Cell phone company)라는 예상치 못한 표현에 인터뷰 도중 웃음이 터져버린 불상사가 발생은 했으나 어쨌든 고용주가 그 질문을 했다고 해서 삼성서울병원을 알고 있었던 것은 아니었다. 근무했던 한국 병원의 이름과 규모는 크게 중요하지 않다. 그럼 병원 이름과 규모가 중요하지 않다면 무엇이 중요한가? 근무했던 '부서'가 중요하다. 많은 미국 병원에서는 간호사의 직접 간호 경력, 즉 실제 환자를 돌본 경험을 가장 가치 있게 여긴다. 간호사라는 직업을 고려하면 아주 바람직한 현상이다. 그래서 대체적으로 일반 병동이나 중환자실, 응급실 등에서 근무하며 환자를 돌본 경력을 선호한다. 수술실이나 투석실은 아주 특수하기에 그 부서들로 지원하기 위해선 수술실이나 투석실에서 일한 경력이 꼭 필요한 편이다. 간호사로서 돌봐온 환자군(Patient population)도 중요하다. 어떤 질환을 가진 환자들을, 어떤 중증도의 환자들을 돌봐왔고, 어떤 의료장비들을 다룰 수 있는지도 중요하다. 직접 간호 경력을 선호하는 성향 때문에 직접적으로 환자를 돌보는 경력이 아닌 연구 간호사, 외래 간호사, 행정직 등은 미국 병원 취업에는 크게 도움이 되지 않는다.

마지막으로 조각 경력 혹은 단절된 경력에 대한 질문이다. 미국에서는 어느 한 곳에서 쌓은 경력이 1년 미만이라면 그 경력을 경력으로 인정하지 않는 곳도 많다. 경력으로 인정한다고 하더라도 그런 경력이 있으면 채용 인터뷰에서 왜 일찍 그만뒀는지 질문을 받을 확률이 높다. 미국인들도 정말 피치 못할 사정이 있지 않는 한, 한 직장에서 1년은 꼭 채우려는 이유가 이 때문이다. 어떤 이유에서든 일을 하지 않고 쉬는 기간이 길어지면 상대적으로 경쟁력이 떨어지는 것이 사실이다. 일을 쉬고 있는 기간이 길수록 간호사로서의 업무수행 능력이 녹슬었다고 생각하는 고용주들이 많다. 이런 이유로 미국 간호사를 준비하는 많은 사람들이 미국에 나가기 직전까지 한국에서 일하고 가는 경우가 많다.

고려해야 하는 부분이 많아 보이지만 곰곰이 생각해보면 하나하나 충분히 이해가 되는 요소들이다. 미국 이력서에는 나이나 성별을 적지 않고 주민등록번호를 기재하지도 않고 결혼 유무를 적지 않으며 심지어 사진도 부착하지 않는다. 그래서 어떤 미국 취업 인터뷰에서는 인터뷰에 도착하기 전에 내가 남자인지 몰랐던 적도 있었다. 키나 몸무게 같은 정보는 전혀 필요하지 않고 인종이나 출신 국가를 기재하는 란 역시 없다. 이런 개인정보들을 기재하게 하면 그 기업이나 병원은 소송에 걸릴 수 있고, 미국에서 워낙 민감한 부분이기에 이런 소송은 보통 기업이 패소한다고 들었다. 교육이력과 근무이력 같이 그 사람이 그 일에 적합한 자격요건을 가지고 있는지와 일을 수행해낼 수 있는 능력이 있는지에 대한 부분만 기재하도록 문화가 형성되어있다.

눈물 마를 날 없는 리얼 미국 생활

본격적인 미국 생활을 위해 한국 생활을 정리하고 펜실베이니아(Pennsylvania)주 피츠버그로 떠났다. 델라웨어에서는 비바 할머니와 함께 살았지만 펜실베이니아주로 떠나서는 혼자서 생활해야 한다는 사실이 조금 무섭고 불안하긴 했다. 비바 할머니와 함께 살았을 때는 궁금한 점이 생기면 언제든 한 번 할미니께 여쭤볼 수 있었기 때문에 큰 문제가 없었다.

미국 간호사로서 일을 본격적으로 시작하기 전에 혼자서 그 도시에 정착하는 과정부터 난관을 겪었다. 일단 그 당시의 영어실력은 의사소통에는 문제가 없었을 뿐 유창한 상태가 아니었다. 식료품을 사러 가게를 가도 영어를 유창하게 하지 않으니 점원이 굉장히 불친절하게 대했다. 점원의 말을 잘 알아듣지 못하면 짜증을 내면서 가게를 나가라고 한 적도 있었다. 한 날은 은행에 가서 계좌를 개설하려고 갔는데 분명히 앞에 고객에게는 한없이 친절한 모습을 봤는데 내 차례가 되니 너무 노골적으로 불친절하게 툴툴거리기 시작했다. 이 모든 것이 상처로 다가왔다. 영어도 한국어와 똑같이 결국은 '언어'라 구사하는 사람마다 표현방식이 조금씩 다를 수밖에 없고 억양이나 어휘선택 역시 차이가 있을 수밖에 없는데 그 부분을 간과했던 것 같다. 비바 할머니와 영어를 가르치셨던 교수님들의 영어에만 익숙했던 터라 갑자기 너무 다양한 사람들의 영어에 노출되면서 적응을 할 수가 없었다. 지금 생각해보면 비바 할머니와 영어를 가르치던 교수님들은 영어를 배우려는 외국인 학생들에 익숙했기에 그들을 이해하려고 하고 그들의 부족한 영어실력에 대한 인내심도 컸던 것 같다. 하지만 실제 미국 사회에는 그들처럼 관대한 사람만 있는 것이 아니라는 사실을 영어 학교라는 새장에서 나오기 전에는 몰랐던 것이다. 마치 집에서만 생활하던 고양이가 야생으로 나온 느낌이었다. 적응하기 힘들고 세상이 무섭게 느껴지기 시작했다. 다른 도시로 나와 혼자 살다보니 의존할 곳도 없어 외롭기까지 했다.

서적이나 미디어를 통해 가끔 미국의 생활이 환상처럼 그려지는 경우가 있는데 그런 미국의 모습과 실제 경험하고 있는 미국은 그야말로 정말 다른 세상 같았다. 하루는 길에서 옆을 지나가던 어린 아이들에게 미소를 지은 적이 있는데, 그 중 한 아이가 나를 보자마자 손가락을 눈에 대고 눈을 양 옆으로 가늘게 찢곤 옆에 아이들과 웃어댔다. 그 당시는 그게 무슨 의미인지 몰랐다. 집에 와서 비바 할머니께 전화를 하면서 알게 된 것이었는데 그 행동은 아시아인을 비하할 때(아시아인들의 눈은 작고 옆으로 찢어져있다고 비하) 하는 인종차별적 행위라고 했다. 할머니께선 도대체 어떤 사람이 그런 행위를 아직도 하느냐 물었는데 차마 그 사람이 어린 아이었다는 말은 하지 못했다. 혼자서도 잘 헤쳐 나갈 수 있을 것만 같았던 펜실베이니아 생활은 전혀 녹록하지 않았다. 비바 할머니하고만 살았던 델라웨어에서의 미국 유학 생활은 그저 꿈이었던 것처럼 느껴지고 어느 순간부터 밖에 나가기가 무서워졌다. '밖에 나가지 않으면 무시당할 일이 없을 테니까…'

지금까지 살면서 행동이나 태도가 이렇게까지 소극적으로 변한 적은 없었던 것 같다. 미국에서 지내는 한국 사람들과 어울리면 이런 어려움에 공감도 하고 향수도 덜 하지 않을까 하는 생각에 한국 사람들이 사는 곳을 검색해봤지만 지내고 있던 그 시골 주변에는 한국 사람도 한인 마트도 찾기 힘들었다. 매일 아침 일어나 눈을 떠도 딱히 기대되는 일이 없는, 오히려 오늘은 어떤 불쾌한 일이 일어날까 걱정이 되는 우울한 생활의 반복이었다. 시간이 지나도 익숙해지지 않는, 왜 이렇게 살고 있는지 후회 막심한 생활을 이어가다 간호사로서 일을 시작해야 하는 시간이 다가왔다.

미국에서 처음 간호사로서 일을 시작한 곳은 외래 환자들을 위해 항생제나 항암제 같은 약을 투여해주는 주사실 같은 개념의 의료시설이었다. 특이한 점은 거동이 불편한 환자들을 위해 집에 방문하여 약을 투여해주기도 한다는 것이었다. 한국에서 항암제라는 약물을 집에서 투여 받는다는 것은 상상할 수도 없는 일이었는데 이곳에서는 환자의 집에 방문해서 항암제를 놓아주는 일이 전혀 신기한 일로 여겨지지 않았다. 출근해서 오리엔테이션을 받으면서 왜 나를 이곳에 채용했는지 조금씩 이해가 되었다. 일단 기본적으로 미국에서 환자에게 항암제라는 특수한 약을 투여할 수 있는 자격증을 가지고 있었고 운전을 할 수 있었기에 환자들의 집에 방문할 능력도 있었다. 병원에 입원해있는 환자를 하루 종일 긴 시간 돌보는 일보다는 영어 의사소통 능력이 상대적으로 덜 필요한 일이었다. 응급상황도 잦지 않을 것 같았고…

부여받은 주 업무는 환자의 가정에 방문하여 약물 투여를 해주는 일에 집중되어 있었고, 교육 내내 그 방문이라는 부분만을 계속 강조하는 느낌을 받았다. 같이 교육을 받고 있던 백인 간호사는 불쌍한 듯이 쳐다보며 한 마디 건넸다.

"I am sorry that you have a job that everyone dislikes."

모든 사람이 하기 싫어하는 일을 하게 된 것에 대해 유감이야.

듣고 보니 그녀는 환자의 가정으로 방문을 하는 것이 아니라 시설 내에 방문하는 환자에게 약을 투여해주는 업무를 맡았다고 했다. 그제야 내가 부여받은 일이 쉬운 일이 아닐 것 같다는 감이 왔다. 그런 상황에서 걱정은 하나 더 있었다. 당시 가지고 있던 미국 항암제 투여자격증과 종양 간호 자격증은 삼성서울병원 암 병원 외과중환자실에서 간호사로 근무할 때 획득한 것이었다. 암 환자들 중에서도 수술을 받은 환자들을 위주로 돌보는 곳이 '외과'중환자실이었기에 실제 항암제를 환자에게 직접 투여해본 적이 거의 없었다. 책으로만 공부한 약물들이었다. 얼마나 위험한 약인지 제대로 인지하지 못하고 있었다. 물론 책으로 공부하면서 위험한 약물일 수 있겠다는 생각은 했었다. 하지만 본인이 직접 체험 혹은 체감하기 전에는 얼마나 위험한지 그 정도까지는 알 수가 없었다. 그것이 내 인생 최악의 날의 근원이었다. 이미 책으로 열심히 공부한 약물들이니까 많이 다루어보지 않았어도 괜찮을 것이라 생각한 것은 완전한 오만이었음을 알기까지는 그리 오랜 시간이 걸리지 않았다.

처음 며칠은 순조롭게 느껴졌다. 시설로 출근하여 오늘 방문해야 하는 가정을 점검하고 조제된 약과 투여에 필요한 준비물들을 챙겨 차에 싣고 환자의 집으로 방문하는 식이었다. 항암제라는 약물은 보통 한 번 맞고 끝나는 경우보다 여러 차례 투여를 받고 종료되는 경우가 더 많다. 많은 논문들에서 항암제 투약에서 가장 첫 번째 투여가 부작용 발생 위험이 높다는 결과가 많았기 때문에 보통 첫 번째 투여는 시설 내에서 이루어졌고 특별한 부작용이 없었던 경우, 의사의 처방 아래 남은 횟수는 굳이 시설까지 오지 않아도 환자의 집에 방문한 간호사를 통해 투여를 받아도 되었다. 사실 규칙만 잘 준수하면 크게 어려운 일이 아니라고 생각했다. '괜히 걱정했나?'

근무한지 일주일 정도 지났고 그날도 여느 날과 다르지 않게 출근하여 동료들과 가볍게 인사를 하고 배정받은 환자와 약들을 확인하고 첫 번째 스케줄이 있는 집으로 향했다. 비가 많이 내리는 날이었다. 도착하여 환자분의 집에 들어갔고 환자분과 가벼운 대화를 나누다가 집에 환자분과 나 이외에 다른 사람이 없는 것을 알게 되었다. 같이 사는 친구가 잠깐 가게에 식료품을 사러 나갔다고 말했다. 별 생각 없이 환자분의 성함과 약 이름을 함께 다시 한 번 확인했다. 그날 투여해야 하는 약은 독소루비신(Doxorubicin)이라는 약물이었다. 다발성 골수종(Multiple myeloma)이라는 질환을 앓고 있는 환자분이셨다. 위에서 언급했듯 이 약의 첫 번째 투여는 시설 내에서 받았고 이번이 그에 이은 두 번째 투여였다. 독소루비신이란 약은 부작용으로 심장 독성(Cardiotoxicity)이 있는 약물이다. 미국 종양 간호 자격증 시험에도 단골로 나오는 내용 중 하나다. 그럼에도 불구하고 여전히 다양한 종양 치료에 사용되는 항암제 중에 하나였다. 물론 심장 독성에 대해서 이론으로 접했기에 알고 있었다. 실제로 이 약을 투여 받는 환자들에 한 해서 심장과 관련된 초음파나 다른 검사들을 정기적으로 시행한다. 하지만 이 약과 관련된 심장 독성이 갑작스럽게 발생하는 경우보다 점진적으로 진행성으로 발생하는 경우가 많다고 알고 있었기에 대수롭지 않게 생각했던 것 같다.

점검할 부분을 다시 한 번 확인하고 약을 투여할 준비를 마친 뒤 환자분에게 연결했다. 한동안 투여를 받고 있던 환자분께서 갑자기 조금 숨이 찬다며 몸을 앞으로 눕히는 자세로 앉았다. 그래서 조금 더 가까이 가서 환자분을 사정하기 위해 환자분에게 다가갔다. 다가가자마자 숨이 찬다고 말한 지 몇 초도 되지 않아 갑자기 피를 토하고는 정신을 잃으셨다. 머릿속은 새하얘지고 뭘 해야 할지 생각할 시간도 없이 환자분께 심폐소생술을 시작했고 주위에 도와줄 사람이 없어서 일단 흉부압박만 계속 했다. 이 글을 쓰는 지금도 손이 떨린다. 너무 당황하고 놀랐기에 무엇이 잘못된 것인지에 대한 원인을 생각할 겨를은 당연 없었고 도움을 요청해야 한다는 생각도 하질 못했다. 환자를 내가 죽인 것 같은 느낌마저 들어 무섭고 절박하여 눈물을 흘리면서도 열심히 흉부압박을 계속 시행했다. 흉부압박이라는 것을 실제로 해보면 알겠지만 몇 분만해도 몸이 피곤해진다. 그래서 심폐소생술 교육을 받을 때도 이런 상황이 발생하면 몇 사람이 교대하면서 흉부압박을 하도록 권고한다. 울면서 그렇게 흉부압박을 계속 했다. 너무 놀라서 몸이 피곤해지는지도 모르고 시행했고 몇 분이나 지났는지는 모르겠지만 문득 이런 생각이 들었다.

'이렇게 흉부압박만 해서 될 일이 아니겠구나…' 하는 생각이 들었다. 얼굴은 땀인지 눈물인지 분간이 안 되는 액체로 뒤범벅되어 있었고 그런 상황에서 다급하게 911을 눌렀다. 참고로 한국은 국번 없이 119, 미국은 911. 미국에서 일을 시작한지 얼마 지나지 않았고 그런 다급한 상황에서 영어가 제대로 나올 턱이 없었다. 울면서 절박하게 한 문장만 반복해서 외쳤다.

"Come help me! Please help me! My patient is dying."

도와주세요. 제발 도와주세요. 제 환자가 죽어가고 있어요.

너무 무서워서 엄청 큰 소리로 울부짖었다. 911은 날 진정시키려고 했고 주소를 말할 수 있냐고 물었다. 그 상황에 그 집 주소를 기억할 턱이 없었다. 미국 주소 형식은 한국 주소 형식과도 많이 달라서 미국 생활 초창기에는 그 형식에 적응하기 위해 애먹었던 기억이 난다. 주소는 기억나지 않는다고 모른다고 계속 울면서 'Come help me!'(도와주세요!)만 외쳤고, 911은 전화를 끊지 않고 조금만 기다리면 도와주러 갈 테니 걱정 말고 하던 것을 계속 하고 있으라고 진정시키려 노력했다. 그렇게 몇 분이 지났을까… 911대원들이 왔고 바로 응급구조를 시작했고 넋 나간 듯이 울고 있는 내게 상황 인계를 위해 병원으로 같이 가줄 수 있느냐고 물었다. 그러겠다고 일어나다가 갑자기 정신을 잃었다. 앞서 말했듯 몇 분만해도 몸이 피곤해지는 것이 흉부압박이었지만 그런 것을 따질 상황이 아니었기에 사력을 다해 너무 오랫동안 무리한 탓도 있었고, 이런 일이 급작스럽게 발생했다는 사실에 충격을 받았던 모양인지 아주 잠깐 정신을 잃었다. 그렇게 같이 환자분과 같이 병원으로 실려 갔고 나는 이내 정신을 차렸다.

가까운 병원 응급실에 가서도 깨어나지 않는 환자를 보며 하염없이 눈물을 흘렸다. 계속 울고 있는 내게 질문하기가 미안해 어쩔 줄 몰라 하는 레지던트의 모습을 봤다. 응급실 입장에선 환자에게 정확히 무슨 일이 일어났는지 아는 것은 중요했고, 유일하게 그 정보를 제공할 수 있는 사람이 우느라 정신이 없어 곤란한 상황이었다. 그런 응급실의 입장을 간호사로서 잘 알고 있기에 무슨 일이 일어났는지 이야기를 해야 했다. 하지만 도저히 울음을 멈출 수가 없어 종이와 펜을 달라고 해서 네 개의 단어를 적었다.

Multiple myeloma	(환자의 진단명)
Doxorubicin	(항암제 이름)
Hemoptysis	(객혈. 피를 토한다는 뜻)
Chest compression	(흉부압박)

이렇게 적고 계속 울기만 했다. 환자는 응급 처치를 받기 시작했고 인계도 했으니 더 이상 그곳에 남아있을 이유가 없었다. 하지만 무엇을 해야 할지 어디로 가야 할지 생각할 겨를이 없었다. 한참을 울고 나니 지쳐 울 기운이 없어진다는 말을 온 몸으로 실감을 할 수 있었다. 모든 것을 다 내려놓은 표정으로 응급실 문 앞에 서있었고 차마 환자 쪽을 쳐다볼 수가 없어 뒤 돌아서 서 있었다. 그때 흰 가운을 입은 사람이 서 있는 쪽으로 천천히 다가오고 있음을 확인했다. 그때 생각했다. '내 간호사 인생은 여기서 끝이구나. 미국 생활이고 뭐고 다 접고 돌아가야 되는구나. 혹시 감옥에 가는 건 아닐까…?'

그 사람이 다가오는 동안 이런 끔찍한 생각들을 하며 떨고 있다가 옆으로 다가왔을 때는 모든 것을 체념한 듯 눈을 질끈 감았다. 하지만 그 사람은 가까이 다가와서는 나를 꼭 안아주었다. 나중에 알았는데 응급실 파트장(Nurse manager)이었다. 안아주면서

"This's not your fault. This happens sometimes, sadly. Don't worry too much. You did your best."

네 잘못 아니야. 이런 일 슬프게도 종종 있으니까 너무 걱정하지 마. 넌 네가 할 수 있는 최선을 다 한 거야.

라고 말하고는 몇 분간 더 꼭 안아줬다.

그 말에 그 포옹에 위로가 되어 더 나올 것 같지도 않던 눈물이 또 났다. 아직도 그 분과 가끔 연락을 하고 시간이 지나고 한 번 찾아가기

도 했다. 그 분의 위로가 아니었으면 그 다음 날 당장 짐 싸서 한국으로 돌아왔을지도 모른다. 인생 최악의 하루와 인생 최고의 위로를 동시에 모두 경험한 날이었다.

인종차별에 대하여

그 병원을 나왔다. 비는 그때까지도 계속 억수같이 내리고 있었다. 비를 맞으며 얼굴에 흐르던 땀과 눈물을 씻어냈다. 예정대로라면 다음 환자에게 항암제 투여를 위해 다음 집을 방문해야 했지만 그 상황에서 도저히 용기가 나질 않았다. 핸들을 잡고 있는 손이 심하게 떨리는 것을 보면서 지금 바로 운진하면 안 되겠구나 생각했다. 잠시 스스로를 진정시켜야 할 것 같았다. 잠시 눈을 감고 여러 생각을 했고 내린 결론은 도저히 이런 상태로 오늘 일을 마무리하지 못할 것 같아 시설에 전화를 했다.

"I am sorry that you had that experience. But no, David. There's no one who can finish your work today. Sorry but please do your job."
네가 그런 경험을 해서 유감이야. 하지만 오늘 일손이 부족해 네 일을 대신해 줄 인원이 없어. 미안하지만 일을 마무리해줘.

방금 일어난 일들이 크게 대수롭지 않다는 듯 단호하게 요청을 거절

했다. 당장 짐 싸서 한국에 돌아가고 싶다는 생각만 했다. 왜 이렇게 살아야하나 싶었다. 삼성서울병원을 사직하고 미국에 나와 이런 생활을 하고 이런 대우를 받고 있음에 내가 한 선택이 잘못된 건가 현명하지 못했던 건가 스스로를 자책했다. 하지만 이대로 한국에 돌아가면 그저 힘들면 바로 포기해버리는 패배자(Loser)로 여겨질 것 같아서, 더 해보지도 않고 불평만 늘어놓는 사람이 될 것 같았다. 이대로 돌아가면 사직서를 제출했을 때 인사과장님의 말도 단순한 가정이 아니라 사실이 되는 것이었다. 그래서 방문 간호사를 기다리고 있는 다음 환자 집으로 가기 위해 어렵게 시동을 켰다. 시동을 켜는 그 순간까지 정말 많은 용기가 필요했다. 안타깝게도 다음 집을 방문했을 때 스스로 아주 대단한 용기라고 생각했던 그 '용기'는 전혀 인정받지 못했다.

"Get out of my house. I am going to call your facility and ask them to send another nurse. I hate a lazy nurse like you."
내 집에서 나가. 병원에 전화해서 다른 간호사 보내달라고 할 거야. 너 같은 게으른 간호사 정말 상대하기 싫어.

예기치 못한 급작스러운 일에 다음 집 방문이 예정보다 많이 늦어졌고, 간호사가 많이 늦은 것도 속상한 상황에서 누군가 미리 연락을 해줘서 늦을 것이라는 소식을 알려주지 않았다는 사실에 더 화가 나신 상태였다. 게다가 영어를 아주 유창하게 하지 못한 상황이었기에 오전에 있었던 일을 효과적으로 전달할 수가 없었고, 그 영어실력도 그 분의 분노에 한 몫을 한 것 같았다.

"I don't know how you are working in America with your English."

영어를 그런 식으로 하면서 어떻게 미국에서 일하고 있는지 도저히 알 수가 없다.

통보 없이 늦게 와서 환자분께선 기다리는 동안 아무것도 할 수가 없었고 간호사가 의사소통까지 원활하지 않으니 여러 요인들이 복잡하게 얽혀 그 환자분을 화나게 만들었다고 생각했다. 그 상황을 이해한다고 해서 그런 가시 돋친 말들이 상처가 되지 않은 것은 아니었다. 그저 사정했다. 그렇게 사죄하고 사정을 하는 것 외에 무엇을 할 수 있을지 떠오르지 않았다. 잘못했다고 다음에는 이런 일이 없도록 하겠다고 죄송하다고 잘못했다고 반복했다.

다행히 이번 투약만은 내게 받겠다고 했다. 하지만 자신의 집에 다시는 방문하지 말 것을 당부했다. 항암제 투여를 준비하고 환자분에게 연결하려는 와중에 환자분은 병원에 전화를 걸어 이 간호사 다시는 보내지 말라고 차갑게 말하고 있었다. 또 눈물이 날 것 같아 화장실에 잠시 다녀오겠다며 그 자리를 떴고 화장실 안에서 휴지로 입을 틀어막고 다시 서럽게 울었다. 오전의 일 때문에 이 집뿐 아니라 다음 집에도 그 다음 집에도 예정보다 늦게 도착했다. 이해해주는 환자분도 있었지만 그렇지 않은 환자분도 있었다. 일이 밀리다보니 당연히 퇴근도 많이 늦어졌다.

마지막 집을 방문하고 시설로 돌아가 동료 간호사들에게 오늘 있었던 이야기를 했지만 다들 한 번씩 하는 경험이라며 그게 뭐 대단하다고 그렇게 유난을 떨고 있냐는 식의 반응이었다. 시간이 지나고 나서 알게 된 것이지만 오랜 기간 그곳에서 일한 간호사들은 이런 일이 일어나면 일단 911부터 부르고 적당히 심폐소생술을 하다가 911 도착 후 응급구조사에게 인계한 뒤에는 병원에 따라가지도 않는다고 했다. 그리고 자연스럽게 다음 집으로 방문한다고, 그렇게 하는 것이 정답이라는 식으로 말했다. 너무 오랜 기간 간호사 혹은 의료인으로 일해 온 사람 중에 환자를 '사람'이 아닌 '일거리'로 보는 사람들이 있다. 그 동료의 말을 통해 그 동료가 그런 사람의 표본처럼 느껴졌다.

"They all are cancer patients. They are dying anyway."

그들은 암환자야. 어차피 죽어가는 사람들이라고.

간호사의 입에서 나온 말이라고는 절대 상상할 수 없었고 나도 모르게 다른 동료들이 있는 그 자리에서 너무 크게 소리를 질러버렸다.

"How do you say something like that as a NURSE?"

간호사로서 어떻게 그런 말을 내뱉을 수가 있어?

동료들의 반응은 요즘 말로 갑분싸(갑자기 분위기 싸해짐). 놀란 직장 상사가 사무실에서 나와 바로 중재했고 너무 당연하게도 그녀의 방으로 끌려들어갔다.

직장 상사와 이야기하는 동안 그녀는 오늘 그런 일이 있었던 것은 유감이지만 오전의 그 상황에서도 방금 있었던 동료와의 상황에서도 모두 상황을 대처하는 능력이 조금 부족했던 것 같다고 말했다. 물론 대처하는 능력이 부족했다는 점은 인정했다. 하지만 인생 최악의 하루를 보내고 온 사람에게, 간호사로서 할 말이 아닌 말을 듣고 그것을 지적한 사람에게 다소 가혹하게 느껴지는 피드백이었다. 다시금 생각해보지만 응급실에서 만난 그 파트장님 아니었으면 정말 한국에 돌아가기 위해 캐리어를 쌌을지도 모른다.

할 일을 다 끝내지 못했기에 모두들 퇴근하고 혼자 사무실에 남게 되었다. 또 서러워졌다. 간호사로서 그 동료들과 같은 사고를 갖지 않은 것이 오히려 잘못된 것일까 하는 생각도 하게 되었다. 그들처럼 환자를 업무의 일환으로 누군가에게 인계하면 끝인 그런 마음가짐을 갖는 것이 옳은 것일까, 이런 일을 하는데 있어서는 그런 마음가짐이 더 적절한 것일까 하는 생각도 해보았다. 하지만 아무리 생각해도 받아들여지지 않았다.

신체적으로도 정신적으로도 힘들다보니 이렇게 힘들게 만드는 잠재적인 이유를 한 가지 찾아 그것을 탓하고 싶어졌다. 그때 생각한 것이 인종차별(Racism)이었다. 모든 것을 부정하고 적절하게 합리화할 수 있는 내면에서 던진 완벽한 떡밥이었다. 불같이 화를 낸 환자분도, 동료 간호사들이 내 상황을 공감해주지 않은 것도, 직장 상사가 위로가 아닌 부정적인 피드백만 준 것도 전부 내가 아시아인이기 때문이라고, 인종차별 때문이라고 생각하기 시작했다. 인종차별이 아니었는데 말이다.

미국에서 생활하다 보면 인종차별에 대해 묻는 사람들이 많다. 인종차별이 있냐고? 있다. 물론 과거보단 그 빈도나 정도가 심한 편은 아니라고 미국에서 오래 지내온 분들이 이야기한다. 그리고 쉽게 없어질 만한 문제가 아니라고 덧붙인다. 개인적인 경험으로는 인종차별적인 사고나 언행을 드러내면 무식하고 못 배운 사람 취급하는 사람들도 있기 때문에 그런 사고를 갖고 있더라도 공개적으로 쉽게 드러내지는 못하는 편이다. 한 가지 걱정되는 것은 정권이 오바마 정권에서 트럼프 정권으로 바뀌면서 숨기고 있던 이런 부분을 상대적으로 쉽게 밖으로 표출하는 사람들도 생기고 그런 부분들과 관련된 사건들이 뉴스에 자주 보도되는 것을 볼 수 있다. 정치적인 이야기는 자세히 하고 싶지 않다. 그저 사회의 '리더'가 정말 얼마나 중요한지 다시금 깨닫는 요즘이다.

미국 생활을 하면서 '이것은 정말로 인종차별이다'라고 생각했던 적은 손에 꼽을 정도로 많지 않았다. 지금 생각해보면 당한 차별이나 불친절들은 대부분 능숙하지 못한 영어실력 때문이었다. 이런 부당한 대우를 인종차별이라고 생각한 적도 과거에는 많았다. 하지만 이것이 사실이 아니라는 생각이 든 계기는 영어실력이 늘수록 이런 부당한 대우를 받는 빈도가 줄어들었기 때문이다. 미국에서 지내다보면 한국인들, 인종차별 당하면 정말로 싫어한다. 하지만 가끔 한국인들의 외국인(특히 동남아인들) 차별이 백인의 다른 인종에 대한 인종차별보다 심하다고 생각한 적도 있다. 더했으면 더했지 덜하지는 않을 거라고 생각한다. 외국인으로 살기에는 어쩌면 미국보다 한국이라는 나라가 더 힘들지도 모른다. 과거에는 한국이라는 나라에 거의 한국인만 살다가 조금씩 이민자들이 생기고 다문화 가정이 생기기 시작하면서 한국에 거주하는 외국인들이 늘어나고 있다. 이런 현상에 따라 사람들 인식도 점차 바뀌어야 하는데 그게 쉽지 않은지 차별적인 사고와 발언들을 종종 미디어를 통해 볼 때가 있다. 어디 가서 차별당하는 것은 싫어하면서 차별하는 것은 또 대수롭지 않게 생각하는 이런 사고는 정말 고쳐야 할 점이라고 생각한다.

가끔 아시아인에 대한 고정관념(Stereotype)들을 인종차별이라고 생각하는 사람들도 제법 있다. 이런 고정관념들에는 'Asians are very good at math.'(아시아인들은 수학을 잘한다.)나 'Asians are bad at driving.'(아시아인들은 운전을 못한다.) 같은 말이 있다.

이와 관련된 재밌는 에피소드가 있었는데 여느 때와 같이 미국 간호사로 일하던 도중에 고용인 센터(Employee center)에서 나와 관련된 인종차별 신고가 들어왔다고 전화가 왔다. 순간 내가 인종차별 발언을 했다는 이야기인지 알고 사람들이 이런 발언에 얼마나 민감한지 알고 있었기에 '아… 망했다.'라고 생각하던 찰나에 그 신고는 누군가 내가 인종차별 발언을 당하는걸 보고 한 것이라고 한다. 사유를 말해주면서 가벼운 처벌을 원하느냐 물어보았고 사유가 너무 웃겨서 그냥 넘어가도 될 것 같다고 답했다.

사연은 이러했다. 일하던 중에 다른 간호사가 돌보던 환자의 혈압이 떨어져 그 간호사를 도와주러 갔다. 마침 옆에 있던 의사의 처방으로 혈압을 올리기 위해 투여하고 있던 약물 용량을 조절해야 했는데 그 약

❶ 정말 다양한 인종의 미국 간호사 동료들 ❷ 미국인은 한국 캐릭터 양말을 좋아한다.
❸ 미국 동료들을 위해 준비한 불닭볶음면 도전 ❹ 미국 동료들에게 소개한 한국 과자
❺ 미국 동료들에게 소개한 한국 사탕

물은 환자의 몸무게에 근거하여 계산하는 약물이라 담당 간호사는 계산기를 꺼내 열심히 숫자를 입력하고 있었다. 내가 보기엔 그리 어렵지 않은 계산 같아 보여 암산을 했고 그렇게 암산한 대로 용량을 올렸다. 한참을 계산기를 두드리던 담당 간호사가 똑같은 답이 나온 것을 확인하고 어떻게 그렇게 빨리 계산 했냐고 놀란 표정으로 질문했고 뒤에서 그 상황을 지켜보던 의사가 말했다.

"That's because he is Asian."

그건 그가 아시아인이니까 그렇지.

난 아무렇지 않게 흘려들은 그 발언을 아무래도 동료 간호사가 인종차별적인 발언이라 생각하여 신고하지 않았나 싶다. 이런 발언들 또한 사람에 따라서는 인종차별이라 생각할 수도 있고 그냥 웃고 넘길 수도 있는 것들이다. 보통 웃어넘기는 편이지만 동료가 이런 농담을 하면 다시금 상기시켜주긴 한다. 이런 발언들을 인종차별적 발언이라고 생각하는 사람들도 있기 때문에 조심하는 것이 좋다고. 조금 더 다른 나라 문화나 관습에 대해 관심을 가지고 존중하는 것이 중요하다고 마음 상하지 않게 말해준다.

어쨌든 결론은 미국에 와서 힘든 일들을 겪으면서 원인을 생각할 때 '인종차별 때문이다.' 라고 생각하는 것은 본인의 잘못은 전혀 없다고 생각할 수 있기에 투사시키기 참 쉬운 명분이다. 업무를 마무리하고 자정이 가까운 시간에 집으로 돌아오면서 오늘 있었던 모든 일들은 인종차별 때문이었다고 생각하며 합리화했다. 그 덕분에 오늘 인간관계에서 받은 서운함은 한결 편해진 듯 했지만, 마음 깊은 곳에서는 '인종차별과 관련되지 않은 일들을 인종차별이었다고 치부하고 마는 것'에 대한 불편함이 있었다. 생각을 반복하면서 이렇게 합리화하고 말면 근본적인 문제가 해결되지 않는다는 또 삶이 더 나아지지 않으리라는 결론을 내릴 수 있었다.

한 발 앞으로

순탄치 않은 미국 적응기와 호락호락하지 않은 미국 간호사 생활, 그리고 불투명해 보이는 미래에 대한 걱정으로 하루하루를 후회하며 보냈다. 정말로 우울증이 올 것 같은 상황을 타파하기 위해 무엇이라도 해야 했다. 사실 답은 이미 알고 있었다.

영어가 유창하지 않아서 무시 받는다?	영어공부
미국 간호사의 일이 익숙하지 않아서 힘들다?	미국 의료 시스템과 간호 공부

결국은 자신이 좀 더 발전을 해야 하는 상황이었다. 영어와 관련된 힘든 미국 적응기와 미국 간호사 생활에, 아무것도 모르는 '이민'과 관련된 부분까지 감당하게 되면서 이미 만신창이가 되었다. 하지만 계속 이렇게 살고 싶지는 않았다. 그리고 불평만 늘어놓고 합리화할 궁리만 하면 결국은 아무것도 변하지 않으리란 것을 알고 있었다. 그때부터 본격적으로 불평과 걱정 그리고 합리화를 내려놓고 미국이라는 나라에서

도 잘 적응해서 사는 사람이 되기 위한 방법을 강구했다. 미국에 가서 성공한 간호사 거의 없다고 말하는 사람에게 당당하게 스스로가 그런 사람이 되겠다고 말한 그 자신감을 다시 가지고 싶었다.

처음 시작한 일은 본격적인 영어공부. 영어라는 '언어'를 공부하는 단계를 벗어나 사람들과 실제로 의사소통하는 능력을 키워야 했다. 아직도 자주 하는 말이지만 미국에 와서 끝이 없는 것이 영어공부이고 미국에서 살면서 잘하면 잘할수록 좋은 것이 영어다. 영어란 결국은 내겐 외국어이기에 앞으로도 미국인들처럼 100% 자연스럽게 구사하지는 못할 것이다. 그 사실을 인정하되, 하지만 그것이 영어공부를 멈추는 이유가 되어서는 안 된다. 델라웨어에서 영어를 배우면서도 계속 명심해왔던 능동적 학습자(Active learner)가 되기 위해 또 Willing to learn(마음을 오픈하여 기꺼이 배우고 받아들이는 자세) 전략을 다시 한 번 사용하기로 했다. 그동안은 무시당할까봐 근무하면서 누군가 말을 걸어와도 입을 잘 열지 않았었는데 그때부터는 닫고 있던 입을 열기 시작했다. 영어공부에 대해 이야기할 때도 강조했었다. 언어라는 것은 사용하지 않으면 구사하는 능력이 줄어들 수밖에 없고 많이 사용할수록 늘어난다는 것. 근무하면서 최대한 많은 사람들과 자연스런 일상 대화를 시도했다. 실수를 두려워하지 않기로 했다. 식료품 가게에 가서도 점원과 전혀 하지 않았던 일상 이야기도 나누었다. 모두가 그런 것은 아니지만 일반적으로 미국 사람들은 한국 사람보다 누군가에게 다가가는 것을 두려워하지 않고 다가온 사람에 대해서도 특별한 거부감을 갖지 않는다는 것을 이런 경험을 통해 알게 되었다. 비바 할머니가 미국 사람들을

Friendly(친구같이 다정한)라고 표현하고 한국 사람들을 Nice but shy(좋은 사람들이지만 다소 쑥스러움을 잘 타는)라고 표현한 이유를 직접적인 경험으로 확실히 알게 되었다.

집에서도 한국 TV 시청은 그만 두었고 미국 라디오를 항상 틀어놓았다. 대화를 원활히 이어가기 위해서는 영어를 구사하는 능력뿐 아니라 다양한 화제들을 가지고 있어야 한다. 나는 미국인이 아니고 미국이라는 나라에서 오래 살아온 사람들 특유의 사고방식이나 마음가짐을 쉽게 가질 수 없음을 잘 알고 있다. 하지만 그렇다고 그들과 잘 어울릴 수 없다는 말은 아니다. 중요한 것은 그들의 문화나 관습을 존중하고 그와 동시에 본인의 뿌리를 잊지 않으며 그들에게 타국의 문화나 관습을 소개하는 것도 필요하다. 항상 사람들에게 스스로를 '한국인'이라고 자랑스럽게 소개하고 한국의 문화나 관습을 소개하기도 한다. 그러면서 미국의 문화와 관습에 대한 관심을 표현하고 존중하는 편이다. 한국인으로서 한국의 문화나 관습을 소개할 때 중요한 것은 '받아들일 수 있을 만큼씩 천천히 오픈하는 것'이다.

의학 용어 중에 탈감작(Desensitization)이라는 용어가 있다. 쉽게 예를 들어 설명하면 과거에 어떤 약에 알레르기 반응이 있었던 환자가 있는데 그 환자에게 꼭 그 약이 필요한 상황이 생길 경우, 아주 소량을 투여하고 반응을 지켜본다. 이상이 없을 시 아주 소량씩 용량을 늘려가며 반복적으로 투여하고 결과적으로는 그 약물을 투여 받을 수 있게 하는 과정을 말한다. 외국인에게 한국의 문화나 관습을 알릴 때는 이런 방법을 사용하는 것이 좋다. 예를 들어 미국인들에게 익숙하지 않고 다소 자극적일 수 있는 김치를 들고 가서 다짜고짜 '이것 먹어봐.' 하는 것보다는 미국인들에게 생소하긴 하지만 받아들일 수 있을 것 같은 부분들부터 소개를 하는 것이 좋다. 받아들일 사람은 준비도 안됐는데 '이게 한국의 문화니까 일단 받아들여라!' 하는 것은 존중이 결여된 생각이다. 조금씩 조심스럽게 오픈하되 그 중에 일부는 약간 부담을 느낄 수 있을만한 요소를 넣는 것이 가장 효과적이었던 것 같다.

과자나 초콜릿 같은 간식을 매우 좋아하는 미국인들 성향을 보고 일터에 한국 과자를 들고 간 적이 있었다. 대부분은 미국인들이 쉽게 먹을 수 있는 달달하고 초콜릿이 포함된 과자들을 샀다. 하지만 그 중에 새우깡 같은 과자도 하나 섞어서 가져갔다. 낯설어서 거부하는 사람도 있었지만 흥미를 가지고 맛을 보는 미국인들도 있었다. 미국 동료들을 집에 초대할 때도 같은 방식을 사용한다. 대부분 그들이 맛있게 먹을 수 있는 요리들을 제공하고 원하는 사람들에 한해 맛볼 수 있도록 한두 가지 정도는 낯설 수 있는 한국 고유의 음식을 만들어 놓는다. 좋아하지 않을 것이란 확신을 가지며 맛을 보는 친구들도 의외로 입맛에 잘 맞아 요리법을 알려달라는 미국인 친구들도 있었다.

이런 상황들이 반복되다 보니 동료들은 이제 '한국인' 동료와 일한다는 것에 익숙해졌고 한국에 대해 자연스레 관심을 가진다. 이제는 어떤 이야기를 하다가도 자연스레 '한국 사람들은 이럴 때 어떻게 해?'라며 자주 물어본다. 어딜 가나 본인의 정체성은 명확히 하되 다른 문화나 관습을 존중하는 습관은 중요한 일임을 느낀다.

시간이 가며 일도 조금씩 익숙해지고 동료들과의 사이도 좋아지며 다른 사람들에게 영어로 무시 받는 일도 많이 줄어들었다. 일과 관련된 공부는 정말 끊임없이 했다. 그 당시 제공하고 있던 종양 간호에 대한 부분뿐만 아니라 중환자 간호에 대한 열정도 여전했기에 미국 중환자 간호에 대한 저널을 구독하며 항상 간호의 트렌드에 뒤처지지 않게 노력했다. 이 의료시설과의 계약이 끝나고 영주권을 받게 되면 다시 중환자실에서 일하고 싶었다. 간호사로서 중환자들을 돌보며, 제공하는 간호를 통해 환자들이 실제로 회복하는 모습을 지켜보면서 간호사라는 직업에 대한 애정과 열정이 많이 커졌다. 미국에 넘어와서도 항상 그 열정을 기억하며 되새기고 있었다. 미국 의료 시스템과 정책에 관한 공부도 꾸준히 했다. 그 전에는 이런 부분을 알아봤자 큰 도움이 되지 않으리라 생각하고 경시한 부분이었는데 관심도 없던 오바마(Obama) 케어와 미국 의료보험 제도에 대해서 공부를 하다 보니 환자분들이나 동료들이 하는 이야기를 조금씩 더 알아들을 수 있었다. 미국 의료 시스템은 알면 알수록 한국의 그것과 참 많이 다르다는 생각도 했다.

아직도 친구들에게 자주 하는 말이 있다.

"미국 근무 첫 1년은 인생에서 군대 이등병 시절보다도 더 힘든 시기였다."

힘들었지만 상황을 개선하기 위해 많이 노력했다. 그렇게 1년이라는 시간이 지났고, 미국에서 일을 처음 시작한 그때의 상황보다 여러모로 많이 좋아졌다고 느꼈다.

하지만 조금 나아진 그 상황에 안주하고 싶지 않았다. 많은 것을 희생하고 선택한 미국행이었다. 그래서 여기서 멈추지 않고 한 발 앞으로 더 나아가고 싶었다. '지금 상황에서 한 발 더 앞으로 도약하기 위해서는 어떤 일을 해야 할까?' 고민하다가 생각한 것이 대학원 진학이었다. 대학교에 다닐 당시 선배들이나 교수님들께 자주 들었던 소리가 대학원 입학이라는 것은 친구 따라하는 가벼운 결정도 아니고, 목적이나 목표 없이 입학하면 성공하지 못할 확률이 높기에 입학하여 대학원을 통해 과연 무엇을 성취할 것인지에 대한 정확한 성찰이 필요하다는 것이다.

목표는 분명했다. 중환자들을 위해 진전된 간호(Advanced nursing)를 제공하고 싶었다. 지금보다 더 많은 지식을 쌓고 더 많은 수련을 거쳐서 지금 간호사로서 하는 일보다 더 넓은 범위의 케어를 제공하고 싶다는 생각을 했다. 이런 목적과 목표에 맞는 대학원을 찾기 위해 미국 간호 대학원 프로그램들에 대해서 공부하기 시작했다. 어떤 프로그램들이 있는지 공부하는 과정에서 Nurse Practitioner(NP)라는 직업에 대해 알게 되었다. 멋진 타이틀을 가진 이 직업에 대해 자세하게 알고 싶었다. 진단과 처방 그리고 시술을 할 수 있는 간호사인 NP와 관련된 정확한 한국어 명칭은 아직 없지만 가장 가까운 용어를 찾으면 앞서 언급한 '전문 간호사'라고 할 수 있다. 한국의 의료법에는 13개의 다양한 전문 간호사들이 명시되어 있으나 아직은 그들의 역할 범위까지는 제정되어 있지 않다. 간호학 학사를 취득한 이후 간호사로서 몇 년의 근무 경력을 가지고 미국 NP 대학원 석사 과정에 입학하고 졸업한 뒤 국가고시를 합격한 후 NP 자격을 부여받을 수 있다. 간호사로서의 경력을 가지고 간호학 석사 학위 취득 후에 환자의 진단과 처방까지 역할 범위가 늘어나는 사실에 대해 매료되지 않을 수 없었다.

실제로 환자들을 돌보면서 '내가 주치의였다면 이것은 해주고 싶다.' 라는 생각을 종종 하곤 했었는데 그런 생각을 주치의에게 언급해도 흘려버리고 지나가는 경우가 많았다. 그때마다 많이 아쉽기도 했다. Nurse Practitioner(NP)라는 타이틀을 가지고 있고 역할 범위는 더 늘어나지만 여전히 '간호사(Nurse)'라는 단어가 직업 타이틀에 들어가는 것이 너무 마음에 들었다. NP도 전공(Specialty)이 여러 가지로 나뉘어져 있었다. 자세한 것은 다음 장에서 언급하기로 하고 그 중에서 가장 관심이 많이 가는 전공은 Acute Care Nurse Practitioner(ACNP) 프로그램이었다. ACNP는 병원 내 입원 환자들을 돌보며 환자의 진단, 치료계획 설정, 처방 및 시술을 담당하고 '중환자'를 돌볼 수 있는 유일한 NP였다. ACNP 석사과정에 관한 정보를 보면 볼수록 나를 위한 과정이라고 여겨졌다. 그 프로그램을 발견한 이후에는 다른 과정은 더 찾아보지도 않았고 바로 다음 순서로 넘어갔다.

다음으로 할 일은 어떤 학교에 지원을 할 것인지를 선정하는 것이었다. 이왕 배우는 거 좋은 대학에서 제공하는 훌륭한 프로그램에서 배우고 싶었다. 먼저 머물고 있던 펜실베이니아주에 있는 대학들 중 좋은 평가를 받는 ACNP 프로그램을 가진 대학들을 검색했고, 1위는 University of Pennsylvania(유펜, UPenn)라는 대학이었다. 다음으로 그 당시 펜실베이니아주를 벗어나 미국 전역에서 좋은 평가를 받는 ACNP 프로그램을 가진 대학들을 검색했고 그 순위에서도 1위는 University of Pennsylvania였다. 그 순간 이것은 운명이라고 생각했다.

University of Pennsylvania은 펜실베이니아주 필라델피아에 위치한 명문 사립대학이다. 미국 8대 명문대인 아이비리그(Ivy League) 대학들 중 하나이며 이름 때문에 펜실베이니아주에 있는 주립 대학으로 오해하는 사람들이 많다. 미국의 주립대학 이름이 University of (State 이름)인 경우가 많기 때문이다. 일례로 영어를 배웠던 University of Delaware가 델라웨어 주에 있는 주립대학이다. 주립대학이 사립대학보다 상대적으로 학비가 조금 싼 편이다. 참고로 펜실베이니아주의 주립대학은 Pennsylvania State University다. 이 대학에 대해 정보를 알면 알수록 큰 의문이 생겼다. '한국 지방 사립대 출신인 내가 과연 이렇게 좋은 미국 명문대에 입학할 수 있을까?'

모교인 인제대학교를 아주 사랑하지만 모교를 모르는 사람들에게 이 학교는 그저 지방 사립대에 불과했고 그런 점이 가끔 속상하기도 했다. 그러다보니 미국 명문대 입시 준비를 앞두고 이런 생각이 들지 않을 수 없었다. 하지만 내겐 목적과 목표 그리고 열정이 있었다. 열정과 목표가 있다면 불가능은 없다고 생각했다. 그리고 목표는 너무 현실적으로 잡는 것보다 조금 높게 잡는 것이 더 좋다는 말도 있지 않은가? 꿈을 현실로 만들기 위한 노력이 시작되었다.

입학 요구조건은 다음과 같았다.

1. Personal statement

나라는 사람에 대한 이야기 및 간호사로서의 여정을 '왜 이 대학원을 입학해야 하는가?'에 대한 질문의 답으로 풀어내야 하는 자기소개서

2. 영문 성적 증명서

단순히 영문으로 적힌 영문 성적 증명서가 아니라 미국에는 한국에서 받은 간호학 교육이 미국에서 제공하는 간호학에 견줄 만한지를 평가하는 기관들(CGFNS, WES)이 있는데 그 기관을 통해서 보고서가 제출되어야만 한다.

3. 추천서 4부

4. 펜실베이니아주 간호사 면허증

5. 토플과 GRE(Graduate Record Examination)

다행히 이전에 획득했던 토플 점수는 이 대학의 요구 점수를 충족시켰지만 GRE라는 대학원 입학시험을 치러야 했다. GRE라는 대학원 입학시험을 인터넷으로 검색했을 때 사람들의 후기에서 자주 볼 수 있는 문장이 있었다. '다시는 치고 싶지 않을 만큼 어렵고 사람을 지치게 만드는 시험'

이 문장을 보고 일하면서 혼자서 준비할 수 없는 시험이라고 생각했다. 그리고 토플을 경험하면서 시험 자체에 대한 정보도 시험공부만큼 중요하다는 것을 깨달았었기에 미국 GRE 학원을 등록했다. 오전 8시에 간호사로서 출근하고 오후 5시에 퇴근한 뒤 학원에 가서 수업을 듣고 집에 왔다. 저녁을 먹고 샤워하고 자정 혹은 새벽 1시까지 공부했다. 거의 매일을 이런 식으로 보냈다. 가끔은 공부하다가 책상 앞에서 쓰러져 잠든 적도 많았다. 공부하면서 솔직히 이런 생각도 많이 했다. '솔직히 수능을 이렇게 준비할 걸…'

하지만 이내 '이제 와서 후회해봤자 무슨 소용이야…' 하고 넘겼다. 그런 생각이 들 때마다 심적으로 힘들긴 했지만 목표를 위해 외롭게 자신과의 싸움을 계속 했다. 지난 과거의 선택에 대한 후회를 신경 쓸 일이 아니라 나태한 현재로 인해 미래의 내가 후회하게 만들지 말자고 다짐했다. 인터넷에서 이런 말을 본 적이 있다. '그 사람만의 시간이라는 것이 있다.', '사람마다 그 사람만을 위한 때나 시기는 따로 있다.'

정말로 공감되는 말이었다. 그 문장을 보면서 내 시간은 아직 오지 않았다고 생각했고, 그 시간은 지금 하고 있는 노력으로 인해 예정된 시간보다 조금 더 빨리 올 것이라고 믿으며 계속 공부했다. 그런 믿음이 그런 희망이라는 것이 그 시기에 참 많이 필요했다. 미국 첫 직장에서 간호사로서의 일은 사실 업무 강도가 엄청 높은 편은 아니었는데 퇴근하고 나면 학원을 가기도 전에 항상 피곤했다. 연유를 몰랐는데 비바 할머니와 통화를 하면서 알게 되었다.

"You were like that when you were learning English. Speaking English all the time as a non-native speaker is never easy. Now, you are working with tension and thinking about English at the same time. No wonder that you are tired."

네가 영어를 배우는 당시도 항상 피곤하다고 말하곤 했었다. 영어가 모국어가 아닌 사람이 하루 종일 영어를 사용하는 것은 절대 쉬운 일이 아닐 것이다. 더욱이 지금 넌 간호사로서 긴장하면서 일을 하고 있고 그러는 와중에 영어도 항상 생각을 해야 한다. 피곤하다고 말하는 네가 전혀 이상하게 느껴지지 않는다.

GRE를 준비하는 동안 매일 미국 최고의 간호 대학원 입학을 꿈꿨다. 만약 입학한다면 입학 후에 하고 싶은 공부를 마음껏 하고, 졸업 후 좋아하고 또 하고 싶은 일을 열심히 하며 사는 사람이 되겠노라 다짐했다. 열심히 공부를 한 뒤 첫 번째 GRE 시험을 보러 갔다. 시험은 예상보다도 훨씬 어려웠다. 좋지 않은 점수를 예상하고 있었지만 예상외로 점수가 잘 나왔으면 하는 희망은 버리지 않았다. 하지만 당연히 결과는 입학 기준에 한참 못 미치는 점수였고 다시 공부를 해야 했다. 더 열심히 해야 했다. 갑자기 토플을 준비할 때의 악몽이 떠올랐다. 그 앞이 보이지 않는 것 같은 불안이 엄습해왔다. 하지만 그럼에도 불구하고 불같은 열정과 노력으로 원하는 토플 점수를 얻은 경험이 있었기에, 그 성공이 있었기에 이번에도 노력하면 되리라 생각하며 포기하지 않았다.

일하고 피곤해도 단 하루도 학원을 빠뜨리지 않고 갔고, 책상 앞에 앉아 졸려도 허벅지를 꼬집으며 한 자라도 더 보고 외우려고 노력했다. 휴일에도 도서관에 갔고 길거리를 걸으면서 조차도 영어단어장을 들고 보면서 계속 단어를 외웠다. GRE는 세 파트로 구성되어 있다. 영어 독해와 단어 중심의 Verbal이라는 파트가 있고, 수학과 논리 중심의 Quantitative라는 파트 그리고 분석적인 글쓰기 파트가 있다. 이 중에 Verbal이라는 파트에는 일반적인 글을 읽고 독해하는 것이 아니라 고전 영문학 같은 어려운 책에서 발췌하는 글이 많았다. 이런 이유로 일상생활에서 사용되는 어휘가 아니라 요즘 사람들은 거의 사용하지 않는 고

대의 어휘를 알아야 했다. 그래서 어학연수를 하면서 그렇게 어휘를 외웠음에도 다시 또 어려운 단어들을 외워야 했다.

이런 식의 생활을 1년 동안이나 반복하고 나서야 세 번째 도전에서 만족스러운 GRE 점수를 쟁취할 수가 있었다. 점수를 확인하자마자 얼마나 울었는지 모른다. 원하던 점수를 얻었다는 사실에 대한 기쁨의 눈물이기도 했지만, 자신을 믿고 하는 노력은 역시 배신하지 않는다는 말을 다시 재확인한 기쁨에 대한 눈물이기도 했다. GRE 점수를 받고 바로 대학원 입학 원서를 제출했다.

생애 첫 미국
취업 인터뷰

입학 원서를 내고 결과를 기다리는 동안 병원과 계약한 기간이 종료되었고, 그 말은 이제 영주권자로서 스스로 원하는 일을 찾을 수 있다는 뜻이었다. 간호사로서 채용을 해주고 이렇게 영주권을 후원해주어 미국에서 법적으로 일할 수 있게 해준 것에 대해 아주 감사했지만 다시 고향 같은 중환자실로 돌아가고 싶은 마음이 컸다. 그래서 재계약을 하지 않고 다른 직장을 찾기로 결정했다.

일단은 이 시골을 벗어나 병원이 많은 대도시로 옮겨야했다. 많은 선택지가 있었지만 입학하고 싶은 꿈의 대학원이 있는 펜실베이니아주 필라델피아로 옮기기로 결정했다. 필라델피아라는 도시는 미국 북동부 뉴욕보다 약간 아래에 위치하고 뉴욕에서 차로 두 세 시간 정도의 거리다. 시간대는 뉴욕과 동일하고 날씨는 서울과 같은 사계절을 가지고 있으며 여름엔 덥고 겨울에 추운 날씨를 가진 도시다. 미국의 첫 번째 수도였기에 역사적인 장소가 많으며 인구통계학적으로는 흑인 비율이 가장 높다. 교육과 의료의 도시라고 할 정도로 대학교와 병원이 정말 많다.

필라델피아와 관련된 재밌는 사실 중에 하나는, 필라델피아 크림치즈가 필라델피아에서 생산되는 대표적인 특산물로 알고 있는 사람들이 많은데 사실 이 둘은 크게 관련이 없다. 오히려 필라델피아의 대표적인 특산물로 꼽히는 것은 굵은 소금이 뿌려진 부드러운 빵 프레즐(Pretzel)이다. 필라델피아에 사는 사람들이 이 프레즐 사랑이 대단하다. 특히 갓 만들어진 프레즐에 치즈를 찍어먹으면 그 맛이 기가 막힌다. 음식 이야기는 여기까지 하고 필라델피아 행을 결정하면서 필라델피아 주변 병원들에 대한 정보를 검색했다. 웹사이트를 통해 일단 대형병원들의 중환자실을 위주로 이력서를 제출했다. 하지만 기다려도 답은 오지 않고 인터뷰를 하러 오라는 병원 역시 하나도 없었다. 이제는 미국 간호사로서의 경력도 가지고 있었기에 이런 상황들이 너무 실망스러웠다. 채용기회는 이미 다른 지원자에게 갔다는 이메일을 받을 때마다 속상했고 결국 마음의 안정을 찾기 위해 비바 할머니 댁을 찾아갔다. 무언가 힘든 일이 있거나 아니면 마냥 쉬고 싶을 때 할머니 댁에 찾아간다. 지금까지도 할머니 댁은 마치 내 집 같은 느낌이 있다. 할머니께 자주 말하곤 한다. 이 집에만 오면 마음이 너무 편안해져서 자꾸 방문하게 된다고. 할머니께선 언제나 방문을 격하게 환영해주신다.

함께 무엇이 문제인지에 대해 이야기를 하다가 할머니께서 말씀하셨다.

"Maybe they want you to have ICU experience at a small hospital first?"

대형병원들이 네가 조금 더 작은 병원에서 먼저 중환자실 경험을 해보길 원하는 것은 아닐까?

그랬을 수도 있고 아니었을 수도 있다. 미국 병원들은 채용이 되지 않은 이유까지는 알려주지 않으니 정확한 이유를 알 방도는 없었다. 하지만 할머니의 조언이 굉장히 일리가 있다고 생각했다. 몇 달이 지나도 대형병원들로부터 거절 이메일만 받으니 자존감도 낮아지고 할머니의 조언대로 눈을 조금 낮춰 요양 병원과 종합병원 중환자실에 이력서를 넣기 시작했다. 그리고 한 일주일이 지났을까? 인터뷰를 보러 오라는 전화를 받았다! 미국 첫 직장의 인터뷰는 너무 급작스레 세미나에서 이루어졌으니 정식 인터뷰라고 칭하고 싶지 않다. 그렇기에 미국에서 처음 찾아 온 정식 취업 인터뷰 기회나 다름없었다. 떨리는 마음으로 해당 병원에 대한 정보를 검색했고 예상 질문 리스트를 만들었다. 열심히 인터넷을 이용해 다른 간호사들의 병원 인터뷰 후기들을 찾아보았다.

미국 병원은 상시채용을 한다고 앞서 언급했었고 한국은 병원차원에서 간호사를 대규모로 채용하는 방식이라면 미국은 부서마다 인사권이 있어서 Nurse manager(수간호사 혹은 파트장)가 필요시에 인사과 도움을 받아 공고를 내고 인력을 채용하는 식이다. 미국 취업 인터뷰는 작은 병원의 경우에는 보통 Nurse manager와 한 번 인터뷰를 보는 반면 대형병원 같은 경우는 인사과와 한 번 인터뷰를 하고 그를 성공적으로 마칠 경우 Nurse manager와 인터뷰를 보는 기회를 가지게 된다. 이력서를 온라인으로 제출하고 나서 인사과와 부서에서 그 이력서가 마음에 들 때, 빠르면 일주일에서 늦으면 한 달 정도 내에 전화로 인터뷰를 보러 오라고 연락이 온다. 인터뷰를 보러 오라고 전화를 한 곳은 킨드레드 병원(Kindred Hospital)이라는 필라델피아에 위치한 요양병원 중환자실이었다. 인터뷰가 가능하냐는 전화를 받고 너무 기뻐서 그 당시 커피를 마시고 있던 카페에서

"I will have my first job interview in the United States!!!!!!!!!!!!!!"

미국에서 첫 취업 인터뷰를 하게 되었어요!!!!

하고 외쳤다. 말하고 난 뒤 갑자기 분위기가 싸해지면 어떻게 할까 걱정했는데 주위에 모든 사람들이 자기 일인 마냥 진심으로 축하해줘서 기분이 한층 더 좋아졌다.

첫 인터뷰인 만큼 망치고 싶지 않았다. 미국 취업 인터뷰에 관한 정보들을 더 검색했다. 비바 할머니께서 깔끔하게 정장을 차려입고 가는 것이 좋다는 말을 들었고 마침 한국에서 가져온 정장이 있어서 다림질을 했다. 사실 인터뷰 복장은 한국과 동일하다고 보면 된다. 할머니께서 한 말 중에 기억나는 대목이다.

"In America, if you don't know what to wear for some occasions, always wear more formally than you are thinking."

미국에서 지내면서 어떤 상황에 무슨 옷을 입어야 할지 모른다면 항상 지금 생각하고 있는 것보다 더 차려입어라.

미국 첫 취업 인터뷰 날이 되었고 깔끔하게 다린 정장을 차려 입고 운전을 해서 병원으로 향했다. 인터뷰 예정 시간보다 30분 일찍 도착했다. 킨드레드 병원은 작은 병원이었기 때문에 인사과와의 인터뷰는 따로 없었다. 차에서 내리기 전에 챙겨온 이력서 복사본을 다시 한 번 확인했다. 인터뷰 전 이력서를 복사해서 3부 정도 들고 가라는 말을 인터넷에서 많이 봤다. 병원에 들어가니 인사과 사람이 나와서 인터뷰 장소로 안내해주었고 Erin이라고 자신을 소개하는 Nurse manager와 Patricia라고 자신을 소개하는 Nursing supervisor를 만났다. 뒤늦게 알게 되었지만 Nursing supervisor는 병원 전반의 행정을 담당하는 사람이었다. 특히 환자가 입원하면 병실을 배정하는 일을 도맡아 했다.

인터뷰는 대략 40분 정도였다. 삼성서울병원에서 봤던 면접처럼 딱딱한 분위기를 예상했으나 전혀 아니었다. 그런 딱딱한 면접이 익숙했기 때문인지 오히려 이게 인터뷰가 맞나 싶을 정도로 편한 분위기에 조금 놀랐다. 인터뷰 당사자가 너무 얼어있으니까 Nurse manager였던 Erin이 가벼운 질문부터 던졌다.

"Why did you name yourself David?"

왜 데이비드라는 이름을 선택했어?

비바 할머니와 관련된 데이비드라는 이름의 탄생비화를 이야기했더니 둘 다 한참을 시원하게 웃었다. 사실 미국인들에게 이 에피소드를 이야기할 때마다 다들 이런 반응이다. 이 에피소드 덕분에 더 좋은 분위기로 인터뷰를 볼 수 있었다. 본격적인 인터뷰 질문들이 이어졌다. '왜 이 병원, 이 부서에 지원했나요?', '간호사로서 어떤 경력을 가지고 있고 어떤 환자들을 돌봐왔나요?', '본인의 장단점이 무엇인가요?'

참고로 미국 어느 병원과의 인터뷰를 보더라도 이 세 질문은 꼭 받게 될 필수 질문들이다. 이 중에서 중요한 점은 본인의 단점을 언급할 때는 단점인 듯 단점 아닌 문구를 선택해야 한다는 것이다. 비바 할머니께 이 말을 들었을 때 전혀 이해할 수 없었는데 할머니의 예시를 듣고 나니 바로 이해가 되었다.

"I am a perfectionist, so I sometimes pay a little more attention to details than necessary."
완벽을 추구하는 성격을 가지고 있기 때문에 가끔 필요 이상으로 디테일에 집착할 때가 있다. 필수로 해야 하는 일뿐만이 아니라 그보다 더 많은 일을 하려고 할 때가 있다.

이것이 단점인 듯 단점 아닌 문구의 예시다. 이 인터뷰에서는 그 다음 받았던 질문이 가장 기억이 남는다.

"Tell me when you had trouble with your coworker at work and how you handled it."
병원에서 일하면서 동료와 겪었던 갈등 상황에 대해서 이야기해보고 어떻게 해결했는지 말해보라.

"One physician repeatedly gave me verbal orders not written orders, and it was not an emergency situation. Therefore, I politely asked him to give me written orders for patient safety, but he did not listen to me. I always thought written orders are very important for patient safety. I talked to my nurse manager about this since I could not handle the situation by myself. The nurse manager called a meeting to resolve this problem. All nurses and physicians participating in the meeting agreed with the importance of written orders for patients. Since then, a frequency of verbal orders reduced much."

간호사로 일하면서 서면이 아닌 구두로 계속 처방을 하는 의사와 일한 적이 있었다. 응급상황이라면 말로서 하는 처방을 먼저 받고 이후 서면 처방을 받는 것을 이해할 수 있었겠지만 그도 아니었다. 그런 이유로 그 의사에게 환자의 안전을 위해서 구두가 아닌 서면으로 처방을 내줄 것을 공손하게 요청했으나 그는 듣지 않았다. 말을 통해 하는 처방은 누락이나 오해의 소지가 있어 환자에게 안전한 처방이 아니다. 그래서 서면 처방은 환자의 안전을 위해서 중요하다고 항상 생각해왔다. 여러 번의 공손한 부탁에도 해결되지 않아 상사에게 이 상황에 대해 알렸고 상사는 이 안건에 대한 회의를 소집했다. 그 회의에 모인 간호사와 의사 모두 서면 처방의 중요성에 대해 동의하였고 그 이후로 구두 처방의 빈도는 많이 줄었다.

그 질문에 대한 답으로서만이 아니라 의료인이라면 누구에게든 하고 싶은 말이다. 정확한 서면 처방과 원활한 의사소통이 환자의 안전에 얼마나 중요한지는 아무리 강조해도 지나치지 않은 것 같다. 인터뷰를 마치고 Erin이 본인에게 하고 싶은 질문이 있냐고 물었다. 이 역시 인터넷에서 면접 전 두 가지 정도의 질문을 준비해가면 좋다는 정보를 봤었고 덕분에 준비해간 질문을 했다.

"What attributes do you think nurses should have to become a good nurse?"

좋은 간호사가 되기 위해서 갖추어야 하는 것은 무엇이라고 생각하세요?

Erin은 최근에 본인이 받아본 질문 중에 가장 좋은 질문이라고 하며 본인의 생각을 말했다. 작은 요양병원에 있다 보니 항상 간호사가 많이 부족하다고 한다. 그래서 간호사가 일단 병원에 출근해주는 것이 가장 고맙다고 한다. 정말 현실적인 답변이었다. 그 말을 들으면서 관리자가 되면 이런 고민들이 생기는구나 하는 생각을 하게 됐다. 이렇게 인터뷰를 끝내고 부서에 대해서 간단히 소개를 받고 투어를 한 다음 집으로 돌아왔다. 그리고 열흘 정도 지나서 채용이 되었다는 전화를 받았다. 정말 우연찮게 그 전화를 받았던 장소도 첫 인터뷰를 하게 되었다고 소리쳤던 카페였고, 그 종업원에게 환희로 가득 찬 목소리로 말했다.

"I just got hired!"

저 취업했어요!

첫 미국
대학원 인터뷰

첫 번째 미국 취업 인터뷰를 성공적으로 마치고 취업의 기쁨을 맛본지 며칠이 지나지 않아 또 하나의 믿을 수 없는 이메일을 받게 되었다. 입학 원서를 냈던 대학원으로부터의 이메일이었다. 무슨 내용인지 전혀 몰랐으나 클릭도 하기 전에 심장이 터져버릴 것 같이 뛰기 시작했다. 이런 이메일을 미국 대학원으로부터 받아본 적이 없었기에 무슨 말이 적혀있을 지 도저히 감이 오질 않았다. 금방이라도 터져버릴 것 같이 뛰는 심장을 부여잡고 열어보았고 그 이메일에는 인터뷰에 초청하고 싶다는 말이 적혀있었다. 사실 그때도 그 카페에 앉아있었다. 집에서는 보통 누워있거나 늘어져있기 때문에 해야 할 일이 생기면 집 앞에 카페에 가는 습관이 있다. 그러다보니 이런 좋은 소식들을 집보다 카페에서 접하는 때가 많았다. 인터뷰를 보러오라는 말을 확인했을 때는 너무 기뻐 소리도 나오지 않았다. 어찌할 줄 몰라 두 손으로 입을 막고 책상에 엎드리고 있으니 걱정이 되었던 카페 종업원이 다가와서 물었다.

"Are you okay, David?"

데이비드, 너 괜찮니?

그 카페는 음료에 고객의 이름을 적어주는 곳이었고 자주 가는 카페라 종업원이 내 이름을 알고 있었다. 걱정하는 것이 눈에 보여 재빨리 일어나 자초지종을 설명해주었다. Jessica라는 이름을 가진 그 점원도 그 이야기를 듣고 함께 자기 일처럼 기뻐해주었다. 생애 첫 미국 취업 인터뷰를 마친지 얼마 지나지 않아 생애 첫 미국 대학원 인터뷰를 준비해야 했다. 더 많이 긴장이 되었다. 그동안 이 순간을 위해 얼마나 열심히 준비해왔는지는 스스로가 가장 잘 알고 있었기 때문이었다. 또 얼마나 간절히 원하는지도…

취업 인터뷰 때와 동일하게 예상 질문 리스트를 만들기 시작했다. 하지만 더 어려웠다. 인터넷에도 취업 인터뷰보다 간호 대학원 인터뷰에 대한 정보가 많이 없을뿐더러 미국에서 대학원을 다니고 있는 지인도 주위에 없어 정보를 얻을 곳이 없었다. 비바 할머니조차도 미국 대학원에 대해서는 아는 것이 전혀 없으셨다. 맨땅에 헤딩이라고 생각하고 할 수 있는 한에서 최선을 다해 준비했다. 인터뷰를 보게 될 곳은 Acute Care Nurse Practitioner(ACNP) 석사 과정이었고, 가장 중요한 것은 ACNP가 무엇을 하는 직업인지 자세히 아는 것이었다. 인터뷰 날이 다가왔고 다시 깔끔하게 다린 정장을 차려입고 University of Pennsylvania 간호 대학원으로 향했다.

지원자가 외국에 있는 경우는 화상으로 면접을 보기도 한다고 했다. 미국에서 지내고 있었기에 직접 학교를 찾아갔고 예정된 면접은 교수님 한 분과의 1:1 심층면접이었다. 취업 인터뷰와 비슷한 40분 정도였지만 분위기는 전혀 달랐다. 더 진지하고 무거웠다. 가장 먼저 받은 질문은 예상대로 ACNP라는 직업에 대해서 잘 알고 있는지에 대한 질문이었고 준비한대로 답을 했다.

진단과 처방 그리고 시술을 할 수 있는 간호사로 Acute Care Nurse Practitioner(ACNP)는 간호학 학사를 취득한 이후 간호사로서 몇 년의 근무 경력을 가진 뒤 미국 ACNP 대학원 석사 과정 졸업 및 국가고시 합격을 거쳐 자격을 부여받을 수 있다. ACNP는 법적 보호 아래 내원 환자의 진단, 치료계획 설정, 처방 및 시술을 담당하고, 실제 역할 범위는 각 주(State)마다 조금씩 다르기는 하지만 보통 전공의(레지던트)와 거의 동일하다. 미국에선 1987년 과도한 근무시간으로 피로해진 전공의의 실수가 환자의 사망으로 이어지는 사건이 발생하였고, 1990년대 전공의 근무시간 제한 법안이 통과되었다. 그 이후로 전공의들이 주 80시간 이상 근무를 못하게 되었다. 그 법안으로 발생한 부족한 의료 인력을 충원하기 위해 ACNP 대학원 프로그램이 만들어졌다.

그 다음 질문은 전혀 예상하지 못한 질문이었다.

"Is there a nurse practitioner in Korea?"

한국에도 NP가 있나요?

한국에서 근무한 경험이 있는 것을 이력서를 통해 본 교수님께서 한 질문이었다.

"We have a nurse practitioner, but ours does not have scope of practice yet."
한국에도 전문 간호사라는 직업은 존재하지만 역할 범위는 아직 제정되어 있지 않습니다.

글을 쓰면서 아직도 가장 생생하게 기억나는 질문이 그 다음에 이어졌다.

"When you practice as a nurse practitioner, you have a different opinion from a physician for your patient care. If what the physician wants to do for your patient is different from a textbook that you studied in the NP school, what are you going to do?"
NP로서 일을 하는 도중에 시행하고자 하는 치료에 대해 의사와 내가 상반된 의견을 가지고 있다. 의사가 시행하고자 하는 치료는 네가 교과서에서 배웠던 내용과 다르다면 이 상황에 대해 어떤 반응을 보일 것인가?

전혀 예상하지 못했던 질문이었기에 지금까지 기억나는 것도 있지만 'ACNP의 업무 특성상 실제로 충분히 이런 상황에 마주칠 일이 있겠구나.' 하는 깨달음 때문에 더 기억에 더 생생하게 남아있는 질문이다.

"I would politely ask where his rationale or evidence is from because we need to provide evidence-based practice as a healthcare professional."
우리는 의료인으로서 근거를 기반으로 하는 의료나 간호를 제공해야 하기 때문에 그 의사가 제공하려는 치료에 대한 근거가 무엇이고 어디서 얻은 것인지 공손히 질문할 것이다.

이제는 의료도 간호도 '과거부터 이렇게 해오고 있기 때문에 지금도 이렇게 해야 한다.'는 경험을 기반으로 하는 의료나 간호만이 아닌(Experience-based Practice), 연구결과를 바탕으로 왜 그리고 어떻게 수행해야 하는지에 대한 근거(Evidence)를 찾아가며 그 근거를 기반으로 하는 의료나 간호를(Evidence-based Practice) 제공해야 한다. 의료나 간호는 계속 발전하는데 그를 제공하는 제공자로서 한 자리에 멈추어 있으면 안 되지 않는가? 예전에는 이렇게 했으니 지금도 이렇게 하면 된다는 안일한 생각을 벗어나 함께 발전해야 한다고 생각한다.

예상하지 못한 질문에 긴장했지만 하고 싶은 말을 잘 정리하여 대답하였고 그 질문을 마지막으로 인터뷰를 마쳤다. 취업 인터뷰 때도 그랬고 대학원 인터뷰 때도 인터뷰가 진행되는 동안이나 마치고 난 뒤에 인터뷰에 대한 결과를 짐작할 수 있을만한 언행은 전혀 보여주지 않았다. 한 주를 기다려도 답이 오지 않았고 그 다음 주에도 답은 오지 않았다. 그러면서 생각했다. '역시 지방 사립대 출신에게 아이비리그 대학원은 너무 높았던 벽이었을까?'

인터뷰가 생각보다 심층적이긴 했지만 면접을 망쳤다고 생각하지는 않았다. 지금 다시 인터뷰를 봐도 크게 다르게 말하지 않을 것 같은 답변들이었다. 하지만 기다려도 답이 오지 않으니 자꾸만 위축되었다. 그동안 일하면서 졸린 눈을 비비며 공부한 순간들, 휴일에 놀러가고 싶은 좋은 날씨에도 도서관에 나와 책을 펼쳤던 순간들, 밤늦게까지 공부하다가 책상 앞에서 뻗어 아침에 일어나서 책에 묻은 침을 알코올 솜으로 닦아보겠다며 문지르다가 그 때문에 번져버린 잉크 때문에 속상해했던 그 순간들. 그 순간들과 노력들 전부 소중했다. 도전을 위해 이렇게 열심히 싸워왔기에 결과가 좋지 않더라도 후회는 하지 않기로 다짐했다. 걱정만 하면서 시간을 헛되이 보내지 않았고 정말 끊임없이 노력하고 싸웠으며 사용할 수 있는 모든 전략을 전부 사용했다고 생각했다.

몇 주가 지나 애타게 기다리던 이메일이 도착했다. 입학에 대한 의사결정이 이루어졌으니 웹사이트에 가서 확인해보라는 내용이었다. 또 터질 것 같은 심장을 움켜잡고 결과보기를 클릭했다. 그때도 물론 집 앞 카페에서 커피를 마시고 있었다.

Dear. Hyunmin,

I would like to congratulate you on your acceptance to the University of Pennsylvania School of Nursing, Adult–Gerontology Acute Care Nurse Practitioner program.

유펜의 ACNP 프로그램의 입학을 축하드립니다.

이걸 확인하자마자 종업원이었던 Jessica에게 또 말해주었다. Jessica는 정말 대단한 일을 했다며 그 카페에 있는 손님 모두에게 이 사실을 알렸다. 카페에 있던 사람들 전부 축하한다고 정말 대단하다고 말해줬던 것이 기억난다. 어떤 사람은 미국인들도 쉽게 들어가지 못하는 대학이라고 입이 닳도록 칭찬해주었다. 미국에서 간호사로서 막 일을 시작한 시기에 입학 준비를 했기 때문에 스트레스가 심했고 마음고생을 많이 해서 그런지 그날 한국에 계신 어머니에게 합격소식을 전하면서 눈물을 좀 흘렸다. 이번 역시 노력하면 불가능은 없다는 것을 스스로에게 입증할 수 있었고 또한 중환자에게 조금 더 진전된 간호를 제공하고 싶다는 목표에 한 발짝 가까워졌음에 행복해했다. 이렇게 좋은 소식을 많이 안겨주었던 그 카페는 개인적으로 행운의 장소라 생각하여 지금도 자주 방문한다.

게으른 간호사와 느린 간호사

첫 취업 인터뷰를 합격하고 바로 일을 시작했고 첫 대학원 면접도 합격하고 바로 공부를 시작했다. 모든 일이 순조롭게 흘러가는 듯 느껴졌고 앞으로의 일들도 그럴 것이라는 오만한 생각을 갖고 있었다.

일적으로는 고향처럼 느껴지는 중환자실로 다시 돌아와서 기뻤다. 일하게 된 요양병원은 미디어를 통해 보던 최첨단의 미국 병원과는 거리가 아주 멀었다. 중환자실은 여섯 병상으로 구성되어 있었고 보통 두 명의 간호사가 근무했지만 일손이 부족할 때는 한 명의 간호사가 근무하기도 했다. 근무환경으로 따지면 한국보다 열악했으면 열악했지 나은 것은 없었다. 그나마 중환자실 간호사로 몇 년을 일하다가 와서 어느 정도 지식이 있고 눈치가 빨랐던 것이 적응에 큰 도움이 되었다. 이 상황 다음에 어떤 중재가 이어질지 예상이 가는 때가 많았다.

가장 먼저 맞닥뜨린 문제는 또 '영어'였다. 한국에서 중환자실 간호사로 일하면서 정말 쉴 새 없이 사람들과 대화하면서 또 통화하면서 일했었던 사실을 중환자실을 떠난 2년 사이에 잊어버린 듯 했다. 방문간호사로 일하면서는 이렇게까지 쉴 새 없이 말할 필요는 없었는데 중환자실로 오면서 쉴 새 없이 영어로 말해야 하는 상황이 낯설고 힘들었다. 중환자실이라는 곳에 입원한 환자분들은 정말 많이 아픈 환자들이다. 한 순간이라도 잘못 알아들을 경우에는 이미 많이 아픈 환자의 상태를 더 악화시킬 수도 있는 상황이었기에 평소보다 몇 배나 더 긴장하면서 일했던 것 같다.

전화영어는 그 중에서 으뜸으로 어려웠다. 미국 생활을 하면서 전화상으로 영어를 알아듣는 것은 직접 만나서 면대면으로 나누는 대화에서의 영어를 알아듣는 것보다 몇 배는 어렵다는 것을 알게 되었다. 수화기 넘어 상대방의 표정이나 제스처를 볼 수 없고 그래서 가끔은 그 문장을 알아들었다 하더라도 화자의 '의도'가 무엇인지 이해를 못하는 경우도 있다. 이런 이유로 전화영어를 통해 잘 알아듣지 못하는 경우가 잦았고 전화로 누군가와 대화하는 것에 대한 공포감이 형성되었다. 그래서 전화를 받는 것이 무서워졌다. 시간이 지나면서 조금씩 나아질 만도 한데 지금도 가끔씩 수화기를 통해 상대방의 말을 잘 알아듣지 못하면 필요 이상으로 긴장하곤 한다.

사실 전화영어보다 날 더 힘들게 한 것은 '게으른 간호사' 때문이었다. 게으른 것은 느긋하게 일하는 것과 다르다. 게으른 것은 결국은 해야 할 일을 하지 않는 것이다. 안타깝게도 게으른 간호사들은 어디에나 있다. 개인적으로 게으른 간호사를 대하는 방법은 두 가지다. 그 간호사의 게으름이 환자의 안전이나 환자에게 부정적인 영향을 미치지 않을 경우는 그 간호사가 미루거나 하지 않은 일들을 스스로 하고 마는 편이고, 그 간호사의 게으름이 환자의 안전이나 환자에게 부정적인 영향을 미칠 가능성이 있는 경우는 꼭 짚고 넘어가는 편이다.

출근해서 하루는 밤 근무를 했던 간호사에게 환자에 대해서 인계를 받는데, 인계받는 환자는 대학병원에서 뇌졸중을 치료받고 요양 병원에 재활을 위해 입원한 환자였다. 그 간호사가 말했다.

"This patient was very sleepy last night. I checked her blood pressure, and it was 70/30 at midnight. So, I put her on the trendelenburg position. Her blood pressure improved. Now, it's 86/44. She is ok."
이 환자분 어젯밤에 엄청 푹 주무셨어. 푹 주무시는 와중에 자정에 혈압을 재러 갔는데 혈압을 측정했더니 70/30으로 좀 낮았어. 그래서 트렌델렌버그 자세를 해드렸지. 그랬더니 혈압이 올라서 지금은 86/44야. 이젠 괜찮으실 거야.

참고로 트렌델렌버그(Trendelenburg) 자세란 침대를 기울여 머리를 낮추고 다리를 올리는 자세다. 흔히 말하는 머리에 피가 쏠리는 자세다. 이 자세는 다리에 머무르는 혈류를 심장으로 되돌려 보내 일시적으로 혈압을 상승시킬 수는 있으나 근본적인 문제를 해결하지는 않는다. 당당하게 환자분께서 괜찮을 거라고 말하는 그 간호사에게 물었다.

"Was she sleepy? or lethargic? Did you notify a physician about her blood pressure?"

❶ University of Pennsylvania ❷ 보고도 믿어지지 않았던 입학 허가 메일
❸ University of Pennsylvania 캠퍼스 모습 ❹ 미국 1위 간호 대학원 UPenn
❺ 꿈같았던 유펜 간호 대학원 입학

환자분께서 정말로 주무시고 계셨던 거니? 의식 수준이 저하된 것은 아니었니? 그 환자분 혈압, 의사에게 알렸어?

질문을 듣고 대수롭지 않은 듯 간호사는 대답했다.

"No, she is okay. Her blood pressure is better. I think she is just tired."
의사에게 알리진 않았지. 그 환자분 이젠 괜찮으셔. 혈압도 좋아졌고. 그냥 피곤하신 것 뿐 일거야.

너무 걱정되었던 나머지 이야기를 듣다가 환자 상태를 확인하러 들어갔고 아니나 다를까 환자분께선 숙면을 취하고 계셨던 것이 아니라 의식 수준이 떨어져있었다. 밤새 머리에 피가 쏠리는 자세로 있게 만든 것도 이해할 수가 없었다. 일단은 의사에게 이 상황을 알려야 했다. 그 간호사에게 적절하지 못한 대처였다고 말했고 우선 같이 이 상황을 해결한 뒤 자세히 이야기해보자 말했으나, 그 간호사는 그럼 하고 싶은 대로 하라며 퇴근을 해버렸다. 황당했지만 일단은 환자분의 상태가 가장 중요했기에 의사에게 이 사실을 급히 알리고 처방에 따라 각종 검사를 시행했다. 세균 감염이 심해져 혈액 속까지 균이 침투한 상태인 패혈증이 의심되었고 환자는 스스로 숨을 쉴 능력까지 없어져 인공호흡관을 넣은 뒤 바로 큰 병원으로 전원을 갔다. 요약하면 환자분은 밤에 의식 수준이 저하되어 있었고 혈압도 떨어져 있었다. 그 간호사는 그 사실을 알았지만 의사와 상의해서 원인을 알고 문제를 해결할 생각은 하지 않은 채, 그냥 침대 머리맡을 내리고 발치는 올려놓는 자세만 만들어 일시적으로 혈압이 오르겠거니 하고 방치해둔 것이었다. 환자분은 의식이 또렷하시지는 않았지만 혈류가 머리 쪽으로 쏠린 그 자세가 당연히 편하지 않으셨을 것이다.

간호사로서 이는 그냥 넘길 문제가 아니라고 생각했다. 우리의 목표는 환자의 건강과 안녕이기에. 그래서 이 케이스를 상부에 보고했다. 사실 이 보고가 그 간호사와의 관계를 악화시킬 수도 있을 것이라는 생각은 당연히 했다. 하지만 그런 부분을 감수하더라도 이 일은 전문직으로서 일하면서 눈 감고 넘어갈 일은 아니라고 생각했다. Nurse manager인 Erin에게 보고를 했고 Erin 역시 심각하게 그 이야기를 들었다. 그 간호사에게 직접적으로 먼저 피드백을 주고 같이 이야기해보길 권했으나 그 간호사는 원치 않았고 그래서 Erin에게 오게 된 경위도 설명했다. Erin은 그 간호사의 이야기도 한 번 들어보겠다 하며 일단은 알겠다고 했다. 방을 나서는 나를 갑자기 부르더니 이렇게 말했다.

"How do you like to work with Diana?"

Diana와 같이 일하는 것은 어때?

Diana는 막 졸업한 신입 간호사였다. Diana는 배우는 속도가 약간 느린 간호사였다. 동료들도 그녀가 배우는 것이 많이 느리고 그래서 본의 아니게 자신들에게 일을 미루게 되거나 제 시간에 퇴근을 하지 못한다는 이야기를 많이 했다. 실제로 동료들이 Erin에게 자주 찾아가

Diana의 이야기를 한 것도 알고 있었다. 하지만 Diana는 조금 느린 간호사일 뿐 게으른 간호사는 절대 아니었다. 게으른 간호사와 느린 간호사는 다르다. Diana는 정말 환자에게 잘하고 설명도 교육도 꼼꼼하게 하는 간호사다. 그 친구에게는 그 설명과 교육이 무엇보다도 중요하고 간호사로서의 경험이 다소 부족하기 때문에 예상하지 못한 상황이 발생하면 당황도 많이 했다. 그러면서 업무가 조금씩 밀린다고 말한 적이 있었다.

Erin에게 생각하고 있는 대로 말했다. Diana는 항상 환자 옆에 있고 환자에게 교육하고 설명하는 것을 좋아하고 정말 열심히 일한다. 일하면서 여유롭게 앉아있는 모습을 혹은 핸드폰만 만지고 있는 모습을 한 번도 본 적이 없다. 부족한 경험 때문이라고 생각한다. 시간을 조금 더 주는 것이 옳다고 생각한다. 시간이 지나도 더 나아지지 않는다면 그것은 그녀가 좋아하고 잘하는 간호가 중환자실이라는 장소 혹은 환경과 맞지 않는 것일 뿐 다른 곳에서는 훨씬 더 빛날 수 있는 간호사라는 뜻이다. 하지만 그 밤 근무 간호사가 혈압이 떨어지고 의식 수준이 떨어진 환자분의 상황이 위험할 수도 있는 상황이라는 생각을 아주 잠시라도 했다면, 그랬음에도 밤새 방치했다면 그것은 장소나 환경을 논한 일이 아니라 간호사로서의 '자격'을 논할 일이라고 생각한다고 말했다.

새로 일을 시작한 곳에서도 이렇게 험난한 시간을 보내고 있었는데 새로 입학한 대학원이라고 크게 나을 것이 없었다. 처음으로 수강하게 된 과목은 Advanced Pathophysiology라는 과목이었다. 한국말로는 상급 병태생리학이라는 과목이었는데 과목명부터 압도적으로 느껴졌다.

대학원 입학 오리엔테이션에서 만난 한 학생이 이 과목이 앞으로 수강하게 될 대학원 수업 중에 가장 어렵다는 소문을 들었다며 겁을 주기도 했다. 현실은 훨씬 더 가혹했다. 한국에서 간호학을 공부할 때 의학 용어를 한국어로 뿐만 아니라 영어로도 익혔었다. 사실 많은 의학 용어들이 라틴어에서 기원한 용어들이 많아 발음도 쉽지 않은 어려운 용어들이 많다. 어려운 단어들은 자주 사용하지 않으면 머릿속에서 오래 머무르지 않는다. 그런 탓인지 첫 수업을 듣는데 분명히 교수님께선 영어로 강의를 하고 계신데 내용의 80% 이상을 알아듣지 못했다. 꿈속이라고 생각하고 싶었다. 강의는 무려 4시간인데 시작한지 40분도 안 되서 뛰쳐나가고 싶었다. 델라웨어에서 배우던 영어와도, 미국 병원에서 일하면서 익힌 영어와도 완전 상이한 새로운 영어였다. 그야말로 그 4시간은 절망의 연속이었고 '아직도 여전히 많이 부족하다.'는 생각을 계속 되새기게 되는 시간이었다. 좌절만 하다가 시간이 흘렀고 그렇게 수업이 종료되었다. 걱정 가득한 표정으로 캠퍼스를 나서는 길에 델라웨어에서 같이 영어를 배우던 한국인 유학생과 우연히 캠퍼스에서 마주쳤고 반가운 마음에 같이 저녁을 먹으러갔다. 이런저런 이야기를 나누다가 오늘 있었던 충격적인 일에 대해 이야기를 했고 그 친구는 웃으면서 이렇게 말했다.

"에이 형 그래봤자 외국인 근로자잖아요. 뭘 그렇게 열심히 아등바등 살아요? 어차피 미국에선 아시아인 같은 소수인종들은(Minority) 성공하기 힘들다던데요?"

너무 심각하게 생각하지 않았으면 하는 마음으로 편하게 해주려고 농담처럼 한 말이었을지도 모른다. 하지만 그 친구의 말로 미국에 처음 오기로 결정할 때 했던 그 다짐과 열정이 다시 생각났다.

"성공하기 힘들다고 선례가 없다고 그냥 그저 그렇게 사는 것이 맞는 걸까? 그렇다더라 하는 말만 듣고 시도도 해보지 않는 삶이 가치 있는 걸까? 그래, 형은 외국인 근로자 맞아. 하지만 난 내가 좋아하는 이 일을 한국에서도 그랬고 미국에서도 동료들에게 인정받으면서 하고 있어. 그리고 한 자리에 안주하는 것이 아니라 계속 성장하고 발전하려고 노력하고 있어. 좋아하는 일을 잘한다는 것이 그리고 그 속에서 계속 발전하는 것이 모두에게 일어나는 일이 아니란 것을 알게 될 날이 올 거야. 소수인종들은 아무리 노력해봤자 성공하지 못한다고? 그런 마인드로 미국에서 살 것이었으면 애초에 미국에 나오지도 않았어."

4시간 동안의 절망? 이 친구와의 대화로 전부 잊을 수 있게 되었다. 다시 책을 펼쳤다. 모르면 알 때까지 공부하면 되고 영어가 모국어이든 외국어이든 그 수업을 듣는 사람들은 어차피 다 같은 '학생'이고 배우는 입장인 것은 매한가지라고 생각했다. 일단 입학만 하면 나머지는 다 쉬울 것이라는 생각을 했던 내가 오만했었다. 지금이라도 오만했었던 자신을 깨닫고 이제부터가 시작이라는 것에 대해 인지하게 되어 다행이었다. 영한사전을 옆에 두고 이해가 갈 때까지 공부했다. 몇 시간이 걸리더라도 이해가 조금이라도 되지 않으면 다음으로 넘어가질 않았다. 다

❶ 미국 간호사 동료들과 함께 ❷ Kindred Hospital 간호사 명찰

른 학생들과의 경쟁이 아닌 또 다시 자신과의 싸움에 돌입했다. 교수님의 설명이 이해가 잘 되지 않은 것은 첫 번째 수업이나 두 번째 수업이나 크게 다를 바 없었지만 공부를 꾸준히 하면서 시간이 지날수록 조금씩 나아짐을 느낄 수 있었다. 세 번의 시험으로 최종 성적이 나오는 수업이었고 첫 번째 시험은 예상했던 대로 잘 보지 못했다. 서운하지 않았다고 하면 거짓말이겠지만 아직 나아지는 과정 중에 있다고 생각했고, 이번 역시 노력은 배신하지 않을 것이라고 생각했다. 꾸준히 공부하면서 당장 성과가 눈에 보이지 않아도 속상해하지 않으려 애썼고, 이 노력들이 결실을 맺는 순간이 꼭 올 것이라고 굳게 믿었다.

그렇게 한 학기 동안 치열하게 중환자실에서 일하고 대학원에서 공부했다. 새로운 직장에서의 적응과 새로운 학교에서의 공부는 절대 쉽지 않았다. 미국 중환자실도 첫 경험이었고 미국에서 학교를 다니는 것도 처음이었다. 이를 병행하는 것은 예상했던 것보다 훨씬 어려웠다. 그것 이외에 한 가지 더 느낀 것이 있었다. 미국에 와서 여러 번의 고난의 순간들을 겪어왔고 그런 순간들은 매 번 포기하고 싶게 만들었었다. 하지만 포기하지 않았고 꿋꿋이 견뎌냈으며 오히려 그런 시련들이 스스로를 더 단단하게 만들었다. 조금씩 단단해지면서 힘들 때마다 포기하고 싶은 나약함이 나를 찾아오는 순간들이 적어졌다. 그 덕분에 미국 중환자실 적응기와 미국 대학원 적응기에도 힘든 순간이 많았지만 포기하지 않을 수 있었다. 포기하지 않고 목표를 향한 노력을 계속한 결과로 결국 대학원 수업 중 가장 어렵다는 그 과목을 A라는 성적으로 훌륭하게 마무리하게 되었다.

Tip
미국 간호 대학원에 대한 정보

미국에는 NP 대학원처럼 조금 더 진전된 간호를 제공하는 간호사가 되기 위한 대학원 과정들이 있다. 이런 진전된 간호를 제공하는 간호사들을 총칭하는 용어가 Advanced Practice Registered Nurse(APRN)이다.

미국의 APRN은 CRNP(Certified Registered Nurse Practitioner), CRNA(Certified Registered Nurse Anesthetist), CNS(Clinical Nurse Specialist), CNM(Certified Nurse Midwife) 이렇게 네 가지로 분류된다.

1. CRNP(Certified Registered Nurse Practitioner)

환자의 진단과 처방 그리고 필요시 시술을 할 수 있는 의료 인력이다. 간호사로서 일정 기간 일한 뒤 그 경력을 가지고 미국에서 Nurse Practitioner 석사 혹은 박사 과정에 입학할 수 있다. 졸업 후 국가고시를 합격하면 자격이 부여되고 일하기를 원하는 주(State)에 면허를 신청할 수 있다. NP의 전공은 다양하다.

- Acute care(Adult-Gerontology): 급성기 성인 및 노인 환자를 돌보는 것에 초점
- Acute care(Pediatric): 급성기 소아 환자를 돌보는 것에 초점
- Primary care(Adult-Gerontology): 성인 및 노인 환자의 질병 예방과 건강 증진에 초점
- Primary care(Pediatric): 소아 환자의 질병 예방과 건강 증진에 초점
- Family: 지역사회에서 일차 진료를 담당
- Women's health: 산부인과적인 문제를 포함한 여성 건강과 관련된 부분을 담당
- Neonatal: 신생아의 건강 및 건강한 성장과 발달에 초점
- Psychiatric: 정신과적인 문제를 가진 환자를 돌보는 것에 초점

2. CRNA(Certified Registered Nurse Anesthetist)

주로 수술실에서 마취와 관련된 모든 업무를 담당하는 마취 전문 간호사. 가장 연봉이 높은 직업으로 알려져 실제로 미국에서도 굉장히 인기가 많으며 CRNA 대학원에 입학을 해도 차

례를 기다리는 사람의 줄이 길어 바로 공부를 시작할 수 없는 경우도 있다. 학습량이 많아 대학원에서 공부를 하는 동안 일을 하지 못하도록 금지하는 경우도 많다. NP와 같이 간호사로서의 경력이 필요한데 마취와 관련된 응급상황이 많기 때문에 대부분의 대학원에서 중환자실 간호사 경력을 요구한다.

3. CNS(Clinical Nurse Specialist)

간호사로서의 경력을 가지고 CNS 석사 학위를 가진 사람들을 말한다. 병원에서 일하면서 실무와 관련된 지침 혹은 정책을 담당하고 간호사 교육을 담당한다. 대형병원의 경우 부서마다 CNS가 있고 부서 간호사들을 교육하며 각종 연구결과에 따라 계속 변화하는 간호의 흐름을 파악하며 그를 반영하여 정책을 계속 갱신하는 업무를 담당한다.

4. CNM(Certified Nurse Midwife)

간호사로서의 경력을 가지고 CNM 대학원을 졸업한 뒤 국가고시를 합격하고 조산사 면허를 획득한 사람들이다. 여성 건강과 관련된 진단과 처방이 가능하며 분만 과정을 돕거나 독자적으로 분만을 담당하기도 한다.

Chapter 6

Career Advancement for Reaching Excellence (CARE)

미국 최고의 병원에 입성하다

새로운 직장도 대학원도 차차 적응을 해가고 있었던 어느 날, 대학원 수업을 하다가 대학원 바로 옆에 위치한 병원에 견학을 가게 되었다. 바로 옆에 있던 그 병원은 미국 전역 랭킹 10위 병원이자 펜실베이니아 주에서는 랭킹 1위 병원인 유펜 병원(Penn Medicine)으로 다니고 있던 University of Pennsylvania의 부속 병원이었다. 펜실베이니아주만 해도 면적이 남한보다 더 큰 것을 감안하면 그 주에서 1위 병원이라는 것은 굉장히 좋은 병원이라는 이야기였다. 사실 병원의 하드웨어, 즉 겉모습은 엄청 놀랄 만한 최신식 병원은 아니었다. 그 당시 완공된 지 얼마 되지 않은 삼성서울병원 암 병원 건물에서 근무하다가 왔으니 더욱 그랬을 것이다. 하지만 병원 내 소프트웨어는 입이 벌어지게 하는 것들이 많았다. 의료장비 및 환자를 위한 시설들 전부 훌륭해보였고, 보면 볼수록 머릿속에서 한 가지 생각만 반복되었다. '이런 곳에서 일하면 얼마나 많은 것들을 배울 수 있을까?'

견학을 마치고 나서 많은 생각에 잠겼다. 그 병원 모습을 머릿속에서 지울 수가 없었다. 간호사로서 너무 일해보고 싶은 병원이었다. 발전된 병원에서 일하면서 함께 성장하고 싶었다. 무엇 때문에 랭킹이 높은 것인지 알고 싶었다.

병원을 견학하면서 어디를 가던 '마그넷(Magnet) 인증 병원'이라는 문구를 볼 수 있었다. '도대체 이것이 무엇이기에 이렇게까지 자랑을 하는 걸까?' 바로 검색을 해보았다. American Nurses Credentialing Center(ANCC) 웹사이트에 따르면 Magnet은 병원이 제공하는 간호가 얼마나 훌륭한지(Nursing excellence)를 평가하는 인증제도다. JCI(Joint Commission International)처럼 병원 전체를 평가하는 인증제도는 봤지만 그 병원의 간호만을 평가하는 인증제도는 본 적이 없었다. 마그넷(Magnet) 병원으로 인증을 받았다는 것은 '좋은 간호사 근무환경에서 제공하는 질 높은 간호로 환자의 안전과 환자의 회복에 긍정적인 결과를 가져다주며 궁극적으로 최상의 환자와 간호사의 만족을 가져다준다.'라는 의미라고 했다. 이름이 Magnet(자석)인 이유도 마그넷 병원에서 일하는 간호사들의 만족도가 높은 편이라 간호사들을 그 병원으로 자석처럼 끌어당긴다고 해서라고 적혀있었다. 미국 병원들 중 7%만이 이 인증을 보유하고 있고 해외에도 이 인증을 획득한 병원들이 있다. 아시아에서도 사우디아라비아와 레바논을 포함한 네 개의 마그넷 병원이 있다. 한국에는 아직 없지만 머지않아 1호 마그넷 병원이 나오기를 바라본다.

검색을 하고 나서 왜 이렇게까지 자랑을 해놓은 것인지 알게 되었고, 간호사로서 이 병원이 더 매력적으로 느껴질 수밖에 없었다. 정말 일해보고 싶었다. 미국에서 간호사로 일한지 2년 정도 지났고 새로운 직장으로 옮긴지 7개월 째였다. 미국 간호사로서 근무한 시간도 짧지 않고 중환자실 간호사로서의 경력도 적지 않았다. 비바 할머니의 조언대로 미국의 소규모 병원 중환자실 경험도 하고 있기에 채용이 가능할 수도 있지 않을까 조심스레 생각해보았다. 소규모 병원 중환자실에서 1년을 채울 계획이었다. 일단 유펜 병원(Penn Medicine) 웹사이트에 들어갔다. 어떤 부서에서 간호사 공고를 냈는지 보고 싶었다. 하나씩 보던 중에 눈길을 확 끄는 곳이 한 곳 있었다. Trauma Surgical ICU. 바로 외상외과 중환자실이었다. 그 글자 하나하나가 정말 나를 부르고 있는 것만 같은 느낌이 들었다. 한국에서도 외과중환자실에서 일을 했었고 미국의 외과중환자실은 얼마나 다른지 경험해보고 싶은 마음에 관심이 많이 갔다. 무의식적으로 마우스 커서는 '지원(Apply)'으로 향했다. 무엇에 홀린 듯 몇 시간을 투자하여 지원서를 완성했다. '제출(Submit)'만 누르면 되는 상황이었다. 누르기 전 약간 망설였지만 이내 생각을 바꾸었다. '왜 주저해? 어차피 최악의 상황은 채용되지 않는 거밖에 더 되겠어? 지원해보기도 전에 떨어질 걱정할 필요는 없지.'

그렇게 지원을 완료하고 나서 다시 대학원과 중환자실 근무로 바쁜 일상생활로 돌아갔다. 대학원 수업을 마치고 녹초가 되어 집으로 돌아가는 지하철에서 모르는 번호로 전화가 왔다. 보통은 저장되어 있지 않은 번호는 잘 받지 않는데 무심결에 통화버튼을 눌렀다. 수화기너머로 낯선 여자 목소리가 들렸고 그녀는 본인을 Beth라고 소개하며 유펜 병원의 인사과 일원이라고 말했다. 그때까지도 '아 그런가보다'하고 있었는데 전화를 한 이유가 인터뷰를 보러오라고 요청하기 위함이라고 했

다. 그 말을 듣고 정신이 번쩍 들고 너무 놀라서 지하철 안에서

"Me? Interview?"

나? 인터뷰?

라고 말했다. 크게 말하진 않았지만 옆 사람은 들을 수 있을 정도였고 그 광경을 본 옆에 앉은 사람이 이상한 사람처럼 쳐다보았다. 인터뷰를 보겠다고 한 뒤 전화를 끊고 지하철에서 내릴 때까지 미친 듯 웃는 모습을 보며 옆 자리에 앉은 사람은 다른 자리로 옮겨가기까지 했다. 이렇게 온 일생일대의 기회를 놓치고 싶지 않았고 첫 인터뷰로 얻은 경험을 바탕으로 한층 더 열심히 인터뷰를 준비했다. 앞서 언급했듯 대형병원들은 보통 인사과와 먼저 인터뷰를 가지고 그 인터뷰를 합격할 시 지원한 부서의 Nurse manager와 인터뷰를 한 번 더 가진다. 인사과 면접은 전화로 하기로 했고 여전히 전화영어에 대한 트라우마가 남아있었던 터라 걱정이 많이 되었다. 예상 인터뷰 질문들에 대한 대답들을 철저하게 작성하고 누군가 물으면 자다가 일어나서도 바로 말할 수 있을 정도로 반복해서 연습했다. 물론 그 질문들만 물어보지는 않겠지만 적어도 예상 질문들이 나오면 유창하게 답하고 싶은 마음 때문이었다. 전화 면접일이 되었고 면접은 30분 정도 일 것이라 했다. 가장 기억나는 질문은 역시 전혀 예상하지 못했던 질문이었다.

"Penn Medicine always emphasizes diversity. What do you think about working with LGBT people or diverse races?"

유펜 병원은 항상 다양성을 강조합니다. 성소수자나 다양한 인종의 사람들과 일하는 것에 어떻게 생각하세요?

예상하지 못했던 질문이긴 했어도 답을 하는 데에 있어서 어려움은 전혀 없었다. 항상 중요하게 여기는 열린 사고(Open-mindedness)에 대해 피력했다. 다양성을 강조하는 병원에 매력을 어필하려고 그런 것이 아니라 평소에도 정말 중요하다고 생각하는 부분이다. 특히 간호사라는 직업을 가지고 있다면 더더욱 그렇다. 어떤 환자를 돌보더라도 똑같이 동일하게 '사람'으로서 하나의 '인격체'로서 대해야 한다는 간호사로서의 뚜렷한 신념에 대해서도 언급했다. 다른 인종이나 성소수자와 함께 일하는 것도 오히려 더 많은 부분을 배울 수 있는 기회가 될 수 있을 것 같다고 답변했다. 정말로 미국이라는 나라에서 이런 열린 사고가 없으면 살기 정말 힘들다.

30분이 훌쩍 지나갔고 이렇게 인사과와의 전화 인터뷰가 끝이 났다. 다행히 답변이 마음에 들었는지 Nurse manager와의 인터뷰 날짜와 시간을 잡았다. Nurse manager와의 면접날이 되어 또 다려놓은 정장을 입고 병원으로 향했다. 아침부터 계속 초조했지만 긴장하지 않으려 정말 노력했다. 유펜 병원 외상외과 중환자실에 도착했고 벨을 누르고 들어가서 인터뷰를 보러 온 사람이라고 소개하니 누군가 Nurse manager의 방으로 안내해주었다. 남자 두 명이 기다리고 있었다. 이 중환자실의 두 명의 리더라고 말하며 Nurse manager인 Joe와 Clinical Nurse

Specialist(CNS)인 Jerry라고 소개했다. 남자 두 명이 이 중환자실의 리더로 있다는 사실이 참 인상적이었다. 한국에서는 정말로 보기 드문 광경이기 때문이었다. 인터뷰 시간은 40분 정도였고 편안한 분위기이긴 했지만 질문들은 철저했다. 질문을 받기도 전에 손에 자꾸 땀이 나서 주먹을 쥐었다 폈다 하며 긴장하고 있는 모습을 보이고 있으니 Joe가 앞서 언급했던 그 질문을 던졌다.

"Is Samsung Medical Center related to the cell phone company?"

이 삼성이 그 삼성이냐?

예상하지도 못한 질문에 실소를 하였다. 그런 모습을 보며 Joe는 그렇게 편한 마음으로 이 인터뷰를 응해주기를 바란다는 말을 했다. 그 마음씨에 감동했고 그 말 덕분에 마음이 조금 더 편해졌다.

'왜 미국으로 왔나?'

'왜 이 부서에 지원하게 되었나?'

'5년 후에는 무슨 일을 하고 있을 것 같나?'

등의 많은 질문을 받았고 벌써부터 대학원을 그것도 정말 좋다고 평가받는 대학원을 다니고 있음에 놀라워했다. 영어를 제대로 구사하는 것을 본격적으로 배운 것도 불과 2년 전이었음을 말했을 때 그가 보였던 경악하는 표정을 아직도 잊을 수가 없다.

"You did really many things for such a short period of time in the United States. I believe your journey was not easy. I do respect your courage"

미국에서 단기간 동안 정말 많은 것들을 이루었네요. 당신의 여정이 절대 쉽지 않았을 것이라 생각하고 그 용기를 존경합니다.

이렇게 좋은 병원에서 일하는 리더에게 들은 이 한마디가 참 많은 위로가 되었다. 사실 그런 사람들은 이민자로서의 고뇌나 어려움 같은 것들은 크게 관심이 없거나 이해하지 못할 것이라고 생각했었다. Joe가 그런 내 생각이 굉장히 편협했었음을 깨닫게 해주었다. 마치고 나니 일하고 있는 간호사 두 명을 잠시 방으로 불렀다. 그러고는 그들은 나갈테니 편하게 10분정도 같이 대화하라고 했다. 나중에 알게 되었지만 그것도 인터뷰의 일부였다. 긴장이 풀려 정확히 어떤 이야기를 나누었는지 자세히 기억나진 않지만 딱 한 가지 기억이 나는 것은 그 간호사들은 정말 이 부서에서 일하는 것을 즐기고 있다는 것을 대화를 통해 알 수 있었다. 다들 행복해보였다. 한국 간호사들도 이렇게 행복한 표정을 지으며 일했었던가 하는 생각을 잠시 했다. 그들의 행복해하는 모습을 보며, 2013년 미국 학회와 병원 연수를 와서 반드시 답을 알고 싶다고 생각했던 질문에 대한 답을 이곳에서 일하면 알 수 있지 않을까라는 생각을 했다.

'왜 미국 간호사들은 이렇게 간호사라는 직업에 엄청난 만족감을 가지고 있는 것일까?'

대화를 끝내고 간호사들이 중환자실 투어를 해줬다. 일하게 될지도 모르는 곳이니 꼼꼼하게 자세히 보고 가라며 이곳저곳 다 보여주었다. 투어 후에 Nurse manager인 Joe가 중환자실 문 앞까지 배웅해주었다. 그리고 이어지는 말.

"You were the first interviewee out of eight. You may need to wait for a while."

당신이 제가 인터뷰 봐야하는 8명 간호사들 중에 첫 번째입니다. 8명 모두 인터뷰를 마쳐야 하니 결과를 듣기 위해선 아마 조금 오래 기다려야 될지도 모르겠어요.

그 말을 듣고 아주 잠시 갖고 있던 희망이 사라지는 느낌이 들었다. '역시 좋은 병원이라 그런지 경쟁이 대단하구나. 8명 중에 1명을 채용한다니… 지원자는 8명보다 훨씬 많았겠지? 인터뷰 기회를 갖게 된 8명 중에 한 명에 들었다는 사실에 만족하고 말아야 하나?' 하는 생각이 들었다.

마지막으로 Joe가 질문을 했다.

"What was the most impressive thing to you during your interview?"

인터뷰 동안 가장 인상적이었던 것은 무엇이었나요?

답은 이미 알고 있었다.

❶ 미국 최상위 병원 Penn Medicine ❷ 현 근무지 Penn Presbyterian Medical Center
❸ 다 같이 헤드밴드하고 일한 날 ❹ 중환자실에서 일하며 맞이하는 크리스마스 ❺ Penn Medicine 동료들과 함께

“That was the fact that the nursing leaders of this unit are male nurses. It is a very rare scene in Korea.”

이 부서의 간호 리더들이 남자인 사실이 가장 놀라웠습니다. 한국에서는 좀처럼 보기 힘든 광경이거든요.

Joe는 덧붙였다.

“Oh well. Don't be surprised. The CNO(Chief Nursing Officer) of this hospital is a male nurse.”

놀라지 마세요. 이 병원의 간호부원장님도 남자랍니다.

병원의 간호부 수장이 남자인 것은 살면서 본 적이 없었기에 엄청 놀랐다. 그렇게 놀란 모습이 재밌었는지 웃으면서 잘 가라고 해주었고 중환자실을 나오면서 이 병원에서 일하고 싶다는 생각이 더 간절해졌다. 학생 간호사일 때도 그러했고 남자 간호사로서 일을 할 때도 롤 모델의 부재로 방황한 적이 있었다. 여자든 남자든 간호사들 전부 훌륭한 일을 하고 있다고 생각하고 모든 간호사들을 존경한다. 멋진 간호사들은 참 많이 있다. 하지만 아직 병원 내에서도 간호학계에서도 두각을 드러내는 남자 간호 리더들은 그리 많지 않다. 이런 사실에 남자 간호사가 과연 미래와 비전이 있는 직업인지에 대한 회의를 가진 적도 있었다. 미국에는 이렇게 남자 간호 리더들이 많다는 것을 경험하며 놀라워했다. 단순히 놀라워하는 것에 그치는 것이 아니라 충분히 남자 간호사도 노력하면 리더가 될 수 있음을 되새기며 계속 정진 해야겠다고 생각했다. 롤 모델이 없으면 내가 롤 모델이 되겠다고 다짐했다.

한 달이 지나고 인터뷰를 본 사실조차 희미해져 갈 때쯤 미국에서 열 손가락 안에 꼽히는 유펜 병원(Penn Medicine)으로부터 외상외과 중환자실 간호사로 채용하고 싶다는 전화를 받게 되었고 꿈에 그리던 미국 최상위에 속하는 병원에서의 간호사 생활이 시작되었다.

간호사는 전문직

미국에 와서 방문 간호사로 일할 때도 요양병원 중환자실 간호사로 일할 때도 미국 의료 시스템이나 미국 병원이 특별히 인상적이라는 생각은 전혀 하지 않았다. 한국보다 못하다고 생각되는 부분도 많았으니까. 하지만 병원을 옮겨 펜실베이니아주에서 가장 좋은 병원, 미국 전역에서도 열 손가락 안에 꼽히는 병원에서 일을 시작하면서 정말 대중매체로만 보던 미국 최첨단 병원을 경험하는 기분이 들었다. 제공하는 의료나 간호에도 인상적인 부분이 많았지만 의료인들을 위한 근무환경에 관련된 정책이 정말 훌륭했다. 같은 미국 병원이 맞는지 확신이 안 설 정도로 이전에 일했던 미국 요양병원 중환자실과는 전혀 다른 시스템과 새로운 정책을 경험했다.

이렇게 훌륭한 병원의 일원이 되었다는 사실에 열심히 배우고 열심히 일했다. 일하게 된 부서는 병원의 외상센터에 있는 외상외과 중환자실이었다. 외상센터이다 보니 교통사고(Motor vehicle collision)나 낙상(Fall)으로 인한 환자들도 오지만 그 중에 정말 흔하게 보는 환자는 총상(Gunshot wound) 환자였다. 한국에선 군병원 아니고서야 보기 힘들다는 총상 환자. 그곳에서도 거의 볼 수 없는 케이스지만, 이 중환자실에서 일을 배우면서는 하루가 멀다 하고 총상 환자를 보게 된다. 총상 환자들을 이전에는 본 적이 없으니 놀라웠고, 신기한 듯 쳐다보는 나를 보며 동료 간호사가 말했다.

"Oh, is it your first time to see a gunshot wound? Don't worry. They come way more often when it gets warm."

아, 총상을 보는 건 처음이야? 걱정 마. 날씨가 따뜻해지면 훨씬 더 자주 입실하니까.

날씨가 따뜻해지기 시작하면 총에 맞은 환자들이 더 많이 입실한다며 아무렇지 않게 말하는 동료를 보며 미국 뉴스에서 자주 보도되는 미국 총기에 대한 현실을 조금 알게 되었다. 미국은 총기소지가 법적으로 허가되어 있다. 물론 총을 소지하기 위해선 거쳐야 하는 서류와 일련의 과정들이 있는데 그 과정들이 생각보다 복잡하지 않다고 한다. 동료에게 필라델피아에 1년 가까이 살면서 이런 위험한 도시인지 몰랐다고 하니 동료는 웃으면서 외쳤다.

"Welcome to West Philadelphia!"

필라델피아 서부에 온 것을 환영해!

필라델피아 서부에는 빈민가가 많은데 안타깝게 이런 총기 사고가 많다. 참 슬픈 현실이다. 총기 사고는 미국이 겪고 있는 또 다른 큰 문제인 오피오이드 위기(Opioid crisis 혹은 Opioid epidemic)와 관련되어 있다고 한다. 오피오이드는 이우주 의학사전에 따르면 아편유사제로 아편제제와 같은 작용을 가진 합성마약이며, 세포막의 아편제 수용체와 상호작용함으로써 아편제와 같은 효과를 나타낸다고 한다. 미국 대중들의 이 오피오이드에 대한 의존도가 날로 높아져감으로써 그와 관련된 사건사고 역시 많아지고 있다. 최근 트럼프 대통령이 이 오피오이드 위기에 대한 심각성에 대해서 강하게 주장했다. 총기 사고와 마약 관련 사고들. 이런 부분들이 미국이라는 나라의 또 다른 단면이다.

하루는 일하면서 총에 맞아서 입실한 18살 소년 환자를 돌보게 되었다. 총상 환자 몸 안에 박힌 총알이나 총알 파편은 응급상황이 아니거나 정말 꼭 제거해야 하는 사유가 있지 않는 한 항상 바로 제거하진 않는다. 그 소년과 이야기를 하는 동안 그 소년은 본인 몸 안에 남아있는 총알 파편을 영광의 상처라고 생각하며 자랑을 했다. 이를 공감(Empathy)하기란 참 쉽지 않았다. 그리고는 총을 왜 맞았는지 궁금하지 않냐 하며 굳이 그 이유를 말해주었다.

"I hated someone that I am working with. I shot him because he irked me so much. But unfortunately, he also had a gun and shot me back."

같이 일하는 사람 중에 정말로 싫어하는 사람이 있었는데 그날은 나를 너무 짜증나게 해서 쏴버렸어요. 근데 불행하게도 그 사람도 총을 가지고 있었고 바로 저를 쐈어요.

침대에 수갑으로 손이 묶인 채 방 밖에서는 경찰이 지키고 있는 상황에서도 당당하게 화가 나서 사람에게 총을 쐈다고 말하는 그 소년을 보면서 생각했다. 총기규제에 대해 정말 큰 노력이 필요할 것 같다고. 이렇게 훌륭한 미국 병원에서 경험하는 미국의 민낯은 참 씁쓸하게 다가왔다. 범죄와 관련된 총상 환자의 경우, 경찰은 그 환자가 도망가지 못하도록 환자 방 안 혹은 밖에서 수시로 지키고 종종 수갑을 채워놓는다. 그런 환자들은 치료가 끝나고 구속이 돼서 재판을 받고 감옥으로 가는 경우가 많다. 실제 병실 안에서 재판이 일어난 적도 있었다. 형사 혹은 변호사가 종종 면회를 온다. 최선의 간호를 해도 이들은 죄인이고 결국은 감옥으로 가게 된다는 사실에 윤리적인 딜레마에 봉착한 적도 있었지만 항상 생각하는 간호사로의 가치관, 모든 환자를 동일하게 한 '사람'으로서 하나의 '인격체'로서 대해야 함을 떠올리며 그런 딜레마를 해결했다.

간호사로서 일을 하면서 항상 전문직관을 가지고 일한다. 간호사는 전문직이다. 간호사로서의 전문직관에 대한 개인적인 지견은 '간호사는 전문직이기에 이렇게 대우해달라!'가 아니라 사람들이 간호사가 보이는 전문직으로서의 사고와 행동방식을 보고 '역시 간호사는 전문직이구나!'라고 생각하게 만들 수 있어야 한다고 생각한다. 그러기 위해서는 직업에 대한 애정 그리고 열정과 함께 본인이 속해있는 분야에 대한 충분한 지식이 뒷받침되어야 한다. 전문직이 아닌 직업에는 지속적인 성장이나 발전을 위한 경력개발이 '선택'일 수 있지만 전문직은 그런 부분이 '필수'여야 한다. 전문성(Professionalism)에 대한 다양한 정의가 있지만 개인적으로 전문성을 위해서는 두 가지가 꼭 필요하다고 생각한다. 그 직업에 대한 열정(Passion)과 그 분야의 지식(Knowledge)이다. 쉽게 말하면 좋아하는 일을 잘한다는 것이다.

새로운 병원에서 적응해가는 시점에서 이 간호사로서의 전문직관을 뒤흔드는 사건이 일어났다. 그날은 복부에 총을 맞아 수술을 여러 번 했으나 많이 부어있는 장(Bowel)으로 인해 아직 복부를 닫을 수 없는 상황에 놓인 환자를 돌보고 있었다. 그런 상황에서 고장성 식염수(Hypertonic saline)라는 약물을 투여하여 그 붓기를 줄이기도 하는데 그 환자는 이 약물을 소량으로 팔에 있는 일반적인 주사로 투여 받고 있었다. 오전에 레지던트가 와서 그 약물 용량을 증량하자고 했다. 그 용량은 중환자실 간호사로 일하면서 자주 사용하는 용량이 아니었기에 이 약물에 대한 정책을 검색해봐야겠다고 생각했다.

영어를 배운 이후에 많은 사람들이 묻는다.

"What is your favorite English word?"
영어단어 중에 가장 좋아하는 단어가 뭐에요?

가장 좋아하는 영어단어가 있어서 큰 고민하지 않고 대답한다.

"My favorite English word is HUMBLE."

가장 좋아하는 단어는 Humble입니다.

Humble은 '자신을 낮추고 겸손한'이라는 형용사이다. 간호사로 일하면서 신입 간호사들을 교육할 때 항상 하는 말이 있다. 간호사로서 하는 모든 일은 환자의 생명에 영향을 미칠 수 있는 일들로 모든 것을 알고 있다고 절대 자만해서는 안 되며 항상 겸손한 자세로 모를 때는 질문을 하거나 정확한 근거를 찾아보고, 안다 하더라도 다시 한 번 재확인을 해볼 가치가 있다.

"You don't know everything. Be humble even if you knew everything."

당신은 모든 것을 알고 있지는 않습니다. 모든 것을 알고 있다 하더라도 겸손할 줄 알아야 합니다.

이런 말을 반복하는 간호사였기에 그 약물의 용량에 대한 정책을 충분히 검색했고 레지던트가 처방한 그 약물의 용량은 일반적인 주사가 아니라 중심정맥관이라는 주사로 투여해야 했다. 중심정맥관은 응급상황같이 약물의 빠른 효과를 기대해야 할 때나 팔에 있는 주사로 투여하면 혈관을 손상시킬 위험이 있는 약물을 투여해야 할 때, 목이나 어깨 쪽으로 삽입하며 주사의 끝이 환자의 심장의 바로 직전에 위치하게 되는 관이다. 이 약물이 가진 부작용 때문에 정책상 높은 용량을 주입해야 할 때는 중심정맥관이 선호된다는 정책을 확인하고, 처방을 한 레지던트에게 가서 이런 이유로 용량을 올리기 위해선 환자에게 중심정맥관이 필요하고 당장은 용량을 올리기가 힘들 것 같다고 말했다. 이 말을 들은 레지던트는 굉장히 불쾌하다는 표정으로 대답했다.

"You are just a nurse. You just need to do whatever I tell you to do."
넌 그냥 간호사일 뿐이야. 내가 시키는 일이면 어떤 일이든 다 해야 할 필요가 있어.

지금 들은 이 말이 정말 맞게 들은 것인지, 정말 그 의도로 말한 것이 분명한지 다시 한 번 확인해야 했을 정도로 엄청 충격적인 발언이었다. 일단 간호사로서의 전문직관을 완전히 뒤흔드는 이 발언을 나약하게 대처하고 싶지 않았고 절대 가볍게 넘길 만한 문제가 아니라고 생각했다.

"First of all, I did not become a nurse only to do what I was told. I am a healthcare professional with critical thinking, not a robot who only performs your orders without thinking."
먼저, 나는 네가 시키는 것만 하려고 간호사가 된 것은 아니야. 또한 나는 비판적 사고를 가진 의료인이지, 아무 생각 없이 네 처방만을 이행하는 로봇이 아니야.

이런 식의 대응이 어이없는 표정이었지만 더 분명히 의견을 전달해야 했다.

"Physicians and nurses are two different professions that have the same goal of patients' health and well-being. I am here respecting your professional training as a physician which is diagnosing and managing patients appropriately. However, you are not respecting my professional training as a nurse which is medicating appropriately and safely to my patients."
의사와 간호사는 환자의 건강과 안녕이라는 공동의 목표를 가졌을 뿐 두 개의 다른 전문직이야. 나는 지금 환자를 적절하게 진단하고 그에 맞는 처방을 내리는 의사가 되기 위해 받은 네 전문적인 트레이닝을 존중하고 있는데, 너는 환자에게 처방된 약물을 적절하게 또 안전하게 투여하는 간호사가 되기 위해 받은 내 전문적인 트레이닝은 존중하고 있지 않다.

이렇게까지 말했음에도 우리 둘은 합의점을 찾지 못했고 결국 이 문제는 상부위원회에 보고가 되었다. 그리고 위원회는 내 손을 들어주었다. 결과적으로 환자의 안위와 관련된 문제였기 때문이다.

앞서 말했듯 전문성을 갖추기 위해 중요하다고 생각하는 두 가지는 열정과 지식이다. 먼저 열정. 개인적으로 간호사라는 직업에 대한 애정과 열정은 항상 충만하다. 간호사의 일은 너무나도 가치 있는 일이지만 힘든 일이다. 직업에 대한 애정과 열정을 가지고 일해도 힘든 일인데 사실 이런 애정과 열정 없이 이 일을 한다면 얼마나 힘이 들지 상상이 가질 않는다. 그래서 많은 간호사들이 힘들지만 이런 직업에 대한 애정과 열정을 조금이라도 더 가지고 일을 했으면 하는 바람이 있다. 그 다음은 지식. 그 레지던트에게 이렇게 간호사로서의 전문직관에 대한 이야기를 당당하게 할 수 있었던 것도 제공하는 간호에 대해서 계속적으로 근거를 찾았기 때문이었다. 업무와 관련된 공부를 멈추지 않아야 하고 지식 범위를 점점 넓혀갈 필요가 있다. 미국 최고의 병원에서 근무를 하면서도 이런 간호사로서의 성장과 발전을 멈추지 않았다.

미국에는 간호사들을 위한 국가공인 간호자격증들이 각 분야마다 다양하게 있다는 것을 앞서 언급했었다. 중환자간호 자격증, 응급간호 자격증, 수술간호 자격증 등 굉장히 세분화되어 있다. 자격증마다 취득할 수 있는 방법이 조금씩 다른 편이지만 보통 취득하기 위해서는 그 분야에서 간호사로서 일한 일정 시간이 필요하고, 그 다음은 열심히 공부하여 자격증 시험에 합격해야 한다. 자격증마다 차이는 있지만 이 시험들에 합격하는 것은 결코 쉬운 일이 아니다. 하지만 전문성을 유지하기 위해서 간호사로서 이런 자격증들은 꼭 필요하다고 생각했다.

중환자실 간호사로 일하고 있었기에 새로운 병원에서 일을 시작한 지 반 년 정도 만에 중환자 간호 자격증(Critical-care Certified Registered Nurse, CCRN)을 취득했다. 이 자격증은 3백만 명에 육박하는 미국 간호사들 중에서도 겨우 7만 명 정도만 보유하고 있는 자격증이다. 실제로 같은 중환자실에 일하고 있는 간호사들 중에서도 이 자격증을 보유하고 있는 간호사 수는 그리 많지 않다. 그리고 외상(Trauma) 환자들을 돌보고 있었기 때문에 그 중환자 간호 자격증을 획득하고 1년 후, 외상 간

❶ 미국 중환자 간호 자격증, CCRN ❷ 미국 외상 간호 자격증, TCRN
❸ 동료와 승진 소식을 접하고 기뻐하는 모습 ❹ Penn Medicine 간호사 명찰

호 자격증(Trauma Certified Registered Nurse, TCRN)도 취득했다. 이 자격증을 취득한 간호사는 외상외과 중환자실에서 최초였고 아직도 유일무이하다. 미국 동료들도 이렇게 끊임없이 성장하고 발전하는 모습을, 또 직업에 대한 남다른 애정과 열정을 인정하고 존중해준다. 이런 노력과 이런 열정 때문에 '간호사는 전문직이다.'라고 계속 외칠 수 있고 앞으로도 외칠 것이다.

나는 간호사,
앞으로도 간호사

훌륭한 병원에서 간호사로 일하면서도 여전히 변하지 않는 사실은 어느 병원이던 어느 부서이던 좋은 날도 있고 그렇지 않은 날도 있다는 것이다. 중환자들을 돌보며 자주 드는 생각이 있다. '환자의 상태가 좋아지는 것은 쉽게 눈에 보이지 않을 정도로 아주 천천히 이루어지는데 상태가 나빠지는 것은 정말 순식간이다.'

이런 이유로 환자분의 가족들이 실망하고 좌절하는 모습을 자주 지켜보게 된다. 중환자를 돌보는 의료인들을 그런 상황을 공감(Empathy)하려고 노력한다. 하지만 원하는 만큼 많은 시간을 투자하여 공감을 표현할 수 없는 상황이 종종 있다. 모든 의사 및 간호사의 가장 중요한 목표는 '환자의 건강과 안녕'으로서 환자의 회복을 위해 어떤 치료와 간호를 또 제공할 수 있을지의 고민이 우선되는 상황들이 많기 때문이다. 비록 공감에는 많은 시간을 투자하지 못할 때도 있지만 의료인으로서 최선의 의료 및 간호를 제공하기 위해 노력하며 지속적으로 환자의 상황을 환자 및 가족 분들께 설명하는 식으로 환자-의료진 관계를 좋게 유지하는 편이다.

중환자실에서 일하면서 간호사로서 가장 보람이 있을 때는 중환자실에서 오래 입실해 있다가 회복하여 일반 병실로 전동을 간 환자분들이 조금 더 회복하여 집으로 퇴원하기 전에 종종 감사의 인사를 전하기 위해 중환자실을 방문하시기도 하는데 그때마다 참 행복하고 이 직업을 택했던 것을 아주 잘한 일이었다고 생각한다. 중환자실 입원 환자들의 특성상 진정제를 투여 받고 있는 경우가 많아 의식이 불분명한 때가 많고, 질환의 중증도 때문에 기력이 쇠약하여 중환자실에 대한 기억이 또렷하지 않거나 혹은 좋지 않은 경우가 많다고 한다. 그래서 앞서 중환자 치료 후 증후군인 PICS(Post Intensive Care Syndrome)에 대한 이야기도 했던 것이다. 그럼에도 불구하고 퇴원 전에 돌봐줘서 고맙다는 말을 전하기 위해 중환자실을 들러주실 때면 자부심을 느끼기도 하고 힘들어도 더 열심히 해야겠다는 생각도 많이 한다.

이렇게 중환자실에서 환자 상태의 호전을 지켜볼 수 있는 좋은 날도 환자 상태의 악화를 보게 되는 그렇지 않은 날도 경험하며 일하던 어느 날, Nurse manager로부터 한 통의 편지를 건네받았다. 편지를 열어봤다.

"We are very pleased to inform you that you were nominated for the DAISY award."

우리는 당신이 데이지 상(DAISY award) 후보에 오른 것에 대해 알릴 수 있어 굉장히 기쁩니다.

그 편지에는 데이지 상 후보에 올랐다는 글귀가 적혀있었다. 언뜻 들어본 적은 있었지만 잘 알고 있는 상은 아니었다. 동료에게 편지를 보여주며 말했다.

"They said I was nominated for the DAISY award?"

내가 DAISY award 후보에 올랐다는데?

그 동료는 갑자기 방방 뛰며 다른 동료들에게 알리기 시작했다.

"Oh my goodness! David got nominated for the DAISY award!"

세상에! 데이비드가 DAISY award 후보에 올랐대!

알고 보니 간호사로서 후보에 지명(Nomination)만 되어도 영예롭다는 상이 데이지 상이었다. 데이지 상은 데이지 재단(The DAISY Foundation)에서 수여하는 상으로 엄청나게 뛰어난 간호(Extraordinary care)를 제공한 간호사에게 주는 상이라고 한다. 데이지 재단은 2000년에 설립되었고 희귀 자가 면역 질환을 앓다가 이른 나이에 하늘나라로 간 한 환자의 가족에 의해 설립된 단체다. DAISY는 Diseases Attacking the Immune System(면역 시스템을 공격하는 질환)의 약자로 그 환자의 질환과 관련이 있다고 한다. 그 환자가 입원해있던 8주라는 기간 동안 그를 돌본 간호사들의 엄청난 간호와 모든 가족 구성원들에게 베푼 따뜻함에 감동을 받았고 이 재단을 설립하기에 이르렀다고 한다.

그 이후로 이 기관에서는 엄청 뛰어난 간호를 제공한 간호사들에게 이 상을 부여하고 있다. 편지를 읽어보니 돌본 환자분들 중에 한 분이 내가 제공한 간호를 받고 엄청나게 감동을 했고, 무언가를 해주고 싶어서 이것저것 찾다가 이 재단과 이 상을 알게 되었고 편지와 함께 이 상을 받을 후보에 올려주신 것이었다.

편지를 읽으면서 어떤 환자분이 썼는지 알 수 있었다. 환자분은 연세가 있으시고 다양한 지병을 앓고 계신 터라 거동이 불편하셨는데 하루는 샤워를 하다가 넘어지셔서 목의 척추와 늑골이 여러 개 부러진 상태로 중환자실로 입실하신 분이셨다. 늑골이 부러지면 숨 쉴 때마다 통증이 느껴져 숨을 깊게 쉬려고 하지 않고 최대한 얕게 쉬려고 하다 보니 폐를 쪼그라들게 만들어 합병증에 취약해질 수 있다. 그래서 통증 조절이 아주 중요하게 여겨진다. 이런 여러 가지 이유로 중환자실에 장기간 입실하고 계셨고 입실 후 한 달 정도 뒤에 이 분의 담당 간호사가 되었다. 방에 들어가서 환자분께 소개를 했다.

"Good morning! My name is David. I am your nurse today. How do you feel today?"

좋은 아침이에요! 제 이름은 데이비드이고 오늘 당신의 담당 간호사입니다. 오늘 좀 어떠세요?

환자분은 전혀 대답이 없었고 심지어 쳐다보지도 않았다. 조금 더 구체적인 질문을 해보았다.

"Do you have any pain today? How is your breathing?"

통증이 느껴지는 곳이 있나요? 숨 쉬는 것은 어떠세요?

역시 아무런 대답을 하시지 않으셨다. 눈도 감아버리셨다. 그때 바로 감이 왔다. '저 지금 우울해요. 아무것도 하고 싶지 않고 아무 말도 하고 싶지 않아요.'라고 온 몸으로 표현하고 계신 것 같았다. 어떻게 이 상황을 대처해야 할까 고민하다가 환자분께 말했다.

"Okay. Today, I will do one thing for you that you really want. Please tell me whatever you want."

좋아요. 오늘 제가 당신을 위해 정말 원하시는 한 가지를 꼭 해드릴게요. 원하시는 것 무엇이든 말씀해주세요.

그제야 꼭 감고 있던 눈을 떠서 고개를 돌리셨다. 그리고는

"Are you sure?"

정말이에요?

라고 말하셨다.

"I am 100% sure."

100% 진심입니다.

그 말을 들은 환자분은 1초의 망설임도 없이 대답했다.

"I want to shower. I don't feel like a human because I haven't taken a shower for a month."
샤워를 하고 싶어요. 한 달 동안 샤워를 하지 않았더니 사람같이 느껴지지가 않아요.

환자분께서 하는 말씀을 듣고 있으니 모든 것이 이해가 갔다. 환자분은 평소에도 샤워하는 것을 굉장히 좋아하셨고 비록 지병 때문에 거동이 불편해도 거의 매일 샤워를 거르지 않을 정도로 씻는 것을 좋아하셨다. 중환자실에 입실해있으면 간호사들이 매일 환자분의 몸을 닦아드리고 씻겨드린다. 그 분은 그것을 알고 있었고 또 고마워하고 있었다. 하지만 그런 침상목욕은 씻은 것 같지도 않고 샤워에는 견줄 수가 없다는 것이 그 분의 주장이었다.

충분히 이해가 가는 상황이었지만 사실 중환자실 내에서 샤워를 하기란 정말 쉽지 않은 일이다. 안전사고의 위험도 있을뿐더러 경추 골절과 늑골 골절로 거동이 정말 힘든 분이셨기에 더 망설여졌다. 하지만 이미 하겠다고 내뱉었으니 할 수 있는 최선을 다 해야 하는 상황이었다. 중환자실 담당 교수님께 찾아가 사정을 설명했다. 경추에 손상이 있는 환자들을 위해 제작된 특수 휠체어에 앉힌 상태로 최대한 많은 인력을 투여하여 천천히 그리고 신중하게 가급적 샤워에 가깝게 씻겨드리겠다고 하며 진행할 수 있게 허가를 해달라고 중환자실 교수님께 공손히 요청했다. 고민을 하셨지만 환자를 행복하게 해줄 수 있는 일이고 사실 그 환자분이 그동안 치료에 전혀 협조를 하지 않았던 터라 환자의 마음을 조금이라도 돌릴 수 있는 좋은 중재라고 생각하여 허락을 해주셨다.

과정은 쉽게 설명했지만 실제로 이행하는 것은 정말 쉽지 않았다. 5명이 넘는 인력이 협력하여 했음에도 몇 시간이나 소요되었다. 그렇게 샤워를 마치고 침대에 누운 환자는 갑자기 닭똥 같은 눈물을 흘리기 시작했다. 환자분은 좀처럼 울음을 그치지 않으셨다. 한참을 울고 난 뒤에야 행복하다고 정말 고맙다고 연실 말해주셨다. 그 뒤 몇 시간 동안이나 가족과 친구들 모두에게 전화를 걸어 오늘 드디어 샤워를 했다고 병원에 온 이후로 처음으로 자신이 사람같이 느껴진다고 말하는 모습을 보며 보람을 느낄 수 있었다.

사실 가장 이상적인 간호는 환자가 병원에 있으면서도 마치 집에 있는 것 같은 편안함을 느낄 수 있게 도와주고 치료와 관련해 제공하는 간호 이외에도 환자가 집에서 영위했던 일상생활을 가급적 빨리 시작하고 지속할 수 있도록 도와주는 것이다. 일하면서 바쁘다보면 자주 잊게 되는데 이 경험으로 그 이상적인 간호에 대해서 다시 한 번 마음속에 새길 수 있었다. 그 환자분과의 기억은 인상적이었지만 시간이 지나면서 조금씩 희미해져가고 있었는데 이렇게 편지를 받게 된 것이다. 희미해져 가는 내 기억과는 반대로 그 환자분께서 받은 그날의 감동과 고마움은 쉽게 잊혀 지지 않는 것들이었던 것 같다.

다음은 그 편지의 일부다.

This is a letter of commendation for the staff of the trauma ICU at Penn Presbyterian Hospital, with special credit to one nurse, Hyunmin (David) Yu. He was one of several nurses who looked after me during my stay.

I was admitted on May 10, 2018 after suffering a hard fall at home in the shower resulting in two cervical fractures (C5 and C6), a fractured rib and a left elbow injury needing stitches. David was especially eager to help with my needs while always being reassuring and professional. His calm demeanor while attending to my needs was so comforting and welcome to me and my family.

In my long list of previous hospitalizations, David Yu ranks at the top for his nursing skills, kindness and patient personality. We think of ourselves as extremely lucky to have had David's help.

이 편지는 Penn Presbyterian 병원의 외상외과 중환자실에서 일하는 한 간호사에 대한 특별한 찬사를 담았습니다. 그의 이름은 유현민(데이비드)이고 제가 입원한 동안 저를 보살폈던 간호사들 중 한 명입니다.

저는 2018년 5월 10일에 샤워 도중 넘어져 경추 두 군데가 부러지고 늑골과 팔꿈치에 외상을 입어 외상 중환자실에 입원했었습니다. 데이비드는 환자를 돕기 위해 매우 열성적이었고 돕는 동안 환자를 안심시키는 능력이 탁월했고 또 항상 프로페셔널한 모습을 보였습니다. 환자를 돌보는 동안 보였던 그의 차분한 태도는 제게 굉장한 편안함을 가져다주었고 저와 가족들에게 매우 인상적이었습니다.

지병 때문에 이 입원 전에도 아주 많은 병원 입원을 경험했지만 데이비드가 보였던 간호의 숙련도, 친절함 그리고 인내심은 제가 만난 간호사들 중에 최고로 훌륭했습니다. 우리는 데이비드의 간호를 받은 것을 엄청난 행운이라고 생각하고 있습니다.

편지를 다 읽고 나니 눈물이 났다. 그 편지와 데이지 배지(DAISY badge)는 간호사로서 받은 가장 큰 선물이었고 가장 행복한 순간을 선사했다. 그동안 획득했던 간호 자격증도 좋고 대학원 입학도 좋았지만 이때만큼 행복하진 않았던 것 같다. 이는 간호사로서 일하는 이유인, 내가 간호사로서 존재하는 이유인 '환자'에게 간호를 인정받은 것이기 때문이었다. 게다가 아픈 몸을 겨우 회복하고 퇴원하고 나서 집에 가서도 회복하기 바쁘셨을 텐데 굳이 이 상에 대한 정보를 찾아서 훌륭한 간호사로서 지명(Nomination)시켜주셨다는 사실에 정말 많이 감동했다. 중환자실에는 환자들의 상태가 위중한 경우가 많고 의식이 저하된 경우가 많아 엄청난 간호를 제공함에도 중환자실 간호사들은 환자들에게 직접적으로 그 간호에 대해 인정받는 경우가 적은데 그래서 그런지 더 감동으로 다가왔다.

편지와 함께 보내온 데이지 배지(Badge)에는 아래와 같은 문구가 적혀있었다.

Wear it proudly! You deserve it.

소중한 DAISY Badge

자랑스럽게 달고 다녀라! 넌 그럴 만한 자격이 있다.

문구에 적힌 대로 매일 자랑스럽게 달고 다닌다. 꽃을 달고 다니는 모습을 보며 의아한 눈빛으로 한 레지던트가 말했다.

"Flower on your scrub? Really?"

근무복에 꽃? 대체 왜?

미소를 지으며 설명을 한다. '간호사로서 이 데이지 배지를 받는 영예는 마치 의사로서 절대로 고치지 못할 것 같은 병을 고쳤을 때 받는 훈장이 주는 영예와 같은 것이다. 그러니 계속 자랑스럽게 달고 다닐 예정이다.'

간호사라서 참 행복한 날이었다. 앞서도 언급했지만 간호사로서의 열정과 애정이 커지게 된 계기는 대학 졸업 후에 간호사로서 실제 환자들을 돌보며 제공하는 간호로 환자들이 회복하는 모습을 지켜보면서다. 막 간호사로 일을 시작한 그 시점부터 이미 알고 있었다. '아, 간호사가 내 천직이구나…'

신입 간호사 시절, 대한간호협회 회원 신청을 할 때도 일말의 망설임 없이 '일반회원'이 아닌 '평생회원'으로 신청하면서 평생 회비 한 번에 지불했다. 앞으로도 계속 간호사를 할 것이라는 확신이 있었고, 이보다 더 열정을 가지고 할 수 있는 일을 찾을 수 없을 것 같다는 확신도 있었다. 단 한 번도 이 평생회원 결정에 후회를 한 적 없다.

Tip
미국 간호 자격증들

미국에는 간호사로서 취득할 수 있는 자격증(Certification)은 굉장히 다양하다. 그 해당 분야에 전문지식(Expertise)을 가진 간호사라는 것을 증명하기 위해서는 이런 자격증 취득이 가장 좋은 방법이라고 간주된다.

병원에 따라 자격증을 가진 간호사에 대해 '정도'의 차이는 있지만 대부분의 병원들이 자격증 취득 시 대우와 보상을 해주는 편이다. 모든 자격증들이 똑같은 대우를 받는다. 상대적으로 획득하기 힘든 자격증들이 있기 때문이다. 어떤 자격증들은 수업을 듣고 수업 후 간단한 테스트를 보면 취득할 수 있는 반면, 어떤 자격증들은 그 간호 분야에 대해 열심히 공부하고 어려운 자격증 시험을 통과해야 취득할 수 있다.

굉장히 많은 자격증들이 있지만 인정을 많이 받기에 추천하는 부서별 미국 간호 자격증은 아래에 같다.

- 일반 병동: PCCN(Progressive Care Certified Nurse)
- 중환자실: CCRN(Critical-care Certified Registered Nurse)
- 수술실: CNOR(Certified Nurse, Operating Room)
- 응급실: CEN(Certified Emergency Nurse)
- 정신과: PMHN(Psychiatric Mental Health Nurse)
- 혈액종양: OCN(Oncology Certified Nurse) 혹은 BMTCN(Blood and Marrow Transplant Certified Nurse)
- 호스피스: CHPN(Certified Hospice and Palliative Nurse)
- 외상: TCRN(Trauma Certified Registered Nurse)

멀리 더 멀리,
높이 더 높이

병원에서 환자를 돌보는 간호사들에게 '승진'이란 참 낯선 단어이다. 일반 회사에는 채용이 되면 사원으로 입사하여 근속 기간과 고과에 따라 대리가 되고 과장이 되고 부장이 되는 승진 시스템을 가지고 있고 간호사와 함께 일하는 의사의 경우도 비슷하다. 의과대학을 졸업하고 인턴으로 입사하여 전공의가 되고 전임의가 되고 전문의가 된다.

미국에는 경력사다리 제도(Clinical Ladder System) 혹은 경력개발 시스템(Clinical Advancement System)이라고 불리는 제도가 있다. 환자를 돌보며 직접 간호를 제공하는 간호사들을 위한 경력개발 시스템으로 많은 병원들에 보편화되어 있다. 한국 회사의 승진 시스템과 비슷하게 일정 근속 기간과 함께 승진을 위한 요구 조건을 충족시키면 승단이 되는 시스템이다. 간호사 만족도를 위해 만들어진 것처럼 여겨질 수도 있지만 사실 이런 승진 시스템이 만들어진 배경은 환자의 안위와 더 관련이 있다. 간호사들에게 이런 시스템이 없었을 당시, 간호사들이 경력에 맞지 않는 업무를 맡게 되면서 환자의 안전과 관련된 일어나지 않아도 될 즉 예방 가능한 사고들이 발생했고, 그 원인 분석을 통해 간호사의 경력과 관련된 업무분담의 중요성이 제기되어 만들어진 시스템이다. 보통은 네 단계로 나뉘고 레벨이 올라갈수록 역할 범위와 권한도 커지지만 그에 따라 책임 역시 커지게 된다. 한국에서 일반 간호사들에게 적용되는 이런 경력개발 시스템은 일부 상급종합병원을 제외하고는 찾아보기 어렵다.

사실 한국에서 간호사로서 일하면서 자주 듣는 말이 있었다. '일한 지 1년이 지나도 10년이 지나도 똑같은 일을 한다. 미래가 없다.' 약간 과장이 포함되었을지는 몰라도 이를 완전히 부인할 수 있는 사람이 있을까 싶다. 병원에는 환자를 돌보는 간호사(Clinical nurse) 위에 간호 관리자가 있지만 사실 간호 관리자의 주 업무는 인사 고과 및 행정이 대부분이다. 환자를 돌보는 간호사(Clinical nurse)와 업무 범위도 다를 뿐 아니라 간호 관리자가 되기 위해서는 기본 20년 정도의 경력이 필요하다. 간호 관리자는 부서의 한 명으로 많지 않은 자리를 위해 많은 간호사들이 경쟁을 해야 한다. 어떤 간호사들은 간호사로서 몇 년 동안 일해 왔는지에 대한 용어인 연차(Seniority)를 간호사를 위한 승진 시스템일 수 있다고 주장할지도 모른다. 하지만 안타깝게도 많은 사람들이 이 말에 공감할 것이다. '연차가 높아지면서 그 간호사의 환자를 돌보는 능력이나 지식 정도가 항상 비례적으로 올라가지는 않는다.'

몇 년을 일하던 간에 자신을 성장시키고 발전시키려는 의지 없이 스스로를 연마하지 않는다면, 그런 능력이나 지식 정도는 변함이 없거나 오히려 녹이 슬어 그저 옛 것만을 고수하는 간호사가 될 수도 있다. 하지만 아주 오랜 기간 일하진 않았어도 자신을 지속적으로 성장시키고 발전시키려는 의지를 가지고 열심히 노력해왔다면 환자를 돌보는 능력이나 지식 정도는 크게 향상될 수 있다. 물론 연차는 중요하다. 간호사로서 일한 기간 자체를 인정하지 않는 것이 아니다. 하지만 '일한 기간'이 간호사라는 전문직의 전문성을 평가받는 유일한 지표가 되어서는 안 된다는 것이다. 경력개발이라는 것이 본인의 의지와 열정이 중요하지만, 병원이 혹은 간호부 내에서 이런 시스템을 구축하고 확보하고 있느냐 아니냐 또한 간호사들의 경력개발의 양과 질을 좌우할 수 있다.

이런 시스템을 통해 시간이 지나도 똑같은 일을 하며 보이지 않는 미래를 걱정하고, 결과적으로 사직에 대한 고민을 하는 간호사들에게 병원에 남더라도 충분히 성장할 수 있다는 비전을 제시할 수 있다. 간호사의 근무환경이 정말 열악하다. 특히 한 명의 간호사가 돌보는 환자 수 비율은 비현실적으로 높다. 일반 병실의 경우 한 명의 간호사가 20명을 이상 돌보는 경우도 흔하다. 병원에 간호사가 부족하니 일원론적으로 일단 간호학과 졸업생을 늘리기 위해 국내 간호대학 증설에만 집중하는 것은 이미 구멍이 뚫린 독에 물만 퍼붓는 식의 조치다. 물을 붓는 것과 동시에 근무환경의 변화 같은 뚫린 그 구멍을 막기 위한 충분한 노력을 동반해야만 독에 물을 충분히 채울 수 있을 것이다.

왜 미국 간호사들의 직업에 대한 만족도가 높은지에 대해 직접적으로 몸소 경험하며 답을 얻고 싶어서 미국에 왔다. 미국의 다양한 의료환경에서 5년을 일하면서 얻은 답은 두 가지였다. 간호사에 대한 긍정적인 사회인식과 건강한 근무환경. 간호사라는 직업에 대한 미국의 전반적인 사회인식은 굉장히 긍정적이다. 미국에는 환자의 생명을 돌보는 가치 있는 일을 하는 사람으로서 간호사를 인정하고 신뢰하며 존중하는 문화가 자리 잡고 있다. 또한 미국에는 간호사가 환자 간호에 집중할 수 있고 지속적인 성장과 발전의 기회가 있는 근무환경이 갖추어져 있다.

특히 한국의 환자–간호사 비율은 심각한 수준이다. 한국 사회의 간호사 부족 현상은 매년 화제가 되는 문제이다. 하지만 이것이 '간호사' 부족 현상인지 '병원에서 일하는 간호사' 부족 현상인지 분명히 할 필요가 있다. 면허를 가진 간호사 수는 해마다 늘고 있다. 하지만 어찌된 일인지 간호사 부족 현상에 대한 뉴스는 매년 볼 수 있다. 한국 사회의 간호사 부족 현상은 엄밀히 말하면 간호사들이 병원에 머무르고 싶어 하지 않아 발생하는 '병원에서 일하는 간호사' 부족 현상이다. 이런 이유로 면허를 가진 간호사의 수를 아무리 늘려도, 병원에서 일하는 간호사 근무 만족도에 긍정적인 영향을 주는 제도적인 변화가 없으면 간호사들은 병원에 머무르지 않을 것이고 면허를 가진 간호사 수는 많아져도 병원에서 일하는 간호사 수는 계속 모자라게 되는 현상이 반복될 수 있다.

미국 병원에서 일하면서 처음으로 간호사로서 '승진'을 경험했고, 잘 정착된 APRN(Advanced Practice Registered Nurse, 상급 간호를 제공하는 전문 간호사) 시스템에 대해 배울 수 있었다. 이런 발전의 기회가, 다음을 생각할 수 있는 환경이 간호사를 병원에 머무르게 할 것이다. 이런 간호사의 승진 시스템이나 잘 확립된 전문 간호사 제도 같은 정책들에 대해서 많은 사람들에게 소개하고 싶었다. 경험하고 배운 것들을 공유하려는 취지로 2016년 초부터 블로그를 운영해오고 있다. 미국의 다양한 도시에서 일하고 있는 간호사들 그리고 한국에 있는 간호사들과 원활히 소통을 하고 있으며 할 수 있는 선에서 많은 것들을 공유해오고 있다. 이 블로그 활동이 계기가 되어 2016년부터 한국 병원 관계자들에게 현재 일하고 있는 병원의 연수 기회를 마련해주고 그 연수에서 통역을 도맡아왔다. 현재까지는 분당서울대학교병원, 삼성서울병원, 신촌 세브란스병원에서 간호연수를 왔고 미국 병원의 간호 리더들과 함께 많은 것을 공유했다.

사실 미국과 한국의 의료수가 차이는 천양지차다. 미국의 의료비는 상상하지 못할 정도로 비싸기 때문에 미국의 의료시설, 장비 및 물품들이 훨씬 좋을 수밖에 없고 또한 의료인에게 지급할 수 있는 비용도 상대적으로 많다. 하지만 반대로 환자의 입장에서는 물론 그런 좋은 장비나 물품들로 케어를 제공받지만 결과적으로 청구 받는 의료비가 아주 비싸기 때문에 부담이 굉장히 클 수밖에 없다. 한국병원들도 사실 적절한 의료수가로 더 나은 치료를 제공하고 싶은 마음이 클 것이다. 하지만 한국의 의료수가는 환자들의 부담을 줄이기 위한 목적으로 미국보다 많이 저렴한 편이고, 한국병원들은 그들이 할 수 있는 상황과 범위 내에서 최선을 다하고 있을 수 있다.

이렇게 연수를 진행하게 된 계기는 실제 와서 간호사로서 일을 해보니 재정적인 부담이 들지 않고도 도입할 수 있는 좋은 정책들도 많기 때문이었다. 여러 번 언급했지만 미국 간호가 모든 면에서 우수한 것은 아니다. 하지만 배울 점도 많이 있다. 한국 병원에서 해외로 연수를 종종 온다. 겉으로 살짝 보고 가는 견학 정도가 아니라 통역을 통해 좀 더 세세하게 정확하게 알고 돌아가서 시행해주었으면 하는 마음으로 연수의 모든 과정의 통역을 담당했다. 사실 그 경험을 통해 스스로도 많이 성장했다. 환자를 돌보는 일을 주 업무로 하는 간호사로서 병원 경영이나 관리 혹은 행정에 대한 부분을 접할 일이 많이 없었는데 그런 연수에서 통역을 담당하다보니 두 나라의 간호 리더들이 나를 통하지 않고서는 완벽하게 의견이나 사실을 공유할 수 없었고 그 때문에 정말 엄청나게 많은 정보들을 알게 되었다.

이를 통해 알게 된 부분들에 대해서 스스로도 더 공부했고 이에 대한 부분도 공유하고 싶어졌다. 그래서 한국에 휴가를 올 때마다 병원이나 학교에 강연을 다닌다. 2016년부터 시작된 이 강연 기회는 횟수가 늘어날수록 많아지다가 2018년에는 한국에 잠시 휴가와 있는 동안 삼성서울병원과 연세대학교 간호대학을 포함한 20개가 넘는 병원과 대학에 강연을 가게 되었다. 이런 노력이 한 번에 모든 것을 바꿀 것이라 생각하지는 않는다. 그저 현재 내가 할 수 있는 최선을 다하는 것이고, 이런 작은 노력들이 시간이 지나고 큰 변화를 가져올 수도 있다고 믿는다. 미국에 있기는 하지만 여전히 나는 한국인이고 한국 간호 발전을 기대하고 응원한다. 물론 그에 기여할 수 있다면 더할 나위 없이 행복할 것이다.

어릴 적 어머니께서 종종 하신 말씀이 있다.

"자신이 가진 생각과 지식을 어떤 식으로 전달 혹은 공유하느냐에 따라 사람

❶ 신촌세브란스 병원의 Penn Medicine 연수 ❷ 병원 연수 당시 통역하는 모습
❸ 아주대학교 병원 강연 ❹ 백병원 강연 ❺ 강연하는 간호사 데이비드

들의 인정과 존경의 정도가 달라진다. 가지고 있는 지식이 엄청 대단하다고 해도 그 지식을 전달함에 있어 남을 깎아내리거나 자기 자랑에 그치면 인정을 받기 힘든 반면 가지고 있는 지식이 엄청 대단하지 않아도 그것을 기꺼이 기쁘게 공유하려고 한다면 사람들의 반응은 훨씬 긍정적일 것이다. 모두에게 배울 점은 있다."

무언가를 배울 때 Willing to learn(마음을 오픈하여 기꺼이 배우고 받아들이는 자세)이라는 마인드를 가졌다면, 배운 지식을 전달하고 공유할 때는 부모님의 가르침에 따라 Willing to share(기꺼이 기쁘게 공유하는) 마인드를 갖고자 한다.

이렇게 다양한 경험을 통해 간호사로서도 한 명의 사람으로서도 조금씩 성장하고 있음을 느낀다. 더 성장할 수 있는 가능성은 무한하다.

Be a Warrior,
Not a Worrier

어느덧 대학원 졸업이 다가왔다. 대학원 공부의 시작은 순탄치 않았지만 일하면서도 공부를 게을리 하지 않았고 턱걸이로 겨우 졸업하는 것이 아니라 우수한 성적으로 졸업하고 싶었기에 꾸준히 영어공부도 함께 열심히 했다.

졸업을 얼마 남겨두지 않은 어느 하루, 대학원 친구인 Jerry와 함께 수업을 듣고 있었다. 쉬는 시간 바로 직전에 교수님께서 굉장히 어려운 개념을 설명하셨고, 말씀하시는 속도가 너무 빨라서 설명을 빛의 속도로 한글로 먼저 받아 적었다. 쉬는 시간 내내 Jerry가 그 개념에 대해 이해하지 못하고 있는 것 같아서 내가 이해한 방식으로 쉽게 설명해줬다. 그 설명을 다 들은 Jerry가 말했다.

"Hey, David. I think you're awesome."

데이비드, 난 네가 진짜 멋지다고 생각해.

"Huh? Why?"

응? 갑자기 왜?

"I have always thought you are smart. But today I thought you are a genius."

난 항상 네가 똑똑하다고 생각은 해왔는데 오늘은 그냥 똑똑한 정도가 아니라 천재로 보여.

"Ha-ha. That's because I explained the mechanism to you?"

하하, 단지 내가 그 개념을 설명해줘서?

"No. Sometimes I forget that English is your second language, so sometimes I forget how amazing you are. Today, I definitely noticed you are perfectly bilingual. I would never be able to do like you. I just can't imagine studying this stuff in Korean. And today I just realized how fast you decide which language you would use to write down the lecturer's explanation between English or Korean. You interchange English and Korean literally in a few second based on your convenience. You even perfectly explained the difficult mechanism to the native speaker in your way! You are really awesome!"

아니 그게 아니라, 나는 영어가 네 모국어가 아닌 사실을 가끔 잊어. 그래서 네가 얼마나 대단한지도 가끔 잊는 것 같아. 오늘 확실히 네가 두 개의 언어를 완벽하게 구사하는 사람이라는 것을 알아챘어. 나는 절대 너처럼 할 수 없을 거야. 전문용어가 한국어로 잔뜩 적힌 대학원 책으로 공부하는 것을 상상할 수가 없어. 오늘 난 옆에서 네가 교수님의 설명을 한국어로 적을지 영어로 적을지 단 몇 초 만에 결정하는 그 순간을 지켜봤어. 어떤 언어를 써야 더 편하게 또 이해하기 쉽게 쓸 수 있는지를 정말 순식간에 결정할 수 있다는 것이 너무 신기해. 게다가 이해하기 어려운 개념을 한국어로 설명을 쓰고 내게 설명할 때는 영어로 그것도 이해하기 쉽게 네 식대로 완벽히 설명했잖아. 진짜 멋져!

Jerry는 사실 대학원 초기부터 봐온 친구라 이 성장이 더 믿기지 않는 듯했다. 어릴 적부터 생각과 걱정이 많은 편이었다. 어릴 때는 많이 소심하기까지 했다. 무엇하나 하더라도 철저한 준비가 필요하고 준비 과정 동안 혹 실패했을 때 받을 그 실망감을 최소화시키기 위해 실패하게 되는 상황을 머릿속에 반복적으로 그려보기까지 했다.

걱정을 시작하면 끝이 없다. 꼬리에 꼬리를 무는 걱정 사슬을 끊기란 쉽지 않다. 걱정과 동시에 의욕도 떨어진다. 대학원 초반 어려운 영어와 어려운 내용으로 잘 따라가지 못하며 걱정과 좌절을 반복하는 모습을 지켜 본 Jerry가 한 마디 했었다.

"You're such a worrier. You know that?"

넌 정말 걱정이 많은 사람이야. 그거 알지?

제대로 알아듣지 못해서 되물었다.

"Which one? W A R R I O R or W O R R I E R?"

어느 것? Warrior 아니면 Worrier?

발음이 비슷하여 지금도 가끔 혼동하는 두 단어인데 Jerry는 그 대답이 너무 재밌었는지 계속 웃음을 터뜨렸다.

"Yes, David. Be a warrior, not a worrier!"

그래, 데이비드. Worrier가 아니라 Warrior가 돼!

이 두 단어들은 발음은 둘 다 '워리어'로 비슷하게 들릴지 몰라도 의미는 거의 정반대라고 할 수 있다.

Worrier: 걱정을 많이 하는 사람

Warrior: 전사, fighter

〈Be a warrior, not a worrier!〉. 그 이후 인생의 좌우명(Motto)은 이걸로 정했다. 소심하고 걱정 많은 성격이 난관들을 겪어오면서 마음가짐을 바꾸어 걱정하기보다는 대담하게 앞으로 나가는 것을 택했다. 사람인지라 누구나 걱정을 하지 않을 수는 없다. 하지만 걱정할 시간은 줄이고, 실패를 두려워하지 않고 계속 시도해보는 노력이 한 발 더 앞으로

❶ 졸업식 날 Viva 할머니와 함께 ❷ 내과중환자자실 전문 간호사
❸ 소중한 데이지 배지와 Nurse Practitioner 명찰 ❹ 내과중환자실 동료와 함께
❺ Nurse Practitioner 동료들과 함께

나가는 데에 꼭 필요하다. 언제 적이 어떤 식으로 쳐들어올지 걱정만 하는 Worrier가 되기보다 승리를 쟁취하기 위해 항상 싸울 준비를 하는 Warrior가 되어야 한다.

어려운 개념을 쉽게 설명해줘서 고맙다는 인사를 하며 Jerry는 이렇게 말했다.

> "I can see that you have become a W A R R I O R, not a W O R R I E R ."
>
> 이제 알겠어. 너는 이제 걱정만 하는 사람이 아닌 실패를 두려워하지 않고 끊임없이 승리하려 노력하는 전사가 되었다는 것을.

현재는 졸업 후 간호사(Clinical nurse)로서 일하던 그 멋진 유펜 병원(Penn Medicine)의 내과중환자실에서 Acute Care Nurse Practitioner (ACNP)로서 채용되어 일을 하고 있다. 현재 일하는 직장에서 유일한 아시아인 남자 ACNP이다. 일반 간호사로서의 업무와 전혀 다른 업무들을 수행하고 있지만 환자들에게 진전된 간호를 제공한다는 사실에 보람을 느끼며 어렵지만 최선을 다하고 있다. 미국이 1990년대 전공의 근무시간 제한 법안을 통과시키면서 그로 인해 발생한 부족한 의료 인력을 충원하기 위해 ACNP 대학원 프로그램을 만든 것처럼 지금 한국 실정도 그와 비슷하다. 한국 역시 이 법안이 2015년에 통과되면서 의료 인력이 많이 부족한 상황이고 국회에서 2018년 초 한국 전문 간호사 법을 개정하겠다고 공표한 상태다. 2020년까지 전문 간호사들의 역할 범위를 제정할 예정에 있다. 이런 이유로 2018년 한국에 휴가를 왔을 때도 많은 병원과 대학에 강연을 다녔다. 이미 전문 간호사와 흡사한 ACNP로서 일을 하고 있기 때문에 ACNP 대학원 프로그램에서 어떤 과정을 배우고 실제로 어떤 일을 하며 어떻게 교육과 평가를 받는지 등에 공유해줄 수 있는 부분이 많았다. 그렇게 강연을 다니던 중 한 교수님께서 말씀해주셨다.

"선생님은 선구자(Pioneer)시네요."

좋아하는 일을 잘하고 그것을 사람들에게 인정받는 것만큼 멋진 일이 없다고 생각한다. 미래에 훌륭한 남자 간호사가 되겠다는 당찬 포부와 함께 간호학과에 입학했고, 성공적인 한국 그리고 미국 중환자실 간호사 생활을 거쳐 지금은 중환자실 Nurse Practitioner(NP)로서 일하며 다양한 방식으로 소중한 지식과 경험을 공유하고 있다.

소수(Minority)라고 불평만 하던 과거의 나는 이제 없다. 마음가짐에 달린 것이다. 수적으로 열세이기에 그저 '소수(Minority)'라고만 생각하고 사는 것이 아니라, 드물고 귀하다고 생각하기에 나만이 할 수 있는 일들을 찾는 순간 '진귀(Rarity)'한 삶이 시작되는 것이다.

스스로에 대한 의구심을 갖는 것을 중단하고 이젠 Worrier가 아닌 Warrior가 되어라.

부록

못다한 미국 이야기

1. 간호 관련 직업 용어 정리
2. 미국 전문 간호사(NP) versus 전공의(레지던트)
3. 미국 병원 간호사 복지혜택
4. 미국 병원 간호사 인력 관리 체계

간호 관련 직업 용어 정리

미국과 한국에는 간호와 관련된 다양한 직업이 있고 어떤 직업들은 명칭은 같은데 역할이 다르고 어떤 직업들은 역할은 같은데 명칭이 다르다. 그래서 용어 정리를 해볼까 한다.

1. 간호조무사

간호조무사란 고등학교 이상 학력자가 일정 시간의 간호조무사 교육을 이수하고 보건의료인국가시험원에서 시행하는 간호조무사 국가시험에 합격한 후 보건복지부장관의 자격인정을 받은 자를 말한다. 한국 의료법 상에서 간호조무사는 의료인이 아니다. 미국에서서는 이 직업을 Certified Nursing Assistant(CNA)라고 부른다. 간호조무사 자격증 소지자가 간호사가 되려면 간호대학에 진학하고 교육을 이수한 후, 간호사 국가시험에 합격해야 한다.

2. 미국의 Licensed Practical Nurse(LPN)

한국에는 없는 직업이기에 명확한 한국어 명칭이 없다. 미국에는 두

종류의 간호사가 존재한다. Licensed Practical Nurse(LPN)과 Registered Nurse(RN)이다. 전자의 경우 후자보다 교육과 트레이닝 기간이 상대적으로 짧기 때문에 역할 범위가 더 협소하다. 쉽게 설명하면 LPN의 역할 범위는 간호조무사보다는 넓고 RN보다는 협소하다. 대략 2년 정도의 트레이닝 기간이 필요하다. 역할 범위의 차이로 일할 수 있는 근무 환경에도 차이가 있다. 종합병원이나 대학병원의 경우는 LPN보다 역할 범위가 더 넓은 RN이 채용될 확률이 높다. 지역사회의 소규모 병원, 요양재활병원 혹은 클리닉의 경우에는 LPN을 채용하는 곳도 많다.

3. 간호사(Registered Nurse, RN)

한국에서 간호사는 의료법에 명시된 의료인으로서 간호학을 전공하는 대학에서 간호교육을 이수하고 국시원에서 시행하는 간호사 국가고시에 합격한 후 보건복지부 장관이 발급하는 면허를 받은 자를 말한다. 3년제 간호과가 존재했던 과거와는 다르게 현재 한국 간호대학은 4년제로 통일되고 있다. 반면 미국에는 아직 Associate degree(준학사 학위)를 제공하는 간호대학이 존재한다. 준학사 학위를 가진 간호사를 Registered Nurse(RN)로 4년제 학사 학위를 가진 간호사를 Registered Nurse–Bachelor of Science in Nursing(RN–BSN)으로 지칭한다. 미국 간호계에서도 간호학과 프로그램을 4년제로 통일하려는 노력이 계속되고 있으며 그 일환으로 수년 내 많은 병원에서 RN–BSN만을 채용할 예정으로 RN은 추후 채용의 기회가 많이 줄어들 전망이다.

4. 한국의 전문 간호사(Advanced Practice Nurse, APN)

대한간호협회에 따르면, 2000년부터 시행된 전문 간호사(Advanced Practice Nurse, APN)는 보건복지부장관이 인증하는 전문 간호사 자격을 갖고 해당 분야에 대한 높은 수준의 지식과 기술을 가지고 의료기관이나 지역사회 내에서 간호대상자(개인, 가족, 지역사회)에게 상급수준의 전문가적 간호를 자율적으로 제공한다. 또한, 환자, 가족, 일반간호사, 간호학생, 타 보건의료 인력 등을 교육하고 보수교육이나 실무교육프로그램 개발 등에 참여한다. 현재 의료법에서 인정하고 있는 전문 간호사 분야는 보건, 마취, 가정, 정신, 감염관리, 산업, 응급, 노인, 중환자, 호스피스, 종양, 임상, 아동으로 총 13개이다. 한국 간호대학에는 다양한 전문 간호사 석사 프로그램이 있다. 프로그램을 졸업하고 국가고시에 합격하면 전문 간호사가 될 수 있다. 하지만 2019년 현재, 전문 간호사 학위를 수여받은 전문 간호사에게 적합한 역할을 부여하고 있는 병원은 일부 상급종합병원을 제외하고 아직 그리 많지 않다. 전문 간호사 석사 학위를 가지고 일반 간호사와 동일한 일을 하고 있는 간호사들도 많다. 아직 처방이나 진단은 법적으로 불가능하지만 2020년 의료법 내 전문 간호사 관련법이 개정될 예정이며 이를 바탕으로 한국 전문 간호사 제도가 많이 발전했으면 하는 큰 바람이 있다.

5. 미국의 Nurse Practitioner(NP)

앞서 언급했듯 미국에는 네 가지 형태의 진전된 간호를 제공하는 간호사들(Advanced Practice Registered Nurse, APRN)이 존재하는데 Nurse

Practitioner(NP)도 그 중 하나다. 한국의 전문 간호사와 비슷한 개념으로서 임상 간호사로 일정 기간(대략 만 2년 이상) 일한 뒤 그 경력을 가지고 미국에서 NP 석사(Master of Science in Nursing, MSN) 혹은 박사(Doctor of Nursing Practice, DNP) 과정에 지원할 수 있다. 졸업 후 국가고시를 합격하면 NP가 될 수 있고, NP도 성인, 노인, 아동, 신생아, 중환자, 가족, 여성건강, 정신 등 다양한 분야로 구분되어 있다. 각 전공마다 근무할 수 있는 환경이 지정되어 있어 지역사회에서 근무하는 NP와 의료기관 내에서 근무하는 NP가 구분되어 있다. 미국 각 주(State)마다 조금씩 다르기는 하지만 일반적으로 진단, 처방 그리고 시술이 가능하다. 병원 내에서 근무하는 NP의 역할 범위(Scope of practice)는 전공의(레지던트)와 동일하다.

6. 한국의 Physician Assistant(PA)

한국 병원에서는 의사들이 부족한 의료 인력(인턴 혹은 레지던트)을 충당하기 위해 간호사들 중에서 Physician Assistant(PA)를 의국으로 채용한다. 따로 학위가 필요 없고 의사들이 자체적으로 간호사를 교육 및 훈련시켜 역할을 부여한다. 이런 이유로 인턴 혹은 레지던트 수가 부족한 진료과에서 PA를 상대적으로 더 많이 볼 수 있다. 병원에 따라서 PA 혹은 PA 간호사로 부르거나 전담 간호사로 부르기도 한다. 교육이나 훈련을 위한 학위가 따로 있거나 법적으로 제도화되어 있는 부분이 아니기에 영역이나 위치가 애매하다. 이미 대중 매체에서 여러 번 한국 PA 시스템에 대한 문제점을 제기해왔다.

7. 미국의 Physician Assistant(PA)

이름은 한국과 동일하지만 미국에는 한국과 다르게 Physician Assistant(PA)를 교육시키고 훈련시키는 석사 학위가 존재한다. 미국 PA의 역할 범위는 미국 NP와 거의 흡사하지만 되기 위한 과정에는 차이가 있다. 미국 NP가 되기 위해서는 무조건 간호학과를 졸업하고 간호사로서의 경력이 있어야 하지만, 미국 PA는 간호학과 학위나 간호사로서의 경력이 없어도 된다. 대신에 생물학이나 심리학 등 학사 학위를 취득한 다음 보건의료와 관련된 경력을 쌓은 후 PA 석사 프로그램에 지원할 수 있다. 석사 학위를 취득한 후 국가고시를 합격해야 정식 PA가 된다. 입학을 위한 보건의료 경력은 다양하다. 많은 지원자들이 Certified Nursing Assistant(CNA, 간호조무사)나 Emergency Medical Technician(EMT, 응급구조사)로서 경력을 쌓는 편이다. 미국 NP와 동일하게 처방, 진단 그리고 시술이 가능하다. 한 가지 다른 점은 근무할 수 있는 환경이 따로 지정되어 있지 않아 의료기관 혹은 지역사회 등 본인이 원하는 환경을 선택할 수 있다.

8. 미국 간호 자격증 보유 간호사(Certified Nurse)

임상 간호사들 중에서 특정 분야에 관련된 간호 자격증(Certification)을 가진 간호사들을 말한다. 아직 한국에는 이런 간호 자격증(Certification)이 존재하지 않기 때문에 이 간호사들에 대한 한국 명칭이 따로 없다. 자격증 종류는 앞서 언급했듯 간호 분야마다 다양하게 구분되어 있다. 자격증을 보유한 간호사는 해당 간호 분야에 대한 전문지식을 가진 간호사를 지칭하는 것일 뿐 이는 학위를 가진 미국 전문 간호사(NP)와는 다른 개념이다.

9. 한국의 마취 간호사

한국에서의 마취 간호사는 단순히 수술실 혹은 회복실에서 마취와 관련된 일(주로 보조)을 하는 간호사들을 말한다. 따로 학위가 필요하지 않으며 임상 간호사와 동일한 역할 범위를 갖는다.

10. 미국의 Certified Registered Nurse Anesthetist(CRNA)

미국에서 간호와 관련된 직업 중에서 자율성(Autonomy)이 높고 연봉이 가장 높기로 유명하여 미국 간호사들 사이에서도 인기가 굉장히 많은 직업이다. Certified Registered Nurse Anesthetist(CRNA) 역시 앞서 언급했던 네 가지 형태의 미국 APRN 중 하나다. 환자의 마취와 관련된 전반적인 부분을 독자적으로 또는 마취의(Anesthesiologist)와 협의하여 담당한다. NP와 마찬가지로 CRNA 대학원 입학 전, 간호학과 졸업과 임상 간호사로서의 경력은 필수다. 마취와 관련된 직업으로서 응급상황에 대한 대처 능력이 아주 중요한 직업이기에 임상 간호사로서 경력은 마취와 관련된 경력이 필요한 것이 아니라 중환자실 경력이(대략 만 2년 이상) 필요하다. 입학 요구조건을 갖춘 후 CRNA 석사(Master of Science in Nursing, MSN) 혹은 박사(Doctor of Nursing Practice, DNP) 과정에 지원할 수 있다. 대부분의 미국 간호대학에서 CRNA 프로그램은 석사에서 박사 학위로 바꾸고 있는 추세다. 프로그램에서 제공하는 공부량이 상당히 많기 때문에 학교를 다니는 동안 간호사로서 근무를 하지 못하게 금하는 학교가 많다.

11. 한국의 교육 간호사

한국에서는 간호사의 교육을 담당하는 교육 간호사를 꼭 대학원 학위가 있는 간호사만을 채용하는 것은 아니다. 정확한 채용 기준은 알 수 없지만 임상 간호사로서의 경력이 많은 간호사가 보통 간호교육팀으로 차출되어 교육 간호사 역할을 수행한다. 물론 대학원 학위를 가진 간호사만을 교육 간호사로서 채용하는 병원도 있다.

12. 미국의 Clinical Nurse Specialist(CNS) & Clinical Nurse Educator(CNE)

미국에서 간호사의 교육을 담당하는 교육 간호사가 되기 위해서는 관련 석사 학위가 꼭 필요하다. 간호교육을 담당하고 간호정책을 연구하는 간호사를 미국에서는 Clinical Nurse Specialist(CNS)라고 부른다. CNS는 NP를 설명할 때 언급했던 네 가지 형태의 미국 APRN 중 하나다. 모든 미국 간호대학이 CNS 석사 프로그램을 제공하지는 않는다. 상대적으로 교육 간호사의 수요가 높은 반면 공급이 많지 않아 이 역할을 Clinical Nurse Educator(CNE)가 수행하기도 한다. CNE의 경우는 임상 간호사 중 어떤 간호학 석사든 상관없이 석사 학위를 보유하고 있다면 지원할 수 있다. 같은 역할을 수행하지만 CNS 석사 학위를 가지고 있지 않기 때문에 CNS가 아닌 CNE로 부른다. NP와 CNS의 역할 범위 차이에 대해 예를 들면, 임상 간호사가 근무를 하면서 환자 상태 및 중재와 관련된 질문이 있으면 NP에게 가서 조언을 구하고, 임상 간호사가 새로운 의료기기에 대한 교육이 필요하거나 어떤 특정 약물과 관련된 간호정책에 대한 질문이 있다면 CNS에게 조언을 구한다.

미국 전문 간호사(NP) versus 전공의(레지던트)

미국 전문 간호사(NP)는 전공의(레지던트)와 역할 범위가 동일하다고 했는데 둘 사이에는 어떤 차이가 있는지 언급하고자 한다. 이는 전문 간호사 중에서도 병원 내에서 일하는 전문 간호사인 Acute Care Nurse Practitioner(ACNP)에 대한 이야기이다.

1. Acute Care Nurse Practitioner(ACNP)의 역사(Background)

미국 최초의 Nurse Practitioner(NP)는 흥미롭게도 소아과 NP였다. 하지만 미국에서 NP로서 가장 먼저 붐을 일으킨 것은 1960년대 1차 진료자 부족으로 인해 수요가 급증한 Family Nurse Practitioner(FNP)였다. 이렇게 지역사회의 환자들을 돌보며 오랫동안 목소리를 내온 결과 결국은 처방 권한까지 얻게 된다. Acute Care Nurse Practitioner(ACNP, 병원 내에서 일하는 전문 간호사)가 생기기 시작한 시점은 그보다 30년 뒤인 1990년대다.

1980년대 후반 뉴욕의 한 대학 병원에서 일하던 인턴 의사가 약물

사고로 환자를 사망에 이르게 한다. 법원에서 제기한 이유로서 피로함(Fatigue)을 들었고 병원에서 인턴에게 너무 무리한 근무시간을 요구했다고 주장했다. 그 때 미국에서 처음으로 전공의 근무시간 제한 이야기가 나오기 시작했다. 이후 전공의 근무시간 제한법을 통과시키는 주(state)가 하나씩 늘어났고 결국 2000년대 초반 미국 모든 주에서 전공의 근무시간 제한법(주당 80시간 이내)을 통과시킨다. 하지만 문제는 갑자기 전공의(레지던트)의 근무시간을 확 줄여 레지던트를 배출하는 의대의 공급(Supply)은 제한되어 있는데 수요(Demand)는 많이 늘어나버렸다. 그 수요와 공급의 갭(Gap)을 채우기 위해 미국 정부에서 선택한 것이 이미 30년 동안 지역사회에 존재해오던 NP 시스템을 지역사회에 국한시키는 것이 아니라 병원 내에 도입하기로 결정한 것이었다. 그 때부터 미국 동부를 중심으로 ACNP 프로그램을 만드는 간호대학이 생기기 시작했다. 내가 졸업한 유펜도 그 중 하나였다. 유펜의 초대 ACNP 프로그램 졸업자가 지금 그 프로그램 디렉터로 계시는 Dr. Becker인데 그 분의 말씀에 따르면 만들었을 당시에는 혼란이 굉장히 심했다고 한다. 병원 내에서 레지던트와의 다툼도 심했고 정체성에 대한 문제도 병원에서 여러 번 언급되었다고 했다. 또한 초기의 ACNP 역할 범위는 지금보다 훨씬 협소했다. 하지만 20년 동안 간호대학과 ACNP들이 열심히 목소리를 내며 직업을 지켜냈고, 지속적으로 ACNP 프로그램을 발전시키며 역할 범위를 점차 늘려간 결과 ACNP가 레지던트와 동일한 역할 범위를 수행하며 일할 수 있는 지금의 근무환경이 만들어진 것이다.

미국에서 ACNP 프로그램을 만들게 한 상황은 한국이 지금 전문 간호사 관련법을 개정하는 상황과 많이 닮아 있다. 한국 또한 불과 몇 년 전 전공의 근무시간 제한에 관한 법안이 통과되었다. 한국 병원은 현재 입원 전담 전문의(Hospitalist) 제도를 활성화시켜서 전공의 근무시간 제한법에 따른 갭(Gap)을 채워보려 하고 있는데 성과는 앞으로 지켜봐야 할 것 같다.

2. 업무 범위(Scope of Practice)

주(State)마다 그리고 병원마다 조금씩 차이가 있기는 하지만 일반적으로 미국 NP와 레지던트의 업무 범위는 동일하다. ACNP가 만들어진 이유가 부족한 레지던트 수를 충당하기 위함임을 고려하면 업무 범위가 동일한 것이 쉽게 이해가 될 것이다. 하지만 앞서도 언급했듯 ACNP가 처음 도입되었을 때는 업무 범위가 지금보다 훨씬 많이 협소했었다. 그 후 20년이라는 시간동안 간호계에서 많은 노력을 해왔기에 지금 나는 중환자실에서 NP로서 레지던트와 동일하게 환자에 대한 입원, 진단, 처방, 시술 그리고 사망 선고까지 모두 수행하고 있다.

3. 차이점(Difference)

레지던트와 NP의 차이점은 당연히 교육과 트레이닝 과정이다.

미국 레지던트: 일반 학사(4년) - 의대 졸업(4년) - 인턴/레지던트 (3년 혹은 4년)

미국 NP: 간호학 학사(4년) – 간호사 경력(2년 이상) – NP 석사(2년)

레지던트와 NP인 나를 혼동하는 환자에게 종종 이렇게 설명한다.

"레지던트와 나는 동일한 일을 하지만 결과적으로 레지던트는 의사(Physician)고 나는 간호사(Nurse)다. 교육과 훈련 과정이 다르지만 법적으로 동일한 일을 할 수 있도록 허가받고 일하고 있다."

현재 내과 레지던트들과 같이 일하면서 느끼는 점은 내과적 의학지식은 NP보다 확연히 뛰어나다는 것이다. 하지만 내과 레지던트 생활을 하면서 '중환자실'이라는 공간을 경험하는 기간이 다소 짧기 때문에 중환자실과 관련된 부분, 특히 인공호흡기 혹은 중환자실에서만 접할 수 있는 약물들, 중환자실 업무 흐름에 대한 부분은 배워나가는 단계임을 느낀다. 그에 비해 중환자실에서 오랜 기간 근무를 해왔던 전문 간호사들은 그 부분들에 대해서는 능숙한 편이다. 이런 차이점 때문에 레지던트와 전문 간호사는 서로에게 많이 배우는 편이다. 또 하나 다른 점은, 레지던트는 짧은 로테이션을 끝내고 다른 부서로 떠나지만 전문 간호사는 그 부서에 계속 머무른다. 병원에서는 각기 다른 이유로 레지던트와 전문 간호사에게 많은 교육의 기회를 제공한다. 레지던트에게는 앞으로 더 훌륭한 의사가 되기 위한 트레이닝의 한 과정으로서, 그리고 전문 간호사에게는 그 부서에 계속 머무르며 점차 발전하고 환자에게 더 질 높은 케어를 제공하기를 기대하며 교육의 기회를 부여한다.

미국 NP 프로그램에서 공부하는 학생들에게 자주 해주는 말이 있

는데

"같이 일하게 될 레지던트에게 배울 점은 굉장히 많다. 열린 마음을 가지고 많이 배우고 스스로도 계속 공부해서 전문 간호사로서 더 성장하기를 바란다. 하지만 그 말은 레지던트를 흉내 내며 일하라는 말은 아니다. Nurse Practitioner로서의 장점을 충분히 살려서 일하기를 바란다. NP가 되기 이전에 쌓은 임상 간호사로서의 경험은 절대 무시할 수 없는 귀한 경험이며 NP로서 일하는 동안 큰 가치로 다가올 것이다. 그 경험을 소중하게 생각하며 NP 프로그램에서 계속 강조하는 NP로서의 확고한 정체성을 갖고 훌륭한 NP가 되기를 바란다."

미국 병원
간호사 복지혜택

미국에서는 병원에서 제공하는 복지혜택을 베네핏(Benefit)이라고 부른다.

1. 휴가(Vacation)

한국은 본인의 근속연수에 따라 1년에 사용할 수 있는 휴가일수가 정해진 반면 미국은 일한 시간만큼 휴가를 사용할 수 있는 시간이 축적되는 시스템이다. 일한 시간이 늘어날수록 휴가를 사용할 수 있는 시간(Vacation time)과 아플 때 사용할 수 있는 시간(Sick time)이 함께 늘어난다. 또한 미국 공휴일마다 근무여부와 상관없이 공휴일 시간(Holiday time)이 제공된다. 이렇게 쌓인 시간을 토대로 본인의 휴가를 계획하고 부서 파트장과 상의하여 휴가를 제공받으며 휴가를 다녀온 다음에는 사용한 만큼 시간이 감축된다. 출산 휴가의 경우 3개월로 제한되어있는 편이며 이 또한 본인이 가진 Sick time만큼만 사용할 수 있다. 출산휴가와 관련된 복지는 한국이 더 나은 편이다.

2. 보험(Insurance)

미국은 병원에서 일하면 의료보험이 제공된다. 물론 병원에서 일해야만 의료보험을 제공하는 것이 아니라 다른 근무지에서도 의료보험을 제공한다. 다만 일반적으로 병원에서 제공하는 의료보험이 다른 근무지에서 제공하는 것보다 더 좋다고 인식된다. 의료보험에는 정기적으로 건강관리를 제공받게 될 1차 진료자 선정부터 병원 입원, 치과 및 안과 정기 진료까지 포함된다. 생명보험을 제공하는 병원도 있다. 미국 의료비 중 본인부담 비중은 보험에 따라 천양지차이기에 좋은 의료보험을 갖고 있는 것이 중요하다. 경험상으로는 크고 좋은 병원일수록 근무자에게 제공하는 의료보험 또한 좋았다.

3. 학비지원(Tuition Reimbursement)

한국에서는 찾아볼 수 없는 복지혜택 중 하나. 직원이 본인 발전을 위해 대학원을 가거나 혹은 또 다른 학위를 얻고자 한다면 병원에서 직원에게 학비를 지원해준다. 지원을 해주는 금액은 병원마다 다른 편인데 이 또한 경험상 크고 좋은 병원일수록 지원해주는 금액이 많았다. 병원과 연계된 학교에 다니게 되면 전액을 지원해주는 병원도 있다. 내 경우에도 간호사로 일하고 있던 병원(Penn Medicine)과 다니던 학교(UPenn)가 연계되어있었기에 더 많은 지원을 받았었다. 지원해주는 금액의 정도는 풀타임 근무자이냐 파트타임 근무자이냐에 따라 다르다. 당연히 풀타임 근무자에게 더 많은 학비를 지원해준다. 실제 학비가 궁금한 사람도 있을 텐데 미국의 학비는 한국 학비보다 훨씬 비싸다. 유펜(UPenn)에서 미국 NP 석사를 공부하는 동안 대략 1억 원 정도의 돈이 들었다. 대학원을 다니면서 풀타임 간호사로 근무하는 것이 많이 힘들었지만 병원의 학비지원 없이는 감당할 수 있는 돈이 아니었기에 졸업할 때까지 근무와 공부를 병행했다. 유펜이 사립학교이기에 더 비싼 이유도 있었지만 평균적으로 미국 학비가 한국 학비보다 많이 비싼 편이다.

4. 경력개발비용지원(Professional Development)

매년 간호사가 경력개발을 위해 사용할 수 있는 일정 금액이 지원된다. 현재 일하는 병원에서는 간호사 한 사람당 1년에 600달러(대략 70만 원)가 지원된다. 이 돈은 간호사로서의 성장 및 발전을 위한 학회 참석 비용이나 자격증 시험 응시비용 혹은 책값으로 사용할 수 있다. 이 비용을 지원해주는 병원은 대학병원 이상급인 경우가 많다.

5. 퇴직연금제도(Retirement Plan)

이는 선택사항으로서 병원에서 제공하는 퇴직연금제도를 수용하기로 결정한 경우 본인 월급 중 어느 정도를 투자할 것이고 병원에서는 어느 정도 지원해줄 것인지 알려주어 일하는 기간 동안 퇴직연금이 조금씩 쌓이게 된다. 삼성서울병원에 근무할 당시에도 이런 연금제도가 있었고 미국의 퇴직연금제도가 한국의 그것과 크게 다른 점이 없기에 이 정도만 언급하고자 한다.

미국 병원 간호사 인력 관리 체계

미국 병원에는 간호사 인력을 관리하는 여러 가지 시스템이 있다. 미국 병원 전반적으로 사용되고 있는 네 가지 체계를 소개하고자 한다. 병원마다 명칭은 다를 수 있고 조금씩 다르게 이용되고 있을 수 있다.

1. Full-time Nurse(풀타임 간호사)

주 36시간 이상 근무자를 말한다. 미국은 대부분 병원이 간호사에게 출근할 때 간호사 ID를 긁어(Clock-in) 실제 출근 시간을 남기고 퇴근할 때 ID를 다시 긁어(Clock-out) 실제 퇴근 시간을 기록하게 한다. 그 시간을 계산하여 병원에서 각 간호사의 고유 시급에 따라 급여를 지불한다. 사실 이런 시스템 때문에 고의적으로 늦게 퇴근하는 간호사도 있다. 주 36시간 근무자에게 병원은 오버타임 수당을 지불하는 시간을 주 4시간이내로 지정하여 주 40시간까지만 급여를 지불하는 방식으로 이런 부작용을 해결하고 있다.

2. Part-time Nurse(파트타임 간호사)

주 24시간 이상 근무자를 말한다. 병원이나 부서마다 조금씩 정책이 다르지만 일반적으로 풀타임 근무자는 본인이 원하면 파트타임 근무자가 될 수 있다. 특히 대학원 혹은 육아 문제로 인한 이유라면 대부분 승인이 된다. 파트타임으로 일하다가 본인이 원하면(대학원을 졸업하거나 육아 부담이 적어지면) 언제든 다시 풀타임으로 복귀가 가능하다. 미국 간호사들의 근무 만족도가 높은 이유 중 하나다. 대학원이나 육아 때문에 일을 그만두지 않고 어느 정도 병원에서 근무 시간을 조정할 수 있는 여건을 마련해주기 때문이다. 파트타임 근무자는 보통 1주일에 2일(각 12시간) 일한다.

3. Resource Pool Nurse

Resource pool은 '병원'에서 관리하는 풀타임 간호 인력으로 1주일에 36시간 이상 근무를 하지만 정해진 부서가 없이 그날그날 필요한 부서로 가서 근무를 하는 간호사를 말한다. 출근 직전까지 그 날 어느 부서로 가서 일하게 될지 알지 못한다. Resource pool은 하나의 부서이며 엄연히 인력을 관리하는 파트장이 있어서 이 간호사들에 대한 인사 및 고과를 관리한다.

이 인력들은 당일 환자들의 중증도가 높아 추가 인력이 필요한 부서나 아파서 근무하러 나오지 못한 간호사가 발생한 부서에 가서 일하게 되는데 중환자실, 회복실, 응급실, 병동 어디든 간다. 단, 중환자실 경력이 있는 간호사와 없는 간호사로 나뉘어져 중환자실 경력이 없는 간호사의 경우 중환자실로는 가지 못한다. 매번 근무지가 바뀌는 것에 대해 불만을 토로할 것 같지만, 각 부서마다 가지고 있는 특수한 조직문화에 구애받지 않아도 되기 때문에 오히려 만족도가 높은 편이다. 출근하고 환자를 간호하고 바로 퇴근하는 개념으로서 그 부서와 관련된 활동 및 행사에 참여하지 않아도 되기에 선호하는 간호사가 많아 자리가 쉽게 나지 않는 편이다.

4. Per Diem Nurse

Per diem은 각 '부서'에서 관리하는 인력으로 6주 내에 12시간씩 총 3일만 근무하면 되는 인력이다. 물론 본인이 원하면 더 근무할 수 있다. 쉽게 설명하면 아르바이트 간호사라고 생각하면 된다. 이 간호사들은 병원에 소속되어있지 않아 병원에서 제공하는 복지혜택은 받지 않는다. 부서와 계약이 되어 6주에 3일, 최소한으로만 일하는 간호사들이다. 주로 풀타임으로 근무하다가 사정이 생겨 그만두려는 간호사들 그리고 대학원을 다니는 간호사들이 많이 이용하는 제도다. 평일에는 대학원에 가고 주말에 아르바이트처럼 일하며 돈도 벌고 임상 간호사로서의 스킬이나 지식도 잃지 않으려는 취지에서 널리 이용되고 있다. 또한 Per diem 간호사들은 본인이 원하면 부서 파트장과 상의하여 다시 풀타임 근무자로 돌아올 수 있다. 부서의 입장에서는 Per diem 간호사들이 큰 관리가 필요하지 않고 복지혜택을 주지 않아도 되며 급히 인력이 필요할 때 도움이 되기에 이 간호사들을 많이 보유하고 있는 편이다.

에필로그

중환자실 간호사로 일하던 하루, 폐렴으로 인공호흡기 치료를 받는 환자분을 담당하고 있었습니다. 위 사진은 그 환자분께서 숨쉬기도 힘든 와중에 제게 꼭 하고 싶은 말이 있다고 글씨를 적을 수 있는 화이트보드를 원했고, 숨이 가빠 쓰다가 멈추고를 몇 번을 반복하며 부들부들 떨리는 손으로 아주 천천히 써준 글귀입니다. 중환자실이라는 공간을, 중환자를 돌보는 것을 계속 사랑할 수밖에 없게 만드는 아주 소중한 순간이었죠.

미국에서 일하던 어느 날, 미국 간호사 동료와 대화를 나누던 중 한 한국 간호사가 힘든 병원 생활을 견디지 못하고 자살이라는 안타까운 선택을 한 것에 대한 이야기를 하게 되었습니다. 하지만 근무환경에 대한 문화적인 차이 때문인지 아무리 설명을 해도 그 동료는 왜 그 한국 간호사가 그런 선택을 해야만 했는지 이해를 하지 못하는 듯 했습니다. 반복적으로 같은 말만 계속 되풀이했죠.

"As long as everyone understands and respects each other, those tragic events will not happen. Nursing is never easy work. Why does people make it harder?"
서로를 이해하고 존중한다면 그런 비극적인 일은 일어나지 않을 텐데… 간호사의 일은 정말 쉬운 일이 아니야. 사람들을 왜 그런 쉽지 않은 일을 더 어렵게 만드는 걸까?

정말 공감되는 말이었습니다. 업무도 쉽지 않은데 사람 관계까지 힘들다면 조금 더 나은 결과를 위해 노력하고 발전하면서 업무에 임하는 것이 아니라, 마지못해 일을 하며 버티다가 결국은 어떤 식으로든 그만하게 되겠죠.

한참 사춘기를 겪고 있을 당시, 부모님과 세대 격차(Generation gap)에 대해서 논쟁을 한 적이 있었습니다. 무슨 문제가 있을 때마다 부모님의 '우리는 여태껏 이렇게 해왔으니 너도 이를 따라야 한다.'와 저의 '세상은 변하고 있는데 우리 집은 전혀 변화가 없다.'가 계속 충돌했습니다. 부모님은 제가 그저 철이 없어서 그러려니 하고 대화를 더 시도하지 않았고, 저는 부모님은 구세대라서 아무것도 모른다는 식으로 넘기며 더 깊은 대화를 시도하지 않았습니다. 당연히 문제는 해결되지 않았고 상황은 점차 악화되기만 했습니다. 결론은 한 쪽의 노력만으로는 그 격차를 줄일 수 없다는 것이었습니다. 상호 간의 이해와 양보가 필요하고 그를 위해 가장 절실하게 필요한 것은 지속적인 의사소통(Communication)이었습니다. 지금 간호계에 가장 필요한 것이 이 의사소통이 아닐까 생각합니다.

이런 안타까운 일이 일어나면 한동안 크게 이슈가 되다가도 다시 잠잠해지고 시간이 지나고 또 다른 비극적인 일로 이어지는 것 같습니다. 어떤 부정적인 현상이 반복된다는 것은 대책이 없었거나, 세웠던 대책이 적절하지 못했었거나, 과거에는 그 대책이 적절했으나 이제는 아니라는 것이겠죠. 한국의 간호는 중요한 시기를 거치고 있습니다. 사회의 간호사 부족 현상, 터무니없이 높은 간호사-환자 비율을 비롯한 높은 업무 강도, 태움 문화를 비롯한 건강하지 못한 근무 환경 문제 등을 직면하고 있는 아주 중요한 시기입니다. 이 문제들은 과거부터 현재까지 계속적으로 언급되는 것들로 쉽게 해결되지 않고 있습니다. 이 문제들은 특정 한 사람의 잘못이 아니며, 또 특정 한 사람의 노력으로서 해결될 문제도 아닙니다. 진부한 말이지만 지금은 잘잘못을 가릴 때가 아니라 많은 사람들이 힘을 합쳐 한국의 간호를 조금 더 나은 방향으로 이끌어나가야 할 시기입니다.

앞서 언급한 이해와 존중 그리고 의사소통이 중요하지만, 이외에도 직업에 대한 애정 및 열정과 근무환경 개선 그리고 사회인식 개선이 뒷받침되어야 할 것입니다. 이미 모두가 알고 있는 답일 겁니다. 중요한 것은 그게 답일 것이라는 '생각'에서 끝나는 것이 아니라 이제는 정말 목소리를 내고 현실적인 조치를 취할 시기라는 것입니다. 이 또한 우리가 걱정만 하는 사람(Worrier)이 아닌 끊임없이 도전하는 전사(Warrior)가 되는 길이기도 하겠죠. 간호사로서의 소중한 경험과 가치관을 공유하려는 목적으로 이 책을 쓰기 시작했지만 책을 통해 제 '목소리'를 내고 싶었던 이유도 있었습니다. 안타까운 일이 일어났나보다 하며 불구경하듯 끝날 문제가 아니라 언제든 누구에게나 일어날 수 있는 비극이며, 이 고질적인 문제가 바로잡기 더 힘들어지기 전에 같이 해결해나가야 한다고 생각합니다.

많은 간호사들이 즐겁게 일할 수 있기를 원합니다. 많은 간호사들이 환자 간호에 집중할 수 있는 근무환경 속에서 일하며, 환자의 건강과 안녕에 더 큰 영향력을 미칠 수 있기를 기원합니다. 많은 간호사들이 간호사라는 직업의 소중함을 알고 더 큰 애정과 열정을 가지기를 바랍니다. 많은 간호사들이 지속적으로 성장하고 발전할 수 있는 기회를 갖길 바라며, 그런 노력을 사회로부터 인정받기를 응원합니다. 간호사라는 직업이 더 많은 사람들로부터 존중받고 신뢰받는 직업이 되기를 소망하며 이 책을 마칩니다.

7년의 기록, 남자 간호사 데이비드 이야기
— Be a Warrior, not a Worrier

발행일 1쇄 2019년 7월 15일
3쇄 2021년 11월 25일

지은이 유현민
펴낸이 여국동

펴낸곳 도서출판 인간사랑
출판등록 1983. 1. 26. 제일-3호
주소 경기도 고양시 일산동구 백석로 108번길 60-5 2층
물류센타 경기도 고양시 일산동구 문원길 13-34(문봉동)
전화 031)901-8144(대표) | 031)907-2003(영업부)
팩스 031)905-5815
전자우편 igsr@naver.com
페이스북 http://www.facebook.com/igsrpub
블로그 http://blog.naver.com/igsr
인쇄 하정인쇄 **출력** 현대미디어 **종이** 세원지업사

ISBN 978-89-7418-822-1 03810

이 도서의 국립중앙도서관 출판시도서목록(CIP)은 서지정보유통지원시스템 홈페이지(http://seoji.nl.go.kr)와 국가자료공동목록시스템(http://www.nl.go.kr/kolisnet)에서 이용하실 수 있습니다.(CIP제어번호: CIP2019023313)